Hans-Otto Meissner

Rund um Kap Horn

Bei Wassernomaden, Schafzüchtern und Goldsuchern auf Feuerland

C. Bertelsmann

Fotonachweis

Das Foto für Farbtafel 1 stellte freundlicherweise Manfred Gottschalk, Dortmund (mago Luftbild) zur Verfügung.
Die Abbildungen auf den Seiten 20, 21 und 245 wurden entnommen: Alberto M. de Agostini, Zehn Jahre im Feuerland. Entdeckungen und Erlebnisse, VEB F. A. Brockhaus Verlag, Leipzig 1953;
auf Seite 225: Hein Burmester, Mit der Pamir um Kap Horn. Die letzte Epoche der deutschen Frachtsegler, Gerhard Stalling AG, Oldenburg 1978 (B. G. Moodie, Vancouver/Kanada);
auf Seite 107: Verzeichnis von Beiträgen zur Anthropologie und Ethnologie, die in 50jähriger Forschungsarbeit entstanden sind (1916–1966). Den Freunden und Helfern von P. Martin Gusinde SVD, herausgegeben vom Anthropos-Institut o. O. o. J.;
auf Seite 100: Mateo Martinic, La Tierra de los Fuegos. Historia, Geografia, Sociedad, Economia, Punta Arenas 1982.
Alle anderen Abbildungsvorlagen sind dem Archiv des Autors entnommen.

Redaktion: Dr. Dieter Struß, Grafing bei München
Die Karten zeichnete Adolf Böhm, Aschheim
Gesamtherstellung: Mohndruck Graphische Betriebe GmbH, Gütersloh
ISBN 3-570-07255-X · Printed in Germany

Feuerland
Bahía Grande
Rio Gallegos
Kap Virgenes
Magellanstraße
K. Espirito Santo
sla
G. v. S. Sebastian
K. San Sebastian
rande
Rio Grande
R. Grande
Blanco-See
R. de la Turba
R. del Fuego
de
Fagnano - See
del Fuego
Ushuaia
P. Remolino
P. Harberton
co Francés
Beagle-Kanal
P. Navarino
P. Williams
H. I. Dumas
Wulaya
Navarino-I.
Alpes Fueginos
Picton-I.
Nueva-I.
P. Graham
Windhund-B.
Lennox-I.
Bahía Nassau
H. I. Hardy
Grevy-I.
Wollaston-In.
Brisbane
efonso-In.
Franklin-Kan.
Freycinet-I.
Barnevelt-I.
Hermite-I.
Herschel-I.
Deceit-I.
Horn-I.
Cabo de Hornos (Kap Horn)
ATLANTISCHER OZEAN
Kap San Diego
Estrecho de Le Maire
K. S. Juan
Isla de los Estados (Staaten-Insel)
K. S. Bartolomé
P. Español
0 50 100 km
Valparaiso
Santiago
Buenos Aires
R. de La Plata
Talcahuano
CHILE
ARGENTINIEN
Anden
Patagonien
Bahía Blanca
Colorado
Rio Negro
Valdivia
Puerto Montt
Chiloé-I.
Chubut
PAZIFISCHER OZEAN
ATLANTISCHER OZEAN
Chonos-Arch.
Comodoro Rivadavia
Golf v. Penas
Desado
San Julian
P. Eden
Wellington-I.
Falkland-In. (Malvinas)
Stanley
P. Bueno
Rio Gallegos
Punta Arenas
Tierra del Fuego (Feuerland)
Ushuaia
Kap Horn
In. Diego Ramirez
Drakestraße
0 300 km

Inhalt

»Schwimmende Berge mit weißen Flügeln«

Die Feuerländer entdecken Magellan

Man kennt den Tag der Taufe, es war der 21. Oktober 1520.

So steht es im Logbuch der Karavelle »Santa Trinidad«. Der Taufpate, wenn man den Chef jener fünf, mit Kanonen bestückten Segelschiffe so nennen darf, war einer der berühmtesten Seefahrer aller Zeiten, nämlich Fernao de Magelhäes. Er gilt, wie jeder weiß, als erster Weltumsegler. Aber in Wirklichkeit hat er selbst die historische Umseglung des Erdballes nicht zu Ende geführt. Auf Mataan, einer Philippinen-Insel, wurde er im Jahre 1521 von Eingeborenen erschlagen und verspeist.

Nur eines seiner fünf Schiffe, die am 20. September 1519 vom spanischen Hafen SanLucar de Barrameda ausgelaufen waren, die »Viktoria«, kehrte nach einer von Tod und Verderben, von Stürmen und Piraten geplagten Reise am 6. September 1522 in den gleichen Hafen zurück. Von den 450 Männern, die mit dem Geschwaderchef zur bis dahin weitesten Seereise der Geschichte aufgebrochen waren, hatten nur 19 die Weltumseglung überstanden. Die Heimkehrer waren von Hunger, Durst und Skorbut geschwächt, schwankten noch auf eigenen Füßen zur Danksagung in die Kathedrale. Unter Aufbietung seiner letzten Reserven hatte Kapitän Sebastiano De Cano die schwerbeschädigte »Viktoria« in den Hafen gesegelt. Dort eingetroffen, sandte er noch zu gleicher Stunde die für damalige Zeiten unerhörte, nur aus wenigen Worten bestehende Meldung an Kaiser Karl V., der auch König von Spanien war: »Nach Osten sind wir abgesegelt, aus dem Westen kehren wir zurück. So mögen Eure Majestät glauben, *die Welt ist wirklich rund.*«

Fernao de Magalhäes wurde 1480 in Sabrosa, Portugal, geboren. Schon in jungen Jahren unternahm er weite Fahrten und nahm an verlustreichen Seegefechten teil. Magelhäes wurde viermal verwundet. Dank eines Säbelhiebs in den linken Fuß hinkte er zeitlebens. Er war bis nach Indien gelangt und hatte zweimal das Kap der Guten Hoffnung umsegelt.

Zu jener Zeit waren nicht mehr als 20 Jahre vergangen, seitdem Bartholomäus Diaz und Vasco da Gama, zwei weitere portugiesische Kapitäne, den lange vergeblich gesuchten Seeweg nach Indien entdeckt hatten. Schon war Goa ein befestigter Hafen und Stützpunkt der Portugiesen. Fabelhafte Gewinne wurden damals erzielt bei der Beschaffung der Spezereien, der in Europa heiß begehrten und hochbezahlten Gewürze.

Weil aber portugiesische Schiffe von der spanischen Konkurrenz, aber auch von englischen und holländischen Seeräubern ausgeraubt wurden, bedeutete jede Reise ein großes Wagnis. Gefangene Seeleute wurden auf den Sklavenmärkten in Marokko und Algier verkauft. So war Magalhäes auf die Idee gekommen, einen anderen, bisher in Europa nicht bekannten Seeweg zu finden. Er dachte an Christoph Kolumbus, der 1492 den Seeweg nach Indien gesucht, statt dessen Amerika entdeckt hatte, und so hoffte Magalhäes, das südliche Ende dieser Neuen Welt zu finden und damit die freie Fahrt zu den Molukken, den Inseln der Gewürze.

Er bemühte sich jedoch vergeblich, beim portugiesischen König Gehör zu finden. Die hochgelehrten Herren am Hof von Lissabon hielten seine Pläne für undurchführbar. Wie wollte er wissen, worauf begründete sich seine Hoffnung, daß irgendwo im tiefen Süden der amerikanische Erdteil zu Ende war? Bisher war noch kein Seefahrer weiter nach Süden gesegelt als bis etwa in die Gegend des heutigen Rio de Janeiro. Mit nur einem Schiff konnte man eine so lange, höchst ungewisse Fahrt nicht beginnen. Die Kosten für den Bau von mehreren Schiffen und die Anwerbung so vieler Seeleute, wie man sie damals zur Bedienung einer Karavelle brauchte, überstiegen die Möglichkeiten der königlichen Kasse.

Allzu lange vertröstet, dann abgewiesen, begab sich der starrköpfige Magalhäes an den Hof des spanischen Königs. Karl V. war Kaiser des Heiligen Römischen Reiches Deutscher Nation und auch König von Spanien, wo er Carlos I. genannt wurde. Es führte zu weit, wollte man berichten, wie es Magalhaës erreichte, daß ihm der Auftrag erteilt wurde, einen »feindfreien« Seeweg zu finden. Es geschah an einem Oktobertag des Jahres 1517 in Valladolid, und es war der Kaiser und König selbst, der bei dieser Gelegenheit ausführlich mit ihm sprach. Damit war Magalhäes in spanische Dienste getreten, Spanier geworden und wurde als Fernando Magellan weltberühmt.

Fünf Schiffe stellte man ihm zur Verfügung, alle mit Kanonen bestückt. Auch Seesoldaten waren an Bord, die man bei Landgängen nicht entbehren konnte. Bis zum letzten Winkel wurden die Karavellen mit einigermaßen haltbaren Lebensmitteln, mit Tauschwaren, mit Geschenkartikeln und allem sonst notwendigen Material beladen. Die Dauer der Reise war nicht vorauszusehen, unterwegs war die Flotte auf frische Verpflegung angewiesen. Magellan erhielt den Titel Admiral und die Befehlsgewalt über alle seine Leute. Damit war er auf Jahre hinaus Herr über Leben und Tod.

Monate vergingen, bis die fünf mit Menschen und Material vollgepackten Karavellen, von Sturm und Windstille, von Hunger, Durst und Mundfäule geplagt, schließlich die Mündung des La Plata erreichten, wo sich heute Buenos Aires, die Hauptstadt von Argentinien, befindet. Endlich bekamen sie frisches Wasser und Lebensmittel, die sie von Indianern im Tausch gegen Glasperlen und bunte Stoffe erwerben konnten.

Weiter ging es nach Süden, zunächst in die Bucht von San Julian. Die Namen wurden, wie damals allgemein üblich, vom Heiligen des jeweiligen Tages abgeleitet. Zwar begegneten die Spanier keinem Menschen an Land, dafür sahen sie die Fußspuren von Riesen. In Wirklichkeit lebten hier ganz normale Menschen, Indianer aus dem Volk der Tehuelchen. Weil sie aber für gewöhnlich Sandalen aus den Fellen wild lebender Lamas, der Guanakos, trugen, waren die Abdrücke sehr viel breiter und länger als sonst. So wurden die bisher noch unbekannten Wesen von den Spaniern Patagos, Großfüße, genannt. Der Name erhielt sich bis zum heutigen Tag: Patagonien.

Weil der Winter kam, mit Schnee, Hagelstürmen und scharfen Winden, blieb den Seefahrern nichts anderes übrig, als mehrere Monate in dürftig gebauten Hütten an Land zu verbringen. Im übrigen mußten auch die Schiffe gründlich überholt werden.

So elend fühlten sich die an warmes Klima gewohnten Spanier, daß viele von ihnen den Gedanken nicht ertrugen, noch weiter und länger ins Unbekannte zu segeln. Weil der Admiral selbstverständlich keinen Gedanken an Umkehr verschwendete, kam es zu einer Verschwörung. Als die Meuterei ausbrach, konnte Magellan, der vermutlich gewarnt war, sofort zuschlagen. Rücksichtslos, wie unter diesen Umständen üblich, ließ er nach einem kurzen Kriegsgerichtsverfahren die Anführer an den Rahen seiner Schiffe aufhängen. Aber bei den beteiligten Mannschaften und Soldaten ließ er Gnade walten, weil er für seine Reise auf keinen Mann verzichten konnte.

Kaum hatte sich das Wetter gebessert, befahl Magellan, die Erkundungsfahrt fortzusetzen. Was nun geschah, könnte man ein Wunder nennen, für den Admiral jedoch war es eine Fügung des allmächtigen Gottes. An der Küste öffnete sich eine Bucht, deren Ende nicht abzusehen war. Sogleich schickte Magellan zwei seiner Schiffe hinein, während er mit den übrigen eine andere, ihm hoffnungsvoll erscheinende Bucht erkundete. Die aber hatte keinen Ausweg nach Westen, weshalb sie den Namen Bahía Inútil erhielt, nutzlose Bucht.

Die zuerst entdeckte Bucht dehnte sich jedoch weiter und immer weiter nach Westen aus. Weil das Wasser salzig war, konnte es sich nicht um die Mündung eines breiten Stromes handeln. Es war eine Meeresstraße zu vermuten, besser gesagt, eine Meeresenge. Leicht zu befahren war sie nicht, schon weil man ständig die Segel neu setzen oder reffen mußte. Felsige Inseln und weit vorspringende Landzungen zwangen zum beständigen Kreuzen. Immer war zu befürchten, daß man nicht weiterkam.

Als bei schlechter Sicht und bei anbrechender Dunkelheit die »San Antonio« weit zurückblieb, benutzte ihr Kommandant die Gelegenheit, seinen Chef und die anderen vier Schiffe zu verlassen. Er wendete und segelte den weiten Weg zurück nach Spanien in der sicheren Hoffnung, daß keine der anderen Karavellen jemals heimkehrte.

Magellan segelte nur bei Tage und schickte leichte Boote voraus, um den Wasserweg zu erkunden. Wenn die Nacht herabsank, wenn bei bedecktem Himmel vollkommene Dunkelheit herrschte, hatten die Seefahrer eine seltsame Vision: rotglühende, auch gelbleuchtende Punkte an vielen Stellen des Landes. Es mußten kleine Feuer sein, von Menschen entzündet, um Nahrung zu bereiten oder sich zu wärmen.

Seltsamerweise flackerten diese Feuerstellen während der ganzen Nacht, oft noch am Morgen, aber da waren sie im Tageslicht nicht mehr zu erkennen.

Weil die Erscheinung von so vielen kleinen Bränden die Phantasie der Spanier beflügelte, nannte Magellan die gesamte Region Tierra de los Fuegos, Land der Feuer.

Magellan ist der Taufpate des Feuerlandes gewesen. Aber er hat nicht die Magellan-Straße nach sich benannt. Ihren Namen erhielt die Meerenge erst zehn Jahre später, sehr wahrscheinlich von einem Kartographen der Casa de Contractacion. Dort nämlich befand sich die königliche Verwaltung für alle neuentdeckten Gebiete. Magellan war als guter Christ dem Himmel dankbar für die glückliche Entdeckung der Durchfahrt von dem einen ins andere Weltmeer und nannte sie die Allerheiligen-Straße.

Am 1. November 1520 war seine Flotte in die Meerenge gesegelt. Infolge der widrigen Winde und gegenläufiger Strömungen hatten die vier Schiffe große Schwierigkeiten. Dabei konnte keiner der Kapitäne wissen, ob man am Ende wieder offenes Wasser erreichte. Während all dieser Tage und Nächte sah man auf beiden Seiten die kleinen gelbroten Feuer der Ureinwohner. Schon Magellan fiel auf, daß sie am Südrand des Wasserweges zahlreicher waren als auf der anderen Seite, weil auf Feuerland mehr Menschen lebten als auf dem Festland, dem heutigen Patagonien.

Endlich öffnete sich die Meerenge. Cabo Deseado, das ersehnte Kap, wurde die Stelle genannt.

Ein weiteres Schiff aber hatte Magellan eingebüßt. Es war noch vor der Ausfahrt auf ein Riff gelaufen und brach in der Brandung auseinander. Die Besatzung konnte man retten und auf die restlichen drei Schiffe verteilen, ebenso einen Teil der Vorräte und der Ausrüstung. Weil dann in dem großen und weiten Meer gerade gutes Wetter herrschte und sich der Wind ruhig verhielt, nannte Magellan den vor ihm liegenden Ozean El Mar Pacifico, das stille Meer, heute allgemein der Pazifische Ozean genannt.

Als sicher kann gelten, daß die Feuerländer die spanischen Schiffe gesehen haben, geisterhafte Erscheinungen, und, zutiefst erschreckt vom Anblick der »schwimmenden Berge mit weißen Flügeln«, haben sie die Flucht ergriffen. Dennoch, ihre Heimat war entdeckt worden, und auf den neuen spanischen Seekarten war von nun an die Tierra de los Fuegos eingezeichnet, und zwar in der richtigen geographischen Lage. Jeder Seefahrer, dem daran lag, konnte den Weg dorthin finden. Die weit verstreuten Lagerfeuer hatten immerhin die Anwesenheit von Eingeborenen verraten. Zumindest dem Namen nach waren nun die »Feuerländer« in Europa nicht mehr unbekannt. Vorerst aber, während der folgenden 350 Jahre, blieben sie ungestört. Abgesehen von nur wenigen Ausnahmen gab es keine Berührung mit den aus weiter Ferne angereisten Bleichgesichtern. So blieben die Urmenschen bei ihrer seit Jahrtausenden gewohnten Lebensweise, der bestmöglichen Anpassung an die Verhältnisse ihrer Umgebung.

Weil von außen keine Anregung kam, gab es bei den südlichsten Menschen der Welt keine Fortentwicklung. Während in Mexiko und Peru hohe Kulturen entstanden, mächtige Königreiche und gewaltige Tempel, änderte sich nichts im Leben der Feuerländer. Die am weitesten von der Bering-Straße entfernten Nachkommen mongolischer Einwanderer aus dem asiatischen Kontinent bewegten sich weiter als ruhelose Nomaden durch ihre unwirtliche Welt. Und obwohl die Magellan-Straße stellenweise nicht breiter ist als ein gewöhnlicher Strom, wirkte sie doch wie eine Barriere. Jedenfalls sind keine anderen Indianervölker den Ona, Jaghanen und Alakalufen auf die Insel Feuerland gefolgt.

Wie »primitiv« waren die Urmenschen wirklich?

Die Ona, Landnomaden auf Feuerland

Fernando Magellan hatte bei der Taufe des Landes für »Feuer« die Mehrzahl gewählt, weil er von Bord seines Flaggschiffes viele glühende Punkte gesehen hatte. So wäre die richtige Übersetzung »Land der Feuer«, aber in unserer wie auch in der spanischen Sprache hat man sich angewöhnt, lediglich »Feuerland« oder Tierra del Fuego zu sagen und zu schreiben. Bei Feuerland handelt es sich um eine große Insel mit sehr vielen kleinen und kleinsten Inseln, die sich um die Tierra de los Fuegos gruppiern.

Weil der Admiral und seine Gefährten einigen der Menschen begegnen wollten, die ohne Feuer nicht sein konnten, schickte er ein Boot an Land mit Geschenken und gab Anweisung, die Eingeborenen freundlich zu behandeln. Diese aber hatten noch niemals Bleichgesichter gesehen und hielten sie für Gespenster. Deswegen waren sie mit Frauen, Kindern und Hunden davongelaufen, fort ins Hinterland und hinauf in die Berge. Zurück blieb nur die noch rauchende und glimmende Asche. So haben denn die Spanier des Admiral Magellan bei keiner Gelegenheit einen Feuerländer zu Gesicht bekommen.

Sonst hätte die zivilisierte Welt schon im ersten Viertel des 16. Jahrhunderts erfahren, daß ganz unten, am Ende von Südamerika, 12000 bis 20000 Menschen lebten, anscheinend noch auf der tiefsten Stufe menschlicher Entwicklung. Sie waren nicht imstande, sich aus gefundenen Steinen Schabemesser, Faustkeile, Pfeilspitzen und dergleichen herzustellen. Sie waren noch nicht einmal so weit gekommen wie unsere höhlenbewohnenden Vorfahren, wie zum Beispiel die Neandertaler vor 60000 bis 100000 Jahren. Die Hilfsmittel der

Urmenschen in der Tierra de los Fuegos bestanden aus Holz, aus Knochen, Tiersehnen und Flechtwerk, aus schnell verderblichen Sachen, von denen so gut wie nichts erhalten blieb. Nur solche Steine wurden von den Feuerländern benützt, die dank einer scharfen Kante oder ihrer Griffigkeit bereits brauchbar waren. Bearbeitet wurden sie nicht, sondern nur vom Boden aufgehoben, und dies noch zu einer Zeit, als in England die erste Eisenbahn rollte, als man im amerikanischen Bürgerkrieg Panzerschiffe verwendete und in Deutschland die Bergwerke bis 1000 Meter unter die Erde führten.

Drei Völkerschaften kann man unterscheiden, mit eigenen Sprachen, bestimmten Verbreitungsgebieten und verschiedener Lebensweise, die Ona, die Jaghanen und die Alakalufen. Im östlichen Teil der Tierra lebten die Ona, Nomaden, die von der Jagd existierten, auch vom Sammeln eßbarer Kräuter und Pflanzen. Sie gewannen die Beute mit Pfeil und Bogen, mit Wurfhölzern und Steinschleudern. Am häufigsten bejagten sie die Guanakos. Außerdem gab es in ihrem Bereich noch Zwerghirsche, die sogenannten Huemeles, sowie die flugunfähigen Emus, straußenähnliche Vögel, und eine Menge Kriechtiere. Als echte Nomaden waren die Ona Tag für Tag unterwegs. Sie zogen durch die Bergtäler, durch Wälder und Sümpfe, durch Steppen und über die steinbedeckte Ebene. Sie lebten in einer ewig feuchtkalten Gegend. Weil ihre Kleidung nur aus dem lose umgehängten Guanakofell bestand, weil es fast an jedem Tag vom Himmel regnete oder Schneeflocken fielen, brauchten die Feuerländer bei jeder Rast, erst recht in jedem Nachtlager ein brennendes oder glimmendes Feuer. So nahe wie nur möglich saßen oder lagen sie darum herum, nur zum Teil bedeckt von dem schon erwähnten Guanakofell.

Eines hatten sie gelernt, diese Vorsteinzeitmenschen: Feuer zu entfachen. Sie hätten sonst im Klima ihrer unwirtlichen Heimat nicht existieren können. Sie wußten, wie man durch rasches Reiben von hartem Holz in weichem Holz springende Funken erzeugt und damit staubtrockene, haarfein zerriebene Zweige zum Brennen bringt. Weil sie keine Töpfe und Pfannen besaßen, konnten die Völker des Feuerlandes ihr Fleisch nur am Holzspieß braten oder über Holzkohle rösten. Weil kein Forscher davon spricht, daß sie Holzgefäße besaßen, in denen sie Wasser durch Eintauchen von glühend heißen Steinen

Huemul, der »Kleinhirsch«, im südlichsten Teil Amerikas heute noch vorkommend auf der Insel Feuerland und im Paine-Nationalpark. Lateinischer Name Hipocamelus bisulcus.

zum Kochen brachten, wie das bei anderen Naturvölkern üblich war, haben sie vermutlich diese Kunst nicht verstanden.

Als groß und kräftig werden die Ona geschildert. Ohne jedes Zeichen von Ermüdung sollen sie in den meist unwegsamen Geländen weite Strecken zurückgelegt haben. Sie liefen mit raschen Schritten über steinigen oder sumpfigen Boden und durch eiskalte Bäche. Sie stiegen durch nebelverhangene Schluchten zu den Hochflächen hinauf. Bei anbrechender Dunkelheit suchten sich die Landnomaden einen windgeschützten Platz, um dort in flüchtiger Behausung zu übernachten, mit dem unbedingt notwendigen Feuer in ihrer Mitte.

Von ursprünglichen Völkerschaften sagt man oft, sie seien primitiv. Doch das Wort »primitiv« klingt abwertend und ist meist auch so gemeint. Aber die alten Ona waren bewundernswert, allein schon wegen ihrer Begabung, sich den menschenfeindlichen Verhältnissen des Feuerlandes anzupassen. Das Klima dort ist für unsere Begriffe geradezu schauerlich, naßkalt und windig zu jeder Jahreszeit. Nur selten steigen die Temperaturen über 15 Grad Celsius, fallen allerdings andererseits nur bis auf wenige Grade unter den Gefrierpunkt. In manchen Regionen, so auf der Brecknock-Halbinsel und den Inselgruppen ganz am Ende Feuerlands, bestehen zwischen Sommer und Winter keine nennenswerten Unterschiede. Sonnenschein, wolkenloser Himmel und wohltuende Wärme sind Ausnahmen von der Regel.

Nomaden, die beständig unterwegs sind, weil sie den Wanderwegen ihrer Beute folgen, haben nirgendwo ein Zuhause. Jäger und Sammler können nicht seßhaft sein, sie können sich auch nicht zu größeren Gemeinschaften zusammenschließen. Jede Großfamilie, die ungefähr zehn bis zwölf Menschen zählte, zog für sich durch die Gegend. Nur so reichte die Beute für alle, und das Wild wurde nicht zu weit vertrieben.

Bei den Nomaden gab es keine Rangstufen. Weder hatten sie Häuptlinge noch Stammesführer. Irgendeiner aus der Gruppe zog voran, folgte den Wildfährten oder lief dorthin, wo er aus Erfahrung wußte, daß viele eßbare Kräuter oder Wurzeln zu finden waren. Die Ona kannten keine Vorratswirtschaft. Sie hatten keine festen Plätze und wußten auch nicht, wie verderbliche Lebensmittel haltbar zu machen sind. So mußten sie alles an Ort und Stelle verzehren, am nächstgelegenen, windgeschützten Platz.

Viel zu tragen hatten die Ona nicht. Denkbar gering an Zahl und Gewicht waren ihre Gerätschaften. Körbe aus geflochtenem Schilf, Tragtaschen aus Guanakofell, Schaber und stumpfe Knochenmesser wurden von den Frauen befördert. Meist schleppten sie dazu noch ein Kind auf dem Rücken und hielten in der Hand eine Holzschale mit glimmendem Feuer. Den Männern oblag es, die Jagwaffen zu führen. Einer oder mehrere Holzspeere gehörten dazu, deren Spitzen im Feuer gehärtet oder mit einem scharfgeschliffenen Knochen versehen waren. Die Pfeile trugen meist eine Wildgansfeder zur Stabilisierung an ihren Enden und einen Steinsplitter an der Spitze.

Auch bei der Jagd, auch bei scharfem Wind und im Schneetreiben war der Umhang aus Guanakofell die einzige Bekleidung. Er wurde mit der Haut nach innen getragen. Mit der linken Hand oder mit einem durchgesteckten Holzpflock hielt man das Fell vor der Brust zusammen. Bei Nacht drehten es die Menschen um, hatten also die Fellseite auf ihrem Körper.

Mit dem Fett ihrer Beute, mit Lehm und Ruß beschmierten sich die Urmenschen den gesamten Körper. Das schützte sie vor der Mückenplage und trug vielleicht auch zur Erwärmung bei. Wie später die Missionare und andere Besucher, zum Beispiel der berühmte Forscher Charles Darwin, berichten, war der Geruch des ranzigen Fettes auf dem nie gewaschenen Körper atemberaubend. Die Ona liefen barfuß und trugen keine Kopfbedeckung. Erst als sie mit fremden Einflüssen in Berührung kamen – aus dieser Zeit stammen die frühesten Fotografien –, trugen sie Hüte und Schuhe.

Immer hatten sie Hunde bei sich, die sich als Mitglieder der Familie fühlten. Sie erhielten ihren Anteil von der Beute und lagen in Gesellschaft der Menschen ums wärmende Feuer. Sie waren auch nützlich bei der Jagd, fanden als erste die Fährte eines jagdbaren Wildes und hielten eine nicht tödlich getroffene Beute nieder, bis die Jäger zur Stelle waren.

Sache der Frau war unter anderem das Aufstellen des Windschirmes und das Entfachen des Feuers. So gut wie es unter solchen Umständen nur möglich war, hatten die Frauen jede Mahlzeit zubereitet. Die Kinder gehörten, so wird berichtet, der Gruppe gemeinsam und wurden zärtlich geliebt. Angeblich haben die Feuerländer ihre Kinder niemals bestraft oder geschlagen.

Eine der schlimmsten Plagen der Menschen war den Onas, überhaupt allen Feuerländern, unbekannt: der Hunger. Im Gegenteil, sie lebten aus dem vollen. Viele tausend Guanakos streiften durchs Land, und weil sie keine natürlichen Feinde hatten, war es den Ona möglich, bis auf kurze Distanz an sie heranzukommen. In der Tierra de los Fuegos lebten (und leben noch heute) die Emu, kleine Hirsche, Erdhörnchen, auch Gürteltiere und viele Arten von Vögeln, dazu noch eine Menge von Kleingetier, und es gab auch eßbare Kräuter im Überfluß. Naturmenschen verzehren alles, was ihnen die Natur anbietet.

Drunten am Kap Horn, bei den Hermite-Inseln und entlang der Feuerlandküste bis zum Kap San Diego sah ich Felsentürme aus dem bewegten Wasser ragen, die so dicht mit Seevögeln und Vogelnestern besetzt waren, daß kaum ein Platz dazwischen frei blieb. Gewiß haben auch die Wassernomaden nicht gehungert. Ihr Leben war nicht so hart und entbehrungsreich, wie man beim Anblick ihrer heimatlichen Umgebung vermutet.

Oben links: Ona mit selbstgefertigtem Bogen und Pfeilen. Der Mann trägt das Fell eines Guanako, die Innenseite auf der blanken Haut. In noch älterer Zeit waren Kopfbedeckungen nicht üblich. Diese Aufnahmen des Salesianer-Paters Agostini dürften rund 100 Jahre alt sein. Oben rechts: Ona mit Kind und geflochtenem Korb, worin sich vermutlich in einer kleinen Sandgrube glühende Holzkohle befindet.
Nächste Seite oben: Eine Gruppe von Ona-Frauen und vier Männern bei der Rast. Nächste Seite unten: Eine Familie des Ona-Volkes in ihrer üblichen Behausung, dem »Toldo«, einem behelfsmäßigen Schutz gegen den Wind. Bei stark strömendem Regen zogen sich die Leute in den Hintergrund zurück.

Außer dem gut gedeckten Tisch hat die Vorsehung den Urmenschen noch Feuerholz in Massen, selbst in absolut baumloser Landschaft, geliefert, Treibholz nämlich, das von den Meeresströmungen bis in die Fjorde und an die Küsten der Tierra del Fuego getragen wird. Aus den Wäldern Patagoniens kamen die großen und kleinen Stämme, viele noch mit ihren Wurzelballen. An manchen Stellen, so sah ich es mit eigenen Augen, hat sich das angetriebene Holz zu hohen Hügeln aufgetürmt! Auch das war ein Segen für die Nomaden.

Eine andere Wohltat der Natur: der hohe Fettgehalt fast aller Beutetiere. Es schenkte den Nomaden die notwendige Muskelkraft und wärmte von innen heraus, wärmte sie auch von außen. Mit einem Gemisch aus Holzasche, Fischleim und Robbenfett beschmierten die Wassernomaden ihre Haut. Wie die Ona besaßen auch die Wassernomaden als Bekleidung einen Umhang aus dem Fell des Guanako oder auch des Seehundes oder einer Pelzrobbe. Wie Besucher berichten, die noch bis Anfang dieses Jahrhunderts Gelegenheit hatten, den Jaghanen und Alakalufen in ihrer ursprünglichen Aufmachung zu begegnen, wirkten sie unter der Schicht von Fett und sonstigem Geschmier schauerlich abstoßend für fremde Augen wie Nasen.

Wir können uns nicht vorstellen, wie es den halbnackten Menschen in derart zerbrechlichen Fahrzeugen möglich war, bei Sturm, Nebel und Hagelschauer zu überleben. Dennoch haben das viele Generationen getan und würden es heute noch tun, hätte man sie in Ruhe gelassen. Sie besaßen dafür zwei Voraussetzungen, einmal die während langer Zeit erworbene Wetterfühligkeit und außerdem die perfekte Ortskenntnis. Die Jaghanen und ihre nördlichen Nachbarn, die Alakalufen, fühlten die atmosphärischen Veränderungen voraus. So konnten sie dem Toben der Elemente beizeiten ausweichen. Sie eilten in den Windschatten einer Insel, brachten sich auf einem hochgelegenen Platz in Sicherheit oder kannten eine Höhle in der Nähe, wo schon bald ein wohltuendes Feuer flackerte. Sicher waren sie mit jedem Winkel ihrer Wasserwildnis vertraut, sie kannten den Übergang zum nächsten Kanal und die Strömungen bei allen Klippen. Die federleichten Rindenkanus waren so biegsam und elastisch gebaut, daß sie mit den Wellen gingen. Die Kanus wurden gehoben und gesenkt, alle Teile gaben nach, und entsprechend verhielten sich die Menschen an Bord und die an Wasser gewohnten Hunde.

So verträglich wie die Ona waren auch die Jaghanen und Alakalufen. Ihre Gemeinschaft hat sich auf die eigene Familie beschränkt. Es gab auch bei den Wassernomaden keine Hierarchie, keine Kämpfe um Macht und Einfluß. Wenn andere Völkerschaften danach strebten, ihr Territorium zu erweitern, sahen die Feuerländer dafür keinen Grund. Die Nahrung war ausreichend für alle, desgleichen Holz für die Lagerfeuer. Nur selten bestand Anlaß, daß sich ein größerer Kreis versammelte. Dabei ging es um Jugendweihen, Männerriten und andere, aus grauer Vorzeit stammende Bräuche.

Im Gegensatz zu den hochgewachsenen, gut gebauten Ona waren die Jaghanen klein und gedrungen, mit breiten Hüften und vorgewölbtem Bauch. Sie liefen auf kurzen, meist sogar krummen Beinen, vermutlich Folge der seit vielen tausend Jahren gewohnten sitzenden Lebensweise. Sie durften sich im vollbesetzten Boot nicht vom Fleck rühren. Beim Paddeln und beim Fischen waren allein die Arme in Bewegung.

Könnte es einem modernen Menschen jemals gelingen, auf ähnliche Weise wie die Wassernomaden im Sturmgebraus der feuerländischen Inselwelt zu überleben? Manfred Gottschalk berichtet in seinem Buch »Patagonien, rauhes Land im Süden« von einem jungen Amerikaner namens Charlie Parker, dem er in Punta Arenas begegnet ist. Diesem wagemutigen Supermann ist es geglückt, in einem Faltboot Kap Horn zu umfahren. Auch noch viele andere der Inseln hat er angesteuert und im Skyring-Fjord noch vier angeblich reinrassige Wassernomaden getroffen. Es sollen die letzten gewesen sein, die nach der alten Art gelebt, gejagt und gefischt haben. Allerdings bewegten sich die schon hochbetagten Urmenschen nicht mehr in den berühmten Rindenkanus ihrer Vorfahren, sondern in gewöhnlichen Ruderbooten. Von ihnen beraten, hat der tüchtige Amerikaner versucht, allein von Muscheln und Schalentieren zu leben. Tatsächlich waren sie in unerschöpflicher Menge vorhanden. Immer konnte gegen Abend der Faltbootfahrer eine windgeschützte Stelle erreichen, um dort die Nacht oder auch ein paar stürmische Tage zu verbringen. Allerdings besaß er ein Bergsteigerzelt, einen molligen Schlafsack und einen Primuskocher mit Feuerzeug.

Hatten schon die Ona insofern eine bewundernswerte Leistung vollbracht, als sie es verstanden, unter feuerländischen Verhältnissen relativ gut zu leben, so bieten uns die Jaghanen und Alakalufen noch mehr Grund zum Erstaunen. Sie lebten dort, wo die schlimmsten Stürme toben und die Meeresbrandung am stärksten gegen die Steilküste donnert. Strömungen ziehen durch die Meerengen, die alles mit sich reißen. Selbst die Seeschiffe unserer Tage, mit den modernsten Hilfsmitteln ausgerüstet, wagen sich nur dann in jene verrufenen Gewässer, wenn Wind und Wasser ausnahmsweise Ruhe bewahren.

Dort sind mehr Schiffe gescheitert als auf allen sieben Meeren der Welt. Das gefährlichste Fahrwasser überhaupt ist es, die Hexenküche der Orkane, ein Teufelstanzplatz von Schneegewittern und niederprasselndem Hagel. Da wird sehr oft der Tag zur tiefen Nacht, und Blitze zucken, als wollten sie die Erde zerreißen. Dann wieder, von einer Stunde zur anderen, bricht die Sonne durch. Sie enthüllt ein phantastisches Panorama hochstrebender Felsen und schimmernder Gletscher. Die Seefahrer genießen ein Schauspiel von tief ins Land eingeschnittenen Fjorden, sie erblicken Wasserfälle, die aus großer Höhe ins Meer stürzen.

Am Kap Horn begegnen sich der Atlantische und der Pazifische Ozean, besser gesagt, sie stoßen vor dem scharfkantigen Felsen der Horn-Insel zusammen. So deutlich, daß man bei ruhigem Wetter die Farben beider Meere unterscheiden kann. Zur Zeit der Segelschiffe war die Umrundung des verrufenen Kaps der gefürchteste Abschnitt der gesamten Reise, und sehr oft haben es auch die besten Kapitäne nicht geschafft, dem Sturm und der gegenlaufenden Strömung zu entkommen.

Zweimal habe ich das Kap kennengelernt, beide Male an Bord der »Lindblad Explorer«. Beide Male wurden wir von den Geistern des Meeres und der Winde mit günstigem Wetter beschenkt. Wir sahen das Kap, dessen Felsenbuckel einem vorsintflutlichen Tier ähnelt, das aus dem Meer emportaucht, den massiven Kopf mit spitzer Schnauze angriffslustig erhoben und vorgeschoben. Man könnte glauben, das Untier habe nicht weit voraus eine Beute erspäht.

Das Kap liegt nicht isoliert. Es gibt am äußersten Ende Südamerikas ein schier endloses Labyrinth von kleinen und größeren Inseln, allesamt Höhenrücken und Gipfel eines untergegangenen Gebirges. Klippen, hoch und steil wie Kirchtürme, streben hinauf, Halbinseln und Landspitzen schieben sich meilenweit ins südliche Eismeer. Dahinter liegen tiefe Fjorde und blauschimmernde Gletscher. Alle paar Minuten stößt die eisige Stirn eines Gletschers unter gewaltigem Getöse weiße Berge von sich. Man schaut in Felsenhöhlen, die mit altem, grobkörnigem Eis gefüllt sind. Enge Kanäle teilen dunkelgraue Inseln. Viele tausend Riffe, sowohl über wie unter Wasser, bedrohen die Schiffahrt. Allesamt sind sie wie die Zähne eines raubgierigen Ungeheuers, und stets liegen sie auf der Lauer, um Schiffe wie Menschen zu verderben.

Das also, dieser Irrgarten von Fels und Wasser, diese wetterwendische, von zahlreichen Gefahren erfüllte Wildnis, war die Heimat der Jaghanen.

Wer Gelegenheit hat, nach Punta Arenas zu kommen, die mit rund 80000 Bewohnern größte und wichtigste Stadt an der Magellan-Straße, sollte das wenig bekannte Salesianer-Museum besuchen. Es liegt abseits des Zentrums, aber gleich neben der wohl größten Kirche der Stadt. Lange mußte ich klingeln, bis mir Einlaß gewährt wurde. Die Sammlung besteht schon seit längerer Zeit, blieb aber zum größten Teil in Abstellräumen verborgen. Erst unlängst hat man das Gebäude wesentlich vergrößert, ausgeleuchtet und die Exponate auf vorbildliche Weise ausgestellt. Weil sich besonders der Salesianerorden um die Rettung der Feuerländer bemüht hat, blieb nirgendwo so viel von den drei feuerländischen Völkern erhalten wie gerade im Don-Bosco-Museum.

Das beste von allem, das wertvollste Relikt, ist ein Boot der Jaghanen, ein aus Baumrinde hergestelltes Kanu, etwa fünf Meter lang, einen Meter breit und 70 Zentimeter tief. Es ist das einzige seiner Art, das noch vorhanden ist, und zwar in erstaunlich gutem Zustand. Wer es betrachtet, wird nie mehr in Versuchung geraten, die feuerländischen Wassernomaden für primitiv zu halten. Ihr handwerkliches Können war bedeutend. Um solch ein Fahrzeug zu bauen, bedarf der Hersteller großer Intelligenz und langer Erfahrung. Er muß auch die seemännische Kunst perfekt beherrschen. Die sturmfesten Boote der

Das einzige, bis zum heutigen Tag erhaltene Rindenkanu der Jaghanen. Ein Wunderwerk handwerklicher, von den Urmenschen geleisteter Kunst. Das Boot, in etwa halbjähriger Arbeit geschaffen, ist noch heute in gutem Zustand, im Salesianer-Museum in Punta Arenas.

Jaghanen und Alakalufen wurden aus den breiten Rindenstreifen einer großen Südbuche hergestellt. Nicht mehr als zwei Werkzeuge hat der Bootsbauer dafür benutzt, ein etwa 30 Zentimeter langes Knochenmesser und einen knapp 60 Zentimeter langen Walfischknochen mit fächerförmiger Schaufel. Außerdem griff man noch zu geschliffenen Muschelschalen, um die Innenseite der Rindenstreifen zu glätten.

Weil das Material gebogen werden mußte, wurde die Rinde zuerst angefeuchtet und dann erhitzt. Beim Zusammenfügen mußten sich die Rindenstreifen überlappen. Zusammengenäht wurden sie mit Holzfaserstreifen, und zwar in Spiralwindungen. Dann hat man die Nahtstellen mit Algen und Moos abgedichtet. Dünne elastische Holzstangen dienten zur Versteifung des Fahrzeugs. Der kaum fingerdicke Boden erhielt einen Belag aus Rinde. Darüber, in die Mitte des

Kanus, legte man einen etwa Halbmeter breiten Grassoden, darauf eine Handvoll Kies. Dort, in einer tellergroßen Grube, knisterte das zu allen Zeiten notwendige Feuer.

Wer sich im Rindenkanu niederließ, mußte darauf achten, nicht den fingerdünnen Boden zu durchbrechen. Andererseits jedoch war der so elastisch, daß drei bis vier, gelegentlich auch fünf Menschen, dazu noch Hunde Platz darin fanden. Sogar das Gewicht der Beute, der Vorrat an Meeresfrüchten, konnte in dem Boot transportiert werden. Der beste Kenner der Wassernomaden, der aus Breslau stammende Pater Gusinde, hat die Jaghanen und ihre Rindenkanus noch erlebt und eingehend beschrieben.

Nur zwei bis drei Wochen benötigte ein fleißiger Bootsbauer zur Herstellung des Wunderwerkes. Aber schon nach einem Jahr mußte er sich aufs neue an die Arbeit machen. Länger hielt das Kanu die enorme Beanspruchung nicht aus.

Absolut wasserdicht konnte es nicht sein. Andauernd mußte geschöpft werden, und das war Aufgabe der mitgenommenen Kinder. Wer meint, man hätte sie lieber zu Hause lassen sollen, hat vergessen, daß es ja für die Wassernomaden kein Zuhause gab. Ähnlich den Ona wohnten sie nirgendwo und überall. Die Aufgabe der Frau war es, das Paddel zu führen und das Boot zu bewegen. Der Mann saß vorn im Bug, ständig nach Beute spähend und die Harpune griffbereit in der Hand.

Die Leichtigkeit des Bootes war in dem bewegten Wasser von großem Vorteil. Ein Mensch allein war mühelos imstande, das Fahrzeug über Stock und Stein zu tragen. Wenn Mann und Frau gemeinsam zugriffen, wenn sie das Kanu vorn und hinten anfaßten, konnten alle Gerätschaften, sogar das knisternde Feuer an Bord bleiben. So war es möglich, Landengen zu überqueren, um in einen anderen Fjord, um in andere Wasserwege zu gelangen.

Jede Frau, jedes Mädchen unserer Tage wird die Weiber der Wassernomaden tief bedauern, wenn sie hörten, wie dort und damals die Arbeitsteilung zwischen Mann und Frau eingerichtet war. Er jagte mit der Harpune, mit dem Speer, auch mit Pfeil und Bogen die Säugetiere des Meeres und Strandes. Er stellte den Seevögeln nach und fischte mit dem Netz. Seine Frau tauchte hinab zu den Muscheln, zu den Krebsen und Weichtieren und sammelte eßbare Algen und was sonst noch an guten Sachen im bewegten Meer zu finden war. All das bei Wassertemperaturen, die nur wenige Grad über dem Gefrierpunkt lagen.

Damit nicht genug mußten die Frauen auch bei jedem Wellengang schwimmen, wenn es darum ging, das Nachtlager oder überhaupt ein Lager zu beziehen. Erst paddelte die Frau ihren Mann, die Kinder und Hunde zum Strand. Er nahm das glimmende Feuer mit und fand bald einen passenden Platz, bis zu dem die Brandung nicht rollte. Die fleißige Frau aber paddelte wieder hinaus, dorthin, wo Ankergrund zu finden war. Dieser Anker, ein paar Steine in einem aus Schilf geflochtenem Netz, warf sie aus, sprang sodann ins Wasser und schwamm zur Küste zurück.

Die Männer und Buben konnten nicht schwimmen, vielleicht wurden sie von einem Tabu daran gehindert. So war alles, wozu man schwimmen mußte, Aufgabe der Frau und der größeren Mädchen. Immerhin, wenn sie dann erschöpft und vermutlich halberfroren am Lagerplatz eintrafen, fanden sie dort ein flackerndes, wärmendes Feuer. Wie Pater Gusinde berichtet, wurde selbst auf eine schon fortgeschrittene Schwangerschaft der Frau keine Rücksicht genommen.

Dennoch, das Leben auf dem Salzwasser hatte auch seine lichten Seiten, so unwahrscheinlich es in unseren Ohren klingt. Auch die Wassernomaden lebten im Überfluß. Das Meer, die Küsten, ja selbst die Felswände lieferten ihnen reiche Beute und viel Abwechslung. Ich habe auf der Navarino-Insel gesehen, wie ein paar Männer binnen einer knappen halben Stunde viele Dutzend kiloschwerer Fische aus der Brandung angelten. Seehunde wie Robben jeder Art, auch die bis zwei Tonnen schweren Elefanten-Robben ließen es sorglos geschehen, daß sich Menschen mit Keulen und Speeren an sie heranmachten. Ich habe es gewagt, solche Kolosse des Meeres mit der Hand zu berühren, ohne daß sie es übelnahmen. Ein Keulenschlag auf den Hinterkopf genügt, um jede Robbe zu töten. So konnten sich seinerzeit die Wassernomaden ihre Nahrung in jeder gewünschten Menge beschaffen, ohne daß besondere Mühe dazu gehörte.

Pinguine sind – was heute streng verboten ist – mit der Hand zu greifen. Außerdem liefern sie Eier im Überfluß, die man ihnen ohne weiteres wegnehmen kann. Für andere Vogeleier muß der gute Kletterer nur an einem der Felshänge emporsteigen, wo eine Unzahl von Seevögeln dem Brutgeschäft nachgehen. Es können sich dort Tausende, oft Zehntausende von Vogelnestern befinden, natürlich nur nach der Paarungszeit und solange die Jungvögel noch nicht das Nest verlassen haben.

Die Alakalufen – Nomaden an der Patagonischen Küste

Sie lebten nördlich von den Jaghanen, höher hinauf an der unendlich langen Küste des schmalen Landes Chile, auch im südlichen Teil der Magellan-Straße, in der Bahía Inútil (nutzlose Bucht), an den Ufern der Dawson-Insel sowie in zahlreichen Buchten der Brecknock-Halbinsel. Dort kam es des öfteren zu Begegnungen mit den Jaghanen, aber, soviel man weiß, wurden zu keiner Zeit Kämpfe zwischen diesen Völkern ausgetragen. Doch Männer von der einen Seite nahmen von der anderen Seite Frauen mit in die eigenen Reviere, noch bis etwa zur Mitte unseres Jahrhunderts.

Auf dem Flugfeld von Puerto Williams auf dem Landeplatz der Navarino-Insel hat mich der Pilot einer Frau vorgestellt. Sie stand vermutlich im Alter von 70 Jahren. Der schon lange verstorbene Mann war Alakalufe gewesen, die Mutter eine angeblich reine Jaghanin. Zum Besuch von Verwandten hatte sich die Senora Enriqueta Castelmundi von ihrem Wohnsitz auf der Wellington-Insel nach Puerto Williams begeben.

Die Verbreitung der Alakalufen hat in alten Zeiten bis hinauf in die Gegend der heutigen Hafenstadt Puerto Montt gereicht. Sie waren auch südlich in der amphibischen Landschaft des Penas-Golfes, im Gebiet von Puerto Bueno und ebenso im sinnverwirrenden Chonos-Archipel zu Hause.

Wie mir scheint, hatten sie es leichter als ihre südlichen Nachbarn, die Jaghanen, mit denen sie trotz verschiedener Sprachen viele Gemeinsamkeiten verbanden. Es gibt an Land auch noch heute verschiedene Arten wilder Tiere, auch wenn wir selber keines gesehen haben, Zwerghirsche, Guanakos, Füchse und deren bevorzugte Speise, Karnickel und Gürteltiere, die man am besten zubereitet, wenn man sie im eigenen Schalenpanzer auf glühende Holzkohlen legt.

Äußerlich, so schreibt Martin Gusinde, sind die Alakalufen von den Jaghanen nicht sonderlich verschieden. Beide besaßen breite Schultern, stark entwickelte Muskeln in den Armen und dem Brustkorb, liefen aber auf vergleichsweise nur kurzen, schwachen Beinen, wobei ausgesprochene O-Beine nicht selten waren. Die Rindenkanus der Alakalufen waren nicht so perfekt gebaut wie jene der Jaghanen, aus dem einfachen Grunde, weil sie nur selten in schwere Stürme gerieten und dadurch nicht so stark beansprucht wurden wie die elastischen Boote der Jaghanen. Dafür konnten die Alakalufen Einbäume herstellen. Sie waren allerdings schwer und daher nicht einfach zu bewegen. Man konnte sie nicht über Landengen tragen und damit keine weite Entfernung zu Fuß überwinden. Nur Teile eines solchen Bootes blieben auf der Navarino-Insel erhalten. Gleich vor dem bescheidenen Gusinde-Museum sind sie zu sehen.

Die Sprache der Alakalufen wurde von den Menschen selbst Kalektag genannt. Aber nur drei bis vier Menschen sind heute noch imstande, sich auf Kalektag zu verständigen. Zwar konnte ich mit ihnen sprechen, jedoch auf Spanisch!

Zählen konnten die Alakalufen nur bis drei, ein paar kluge Köpfe brachten es auch bis fünf. Mehr brauchte man offenbar nicht. Wie übereinstimmend berichtet wird, war das Kalektag hart, rauh und abgehackt. Es hörte sich so an, als würden die Alakalufen stets von Husten geplagt. Einige Worte Kalektag habe ich in Puerto Eden noch gehört, als Senora Margeritha Molinari ihrer Nichte Augustina ein paar Anweisungen gab.

Die Alakalufen, berichtet Pater Gusinde, waren Meister in der Kunst, Feuer zu quirlen. Sozusagen im Handumdrehen hatten sie sprühende Funken erzeugt, um damit ihren Zunder und dann ein knisterndes Feuer zu entfachen. Im übrigen hatte ihnen die Natur ein Holz zur Verfügung gestellt, das auch im feuchten Zustand brennt, das Tepu-Holz. In der überaus waldreichen Gegend, an deren Ufern vermutlich die Mehrzahl der Alakalufen gelebt hat, war es ihnen möglich, für ihre kurzen Aufenthalte bessere Behausungen zu beziehen als die Ona und Jaghanen. Ein schlichtes Gerüst aus armdicken Ästen wurde mit mehreren Fellen der Guanakos oder Seehunde behängt. Man konnte es in kurzer Zeit aufstellen, weil gutes, biegsames Holz allenthalben zu haben war.

Schlimm aber sah es aus mit ihrer Reinlichkeit. Schon nach wenigen Tagen, und länger blieben sie ja nirgendwo, waren ihre Unterkünfte, die sogenannten Toldos, von stinkendem Unrat umgeben. Alle Notdurft wurde gleich vor dem Windschirm erledigt, und der Hundekot kam noch dazu. Auch Kinder ließen alles fallen und laufen, wie es gerade kam. Gegen die Fliegenplage und den naßkalten Wind sollte die möglichst dick aufgetragene Bemalung schützen. Zu diesem Zweck wurde zerstampfte Holzkohle mit Tonerde und Tierfett gemischt und in einer großen Muschel stark erhitzt. Die ganze Familie, auch die Kleinsten, wurde von der Fußspitze bis in die Haare damit bestrichen. Selbst die Läuse, berichten Missionare, haben sich in dieser Schmiere nicht wohl gefühlt, sondern die Menschen verlassen.

Der weite Weg von Ostasien bis zum Großen Zeh von Südamerika

Woher sie kamen? Das ist die übliche, unvermeidliche Frage, wenn von Völkerschaften die Rede ist, deren Besonderheit sie ins Abseits stellt, vor allem, wenn diese Menschen so ganz anders sind als alle ihre Nachbarn.

Nur eines steht fest: daß die Ona, Jaghanen und Alakalufen nicht von der Tierra del Fuego stammen. Weil man nichts gefunden hat, was älter war als rund 8000 Jahre, müssen die Feuerländer eingewandert sein. Die beiden französischen Forscher Professor Joseph Emperaire und Paul Rivet vertreten die keineswegs überzeugende Ansicht, die Feuerländer seien auf irgendeine, gewiß an Umwegen sehr weiten Reise durch viele Jahrtausende ursprünglich von Australien gekommen, möglicherweise von der Insel Tasmanien, als noch Landbrücken zwischen der Antarktis und der Subantarktis bestanden, also die klimatischen Verhältnisse günstiger waren als heute. Dafür spricht nur ihr Mythos von einer Traumzeit, von einer unendlich fernen Vergangenheit und von der Beseeltheit aller Natur, was auch zu den Glaubensvorstellungen der australischen Ureinwohner gehört. Ähnliche Mythen gibt es jedoch auch bei anderen Völkern, bei den Griechen, ja sogar bei den Germanen. Sie sind kein schlüssiger Beweis.

Im übrigen besteht kein Zweifel daran, daß auch die Feuerländer echte amerikanische Indianer sind. Dafür spricht die Art und Farbe ihrer Haare, die hellbraune Haut und vor allem die Mongolenfalte in ihrer Augenpartie. Auch die Nase, die Backenknochen und meist auch die Mundpartie weisen indianische Merkmale auf.

Alle Indianer sind eingewandert, wie überhaupt alle Bewohner des heutigen Amerikas. Zu keiner Zeit hat es in der Neuen Welt echte Menschenaffen gegeben oder Urmenschen, die man schon zu den Hominiden zählen kann. Kein Amerikaner, auch nicht die Indianer, die Eskimo und Alëuten im hohen Norden können sich als Ureinwohner des Kontinents bezeichnen.

Wann die ersten Einwanderer der Gattung »Homo sapiens« aus dem ostasiatischen Raum in den hohen Norden Amerikas, nach Alaska gekommen sind, darüber streiten sich die Gelehrten. Eindeutig bewiesen ist, daß die Bering-Straße, die Ostsibirien von Alaska trennt, zeitweise festes Land gewesen ist. Sogar einen Namen dafür hat man gefunden, »Beringia«, nach dem dänischen Forscher und Seefahrer Vitus Bering, der als erster diese Meeresstraße durchquert hat. Aber selbst in unseren Tagen kann man die Bering-Straße trockenen Fußes überqueren, auf dem meterdicken Eis, das sie während des Winters bedeckt. Man hat das Ziel immer vor Augen, weil man von erhöhten Punkten die gegenüberliegende Küste sehen kann.

So war es jederzeit möglich, aus Ostasien nach Alaska auszuwandern. Aber dann gab es echte Schwierigkeiten. Zwar blieben auch während der verschiedenen Eiszeiten weite Teile von Alaska eisfrei, besaßen ausreichende Vegetation und eine reiche Tierwelt. Aber der Weg nach Süden war während der sogenannten Wisconsin-Eiszeit, in der Epoche von etwa 25 000 bis 50 000 Jahren vor der Zeitwende, versperrt. (Das entspricht in etwa der Würm-Eiszeit in Europa.) Da gab es beiderseits der Rocky Mountains eine gewaltige Eisbarriere von etwa 3000 Metern Höhe, die weder Menschen noch Tiere übersteigen konnten. Aber vor dieser Wisconsin-Eiszeit war der Weg nach Süden, durch Kanada, durch die heutigen Vereinigten Staaten, durch Mittel- und Südamerika frei.

An verschiedenen Stellen auf der Insel Ananguala in der Aleuten-Gruppe, auf der Santa-Rosa-Insel an der Küste von Kalifornien, auch bei Tule-Springs in Nevada hat man in Höhlen und geschützten Lagen die Reste von Feuerstellen entdeckt, auch Tierknochen und grobe Steingeräte, die 36000 Jahre und noch älter sind. Nur Menschen konnten die Feuer entfacht haben, vor allem jene tief in Höhlen und Felsspalten. Die Knochen stammen von Tieren, die im Pleistozän gelebt haben, heute jedoch ausgestorben sind. Die Steinwerkzeuge waren unbearbeitet. Man hatte passende Natursteine für irgendwelche Zwecke verwendet, wie an den Spuren der Abnutzung zu erkennen ist. So steht fest, oder scheint festzustehen, daß diese Urmenschen schon vor der Wisconsin-Eiszeit aus Ostasien gekommen waren, sogar fast bis nach Mittelamerika.

Danach war der Weg von Alaska nach dem Süden für etwa 20000 Jahre versperrt. Die nächsten Funde, feingearbeitete Pfeilspitzen und Steinmesser vom Chlovis-Typ, stammen offenbar aus viel späterer Zeit, sie sind »nur« 8000 bis 10000 Jahre alt. Sie erlauben keinen Vergleich zu den Funden der Vor-Wisconsin-Epoche, die von Menschen der einfachsten Kulturstufe stammen.

Sicher erfolgte die Einwanderung mongolischer Völker nach Amerika in vielen, zeitlich weit auseinander liegenden Wellen. Aus welchen Regionen die Mongolen auch immer bis zur Bering-Straße und darüber hinaus gekommen sind, sie gehörten verschiedenen Völkerschaften an, mit verschiedenen Fähigkeiten, Kenntnissen und Jagdmethoden, was schon durch die Vielzahl indianischer Sprachen in Amerika bewiesen wird.

Jene Vorzeitmenschen nun, denen noch nicht einmal die Herstellung einfachster Werkzeuge aus Stein möglich war, sind wohl nicht ganz freiwillig immer tiefer und tiefer nach Süden gewandert. Zuerst folgten sie vermutlich den Wanderungen des Wildes, dann mußten sie nachfolgenden Völkern ausweichen, die weiter fortgeschritten waren in der Lebensführung und über die besseren Waffen verfügten.

Früher oder später sind auch unsere Freunde, die Vorfahren der Ona, der Alakalufen und der Jaghanen, nach Mittelamerika gelangt, und da sie nicht ins Meer ausweichen konnten, haben sie schließlich diese endlos lange Brücke nach Südamerika überquert. Die eine oder andere Gruppe mag sich abgesondert haben. Aus ihnen könnten die

Amazonas-Indianer geworden sein. Manche Forscher weisen auf die Botokuden nahe der Küste von Brasilien hin, die sich auf ebenso einfache Art durchs Leben schlugen wie später auch die Feuerländer. Eines Tages sind diese Nomaden in Feuerland eingetroffen. Vielleicht war damals die Magellan-Straße teilweise trocken gelegen. Sie ist ja stellenweise heute noch so eng, daß man sie auf Flößen bezwingen kann.

Es ist bestimmt nicht die größte, aber doch die längste Völkerwanderung der Welt gewesen, nach Dauer und Entfernung. Es dürften gut und gerne 20000 Jahre darüber verstrichen sein, und vom Eintreffen der ersten Menschen mongoloider Herkunft im Nordwesten von Alaska bis hinunter ans äußerste Ende von Amerika sind es schließlich 14000 Kilometer Luftlinie weit gewesen. Es waren an dieser Wanderung rund 500 Generationen beteiligt, von denen sich keine des unendlich langen Marsches bewußt war!

Auf dem Feuerland angekommen, ging es nicht weiter. Aber niemand rückte nach, vermutlich wegen des abweisenden, des ewig feuchtkalten und stürmischen Wetters. Dafür bot aber das unwirtliche Land den mongoloiden Indianern eiweißreiche Nahrung in Hülle und Fülle, bot ihnen außerdem so gut wie totale Sicherheit und für den Notfall Schlupfwinkel jeder Art.

Es ist anzunehmen, darüber herrscht bei den wenigen Feuerlandforschern seltene Einigkeit, daß es sich bei den Ureinwohnern der Tierra del Fuego um die ältesten Amerikaner, um die Nachkommen der ersten Menschen in der Neuen Welt handelt!

Um so schlimmer ihre fast vollständige, dazu noch planmäßige Ausrottung während der letzten hundert Jahre.

Die Zeit der großen Abenteuer

Die traurige Geschichte von Puerto Hambre

Schon früh waren die englischen Seeräuber, mit königlichen Kaperbriefen ausgestattete Freibeuter, zu einer schlimmen Plage geworden. Sie überfielen nicht nur die Karavellen und Galeonen der stolzen Spanier, um sie auszurauben und für die mitreisenden Menschen Lösegeld zu erpressen, sie nahmen auch im kühnen Handstreich Siedlungen nahe der Küste ein, wo man glaubte, daß Goldschätze und Silberbarren für den Abtransport ins spanische Mutterland gehortet wurden.

An der von zahlreichen Buchten und Inseln zerrissenen Westküste, die noch lange nicht kartographisch erfaßt war, gab es zahlreiche Schlupfwinkel, in denen sich Piraten verstecken und erholen konnten. So beschloß der spanische Vizekönig von Peru, der theoretisch über Chile und Patagonien bis hinunter nach Feuerland herrschte, diese Region besser zu erkunden und womöglich auch mit befestigten Plätzen zu versehen. Mit diesem Auftrag und zwei Schiffen entsandte er im Jahre 1580 den schon oft bewährten Kapitän Sarmiente de Gamboa nach Süden. Er sollte mit seiner Arbeit im Golf von Trinidad beginnen und erst am östlichen Ende der Magellan-Straße aufhören. Der brave Mann tat seine Pflicht. Am Kap Santa Anna trennten sich die Schiffe. Das eine segelte zurück nach Peru, auf dem Flaggschiff aber begab sich Capitan de Gamboa nach Spanien, um in eigener Person König Philipp II. Bericht zu erstatten. Ihm schlug er vor, zwei Engpässe in der Magellan-Straße zu besiedeln und zu befestigen, das heißt, regelrechte Sperrforts gegen die englischen und anderen Seeräuber einzurichten. Wenn keiner von diesen raubgierigen

Schurken mehr die Straße benutzen konnte, waren auch die spanischen Siedlungen an der Westküste Südamerikas einigermaßen sicher vor den Piraten.

Schon zwei Jahre später verließ zu diesem Zweck eine ungewöhnlich starke Flotte die Häfen des Mutterlandes. Unter dem vortrefflichen Sarmiente de Gamboa segelten 19 Schiffe mit nicht weniger als 3000 Mann an Bord, worunter sich auch Soldaten, Siedler, Handwerker, Schreiber, Priester und sogar Ärzte befanden. Aber verheerend verlief schon die überaus stürmische Seereise über den Atlantik. Ein Teil der Schiffe und auch der Hilfsschiffe versank in den Wogen, scheiterte an steilen Küsten oder schleppte sich schwerbeschädigt in spanische Häfen zurück.

Es waren am Ende nur noch drei Karavellen, allerdings die größten und stärksten der Flotte, die in der Magellan-Straße eintrafen. Eine kehrte, kaum daß die Ladung gelöscht und die Mannschaft an Land gegangen war, nach Spanien zurück. Die zweite lief auf ein Riff und zerbrach, wenn es auch gelang, Menschen und Fracht zu retten. Mit dem letzten seiner Fahrzeuge machte sich Gamboa an die Arbeit, um die beiden Stützpunkte einzurichten. Die eine Siedlung, stolz »Stadt« genannt, gründete er am Ostende der Magellan-Straße und nannte sie »Nombre de Jesu«. Die andere, beim Kap Santa Anna aufgebaut, erhielt nach dem regierenden König den stolzen Namen »Rey Felipe«.

Wie sich dann herausstellte, glaubte selbst der Capitan de Gamboa, daß nur seine Festung Rey Flipe lebensfähig sei und eine gute Entwicklung verspreche. Bei Nombre de Jesu versiegte das Trinkwasser, und die flache Landschaft bot den Stürmen kein Hindernis. Der Capitan begab sich von Nombre de Jesu über Land nach Rey Felipe, um den Rest seiner Leute, das Material sowie 27 Familien über See nach Rey Felipe zu transportieren. Nicht weniger als 438 Personen befanden sich nunmehr in dieser mit 16 Kanonen, mit Wall und Graben befestigten Stadt. Eine stattliche Zahl für damalige Zeit und außerdem noch in einer so weltfernen, dazu düsteren und trostlosen Gegend.

Dann wollte Gamboa Verstärkung aus Spanien holen, fiel jedoch im Atlantik britischen Seeräubern in die Hände. Diese hartherzigen Menschenräuber hatten nichts anderes im Sinne, als den Capitan mit all seinen Begleitern im nächstbesten algerischen Hafen auf dem

Sklavenmarkt zu verkaufen. Gerade noch rechtzeitig konnte König Philipp die ruchlose Tat verhindern, indem er den Piraten für ihre Gefangenen ein hohes Lösegeld bot.

Den Menschen in der Festung Rey Felipe ging es schlechter von Woche zu Woche. Denn bald waren die aus Spanien mitgebrachten Vorräte verbraucht. Hunger breitete sich aus, viele der Kolonisten wurden von dem seinerzeit vielgefürchteten Skorbut erfaßt. Es fehlte an Holz, Kleidern, Stiefeln und noch vielen anderen Dingen. Sie waren mit den versunkenen und gestrandeten Schiffen verlorengegangen.

Einige Verzweifelte bemühten sich, zwei seetüchtige Barkassen herzustellen. Als Baumaterial dienten die Reste des an der Küste gestrandeten Schiffes. An Bord dieser nur behelfsmäßig gebauten Fahrzeuge verließ ein Teil der Spanier – wie viele, weiß man nicht – die nicht mehr verteidigungsfähige Festung. Ihre Absicht war, durch den westlichen Ausgang der Magellan-Straße in das weite Labyrinth von Inseln und Fjorden zu gelangen, die in nördlicher Richtung die chilenische Küste begleiten. Früher oder später, so hofften sie, würden sie den spanischen Stützpunkt Valdivia oder eine andere Siedlung weißer Männer erreichen. Aber keine der Barken ist durchgekommen, nie wieder wurde eine Spur gefunden.

Als zwei Jahre später der englische Freibeuter Thomas Cavendish von Osten her in die Magellan-Straße einlief und zu seinem Erstaunen die fast völlig verlassene, weitgehend zerfallene Festung Rey Felipe entdeckte, ließ er ein Boot aussetzen und begab sich an Land. Einen Überlebenden fand er vor, einen gerade noch aus Haut und Knochen bestehenden Menschen. Er hieß Tomé Hernandez und war der letzte Bewohner der mit so viel Hoffnungen und Mühe gegründeten Stadt.

Cavendish, von dem so viel Schandtaten berichtet werden, hat den Unglücklichen an Bord genommen, gesund pflegen lassen und ihm bei passender Gelegenheit die Heimkehr nach Spanien ermöglicht.

Ich bin dort gewesen in Puerto Hambre, im Hungerhafen an der Magellan-Straße. Dorthin zu kommen von Punta Arenas aus macht keine besondere Mühe, und die Straße läßt kaum etwas zu wünschen übrig. Aber viel ist in der alten Siedlung, die nur kurze Zeit bestanden hat, nicht zu sehen. 400 Jahre sind eine lange Zeit. Furchtbare Stürme sind über Rey Felipe hereingebrochen, sie haben alles zugeweht und mit Sand bedeckt. Was aus Holz gebaut war, die Blockhäuser und Magazine, haben vermutlich die feuerländischen Eingeborenen als Brennmaterial benutzt. So ist es nicht leicht gewesen, die richtige Stelle von Rey Felipe zu finden. Einen Gedenkstein hat man vor wenigen Jahren aufgerichtet, eine auf sechs Säulen ruhende Steinplatte mit der Inschrift: »Hier war Spanien«.

Der alte und eigentliche Name ist vergessen. Puerto Hambre steht auf der Landkarte, das spanische Wort für »Hungerhafen« auch auf dem Schild an Ort und Stelle.

Hunger, immer wieder ist davon die Rede in alten Berichten. Schon die Mannschaft, ja sogar die Offiziere des ersten Weltumseglers haben Hunger gelitten an der patagonischen Küste und deshalb gemeutert. Die Siedler und Soldaten des Sarmiente de Gamboa wurden, weil ihnen die Nahrung fehlte, zur Verzweiflung getrieben und haben schließlich alle bis auf einen den Tod gefunden. Schrecklicher Hunger plagte noch im 18. Jahrhundert die Gottesmänner der Patagonian Mission Society. Auch Robbenschläger, Walfänger und Pelzjäger sind wegen akuten Mangels an Lebensmitteln zugrunde gegangen. Immer wieder lesen wir und hören wir von solchen Hungerleidern auf Feuerland. Aber nie ist dabei von den Eingeborenen die Rede. Sie haben nicht gehungert, zu keiner Zeit und in keiner Region ihrer unwirtlichen Heimat.

Weshalb sind die Fremden verhungert, haben zumindest bittere Not gelitten, während die Landeskinder buchstäblich mit Fett beschmiert waren? Warum konnten sich die Europäer nicht ernähren, wo es doch die Ona, Jaghanen und Alakalufen zeitlebens getan haben?

Während fast alle Siedler und Soldaten in Puerto Hambre elend zugrunde gingen, lebten ganz in der Nähe ein paar tausend wohlgenährte und kerngesunde Ona. Während die Weißen über Feuerwaffen, über Fallen, Fischnetze, Angelruten, auch über Armbrüste und Speere mit Stahlspitzen verfügten, besaßen die Feuerländer nur Pfeile, Messer und Werkzeuge aus Knochen. Sie knüpften ihre Netze aus den Sehnen der Guanakos oder aus biegsamen Schilfrohren. Sie jagten die wilden Lamas mit Speeren aus Holz und den Bolas, mit einer Art von Lassos, an denen Steinkugeln befestigt waren. Sie jagten die Otter und Zwerghirsche mit Hilfe ihrer Hunde, erschlugen die am Strande ruhenden Säugetiere des Meeres mit Knüppeln und tauchten im kalten Wasser nach Muscheln, Krebsen und Krabben.

Zwischen dem Juli 1906 und dem Januar 1908, so liest man in einer glaubhaften Statistik, wurden im Bereich von Feuerland von weißen Walfängern insgesamt 450 Wale erbeutet. Im Zeitraum von nur fünf Jahren sollen der menschlichen Beutegier nicht weniger als 45 000 Robben zum Opfer gefallen sein.

Im Hafen von Ancud, auf der Chiloé-Insel, sah ich einheimische Fischer, die frischgefangene Austern in solchen Mengen auf die Kaimauern schaufelten, das beachtliche Hügel daraus wurden. Man füllte sie dann in Kisten, die etwa 800 Stück enthielten, aber nur wenige Pesos kosteten.

Wie also war es möglich, daß allein in Puerto Hambre mehr als 400 Menschen an Hunger starben und an Krankheiten verdarben? Wie konnte Skorbut so viele Opfer fordern, der doch nur aus Mangel an Vitamin C entsteht? Frisches Fleisch und Fische, Muscheln und sogar Meeresalgen beheben diesen Mangel rasch und vollständig. All das war in Reichweite zu haben, in jeder gewünschten Menge. Leicht wäre es möglich gewesen, von den Feuerländern im Tauschhandel alles Notwendige zu bekommen, wenn man sie freundlich behandelte.

Was den Spaniern in Feuerland gefehlt hat, war allein der Verstand, sich den Eingeborenen anzupassen.

Wie herrenlos ist Feuerland?

Kaum war die Kenntnis vom Kap Horn (Cabo de Hornos), wo die Fußspitze des Feuerlandes und somit Südamerika zu Ende war, an den spanischen Hof gelangt – und König Philipp II. selbst hatte davon erfahren –, wollte er wissen, wie es dort unten aussah. Zu diesem Zweck wurden im Jahre 1648 zwei bekannte Seehelden, die Brüder Bartholomeo und Gonzalo de Nodal, in die stürmischsten Gewässer der Welt entsandt. Weil sie bis dahin, wie behauptet wurde, nicht weniger als 76 englische, französische und holländische Schiffe versenkt hatten, als ehrliche Freibeuter mit Königlich Spanischem Kaperbrief, konnte sie nichts mehr erschüttern.

Auch sie hatten sodann am Ende Südamerikas mit einer Meuterei zu tun. Aber so energische Brüder wie die Nodals wurden rasch damit fertig. Alsdann umfuhren sie das stürmische Kap, segelten durch die an Strömungen reiche Meerenge LeMaire, entdeckten die Ramirez-Inseln und kreuzten vom Pazifik in östlicher Richtung durch die Magellan-Straße zurück in den Atlantik. Bei dieser Gelegenheit wurden mit List und Tücke einige Feuerländer überwältigt, an Bord geschleppt und nach Spanien gebracht. Leider ist nicht bekannt, was später aus ihnen geworden ist. Abgesehen von dieser Untat haben die Brüder Nodal insofern ein für damalige Zeit echtes Wunder vollbracht, weil sie während all der schlimmen Stürme und der langen Reise keinen einzigen Mann verloren. Aber beide sind schon bei ihrer nächsten Reise ums Leben gekommen.

Wenn man immer wieder hört und liest, das Weltreich der Spanier sei schon gegen Mitte des 18. Jahrhunderts kaum noch regierbar gewesen, weil allmählich die spanische Flotte nicht mehr imstande gewesen sei, die Verbindung und Versorgung zu gewährleisten, so stimmt das nicht. Denn gerade in den Jahren 1785/1786 und auch 1788/1789 hat König Carlos III. die neugebaute und besonders seetüchtige Fregatte »Santa Maria de la Cabeza« unter dem Kommando des Antonio de Cordova ins Labyrinth der feuerländischen Inseln geschickt, mit 277 Mann Besatzung, mit 21 Offizieren und einer nicht mehr bekannten Anzahl von Wissenschaftlern. Alle Wissenschaftler haben zusammen großartige Arbeit in der Kartographie, der Hydrographie und der Ethnologie geleistet.

Kapitän de Cordova brachte auch recht ausführliche Schilderungen von den Tehuelchen, den Ona und den Alakalufen zurück. Dabei hat er sich des Menschenraubes schuldig gemacht. Eine unbestimme Zahl von Nomaden mußte ihn nach Spanien begleiten. Gewiß, es war nicht bös gemeint. Sie sollten als Studienobjekte dienen und nach entsprechender Aufklärung die christliche Taufe erhalten.

Eine Frage, die lange schon die Seefahrer der zivilisierten Nationen beschäftigt hatte, war dank der zweijährigen Bemühungen Cordovas entschieden. Trotz aller Gefahren am Cabo de Hornos war es nach allen gemachten Erfahrungen eben doch günstiger, auf der Reise in den

Stillen Ozean das Kap Horn zu umsegeln. Allzu zeitraubend war statt dessen die mühevolle Kreuzfahrt durch die Magellan-Straße, zumal auch dort der rasch wechselnde Wind, widrige Strömungen, tiefer Nebel und zahlreiche Riffe die Fahrt behinderten. So fuhren denn die Segelschiffe um das Horn, bis die Dampfmaschine den Wind ersetzte. Denn für Dampfschiffe war es nicht so gefahrvoll und zeitraubend die Meerenge des Magellan zu durchfahren, ganz gleich, aus welcher Richtung.

Wenn die Ona, Jaghanen und Alakalufen während der folgenden 30 Jahre von weißen Menschen gestört wurden, so vor allem durch Walfänger und Robbenschläger. Sie haben auf Menschen ebensowenig Rücksicht genommen wie auf die von ihnen massenhaft abgeschlachteten Tranlieferanten, wie Wale, Elefantenrobben und was sich sonst noch in der Hoffnung auf reichen Gewinn erbeuten ließ. Dazu gehörten auch die Seeotter. Doch sind diese weißen Barbaren nie tief in die Fjorde eingedrungen, haben keine Höhen bestiegen und nie das Innere des Landes gesehen.

Von den großen politischen Ereignissen jener Jahre haben die Feuerländer bestimmt nichts erfahren. Bisher hatten sie zu den spanischen Vizekönigreichen Chile und La Plata gehört. Doch die Bürger der spanischen Kolonien hatten sich seit 1815 gegen ihr Mutterland erhoben, und nach vielen Jahren erbitterter Kämpfe war es ihnen schließlich gelungen, sich als freie Staaten zu etablieren, als die Republik Chile an der südamerikanischen Westküste und die Republik Argentinien an der Ostküste. Die Grenze zwischen beiden Staaten, so hatte man am grünen Tisch vereinbart, sollte auf dem Kamm der Anden verlaufen. Wobei aber noch keiner der am grünen Tisch versammelten Herren jemals auf dem bis fast 7000 Meter ansteigenden Grat gewesen war.

Daraus ergaben sich später viele Konflikte, weil es einen durchgehenden Grat nicht gibt. Was die Tierra del Fuego betraf, wurde vorerst gar keine Grenze gezogen. Weil noch niemand außer den Ona das Hinterland durchzogen hatte und man (der völlig falschen) Meinung war, es sei in dieser gottverlassenen Gegend nichts zu holen, blieb das Feuerland bis auf weiteres herrenlos. Allgemein angenommen wurde jedoch, daß es eines Tages, wenn man über das Innere besser Bescheid wußte, zwischen Chile und Argentinien geteilt werden sollte.

Lange Zeit verging, bis schließlich die ersten Fremden ins unbekannte Innere des Feuerlandes vorstießen. Auch an der Küste und auf den Inseln gab es bis zur Mitte des vorigen Jahrhunderts keine ständig bewohnte Ortschaft. Der auf so tragische Weise mißglückte Versuch der Spanier, eine Kolonie in der Magellan-Straße einzurichten, wurde nicht wiederholt. Nie wieder während ihrer langen Herrschaft über den südamerikanischen Kontinent haben die spanischen Vizekönige noch einmal daran gedacht, sich so tief im ewig feuchtkalten Süden festzusetzen.

Die Schiffahrtswege aber, durch die Meerenge von Magellan und um das schreckliche Kap Horn, wurden viel befahren, unter größten Mühen allerdings und mit schweren Verlusten. Es gab keinen anderen Seeweg zur spanischen Westküste, es sei denn jene noch viel weitere Strecke entlang der afrikanischen Westküste um das Kap der Guten Hoffnung und weiter durch die pazifische Inselwelt nach Mittelamerika, Peru und Chile. Erst der Panama-Kanal, im Jahre 1914 fertig geworden, ersparte den meisten Seeschiffen die so gefährliche und zeitraubende Fahrt um das Cabo de Hornos oder durch die Magellan-Meerenge. Dabei bevorzugte man für den Weg vom Atlantik in den Pazifik die Magellan-Straße, für den Rückweg aber die beschwerliche Fahrt um »das Horn«. Auch wenn es oft nebelverhängt war, so wehten die Stürme doch zumeist in der gewünschten Richtung. Die Segler reisten also vor dem Wind, und viel Zeit wurde damit auf jeden Fall gespart.

Wem das Land gehörte, hinter dem Nebel und den tiefhängenden Wolken, hinter den grauweißen Gletscherwänden und dunklen Bergen, das war den Männern auf See vollkommen gleich.

Das blieb auch so, als Chile und Argentinien um 1820 selbständige Staaten wurden. Beide Seiten hatten lediglich beschlossen, daß die Höhenlinie der Anden als Grenze zwischen ihnen dienen sollte. Praktisch war die Tierra del Fuego ein Niemandsland, ein staatsrechtlich herrenloses Gebiet. Doch auf die recht große Gruppe der Falkland-Inseln draußen im Südatlantik, keine 400 Kilometer von Feuerland entfernt, hatten die Briten um 1830 Anspruch erhoben, eine argentinische Garnison vertrieben und auch den Franzosen nicht gestattet, ihre längst verlassene Niederlassung zu erneuern. Eingeborene auf den Falkland-Inseln hat es nie gegegen, dafür waren schottische Fischer und Schafhirten auf die Inselgruppe gekommen.

Nicht lange danach liefen unter Führung des Kapitäns George Peacock aus dem englischen Hafen Plymouth zwei Schiffe ganz besonderer Art aus, die »Chile« und die »Peru«. Beide durchquerten binnen wenigen Tagen die Magellan-Straße, wobei sie alle eingeborenen Feuerländer in größte Angst versetzten, weil sie laut lärmten und dunkle Wolken ausstießen. Dampfschiffe waren es, die keinen Wind brauchten und sogar gegen widrige Strömung vorwärts kamen.

Dieses an sich harmlose wie auch friedliche Ereignis alarmierte den im peruanischen Exil lebenden ersten Präsidenten und Befreier Chiles von der spanischen Herrschaft, den noch immer hoch angesehenen Bernardo O'Higgins. Er schickte einen Brandbrief an General Manuel Bulnes, den damals amtierenden Präsidenten der chilenischen Republik. Die rasche und glatte Fahrt der beiden britischen Dampfschiffe, schrieb der weitschauende O'Higgins, signalisiere die latente Gefahr einer britischen Besitzergreifung der für Chile so wichtigen Magellan-Straße. Sie sei ja nun für Dampfschiffe, denen gewiß die Zukunft gehöre, der weitaus bessere Weg zur südamerikanischen Westküste als die Umseglung des stürmischen Kap. Deshalb sei es für Chile höchste Zeit, selber von der Meerenge Besitz zu ergreifen, und zwar mit Kanonen, Soldaten, mit tüchtigen Kolonisten, auch mit Wall und Graben, die nicht zu übersehen wären.

Präsident Bulnes sah das ein und beauftragte den Kommandanten der Chiloé-Insel, sogleich die nötigen Vorkehrungen zu treffen. Dieser Inselchef, Don Domingo Espinera, gab unverzüglich den Auftrag weiter an einen Marinekapitän namens Juan Williams, der sich allerdings mit einem nur sehr bescheidenen Fahrzeug begnügen mußte. Es gehörte der Regierung, war mit zwei kleinen Kanonen bestückt und lag im Hafen von Castro auf Chiloé.

Auf den Namen »Ancud« war die Zweimastbark getauft. Wie bescheiden die »Ancud« war, kann noch heute jeder Besucher von Chiloé mit eigenen Augen sehen. In Castro nämlich liegt die »Ancud« noch immer vor Anker, neuerdings wieder hergerichtet, und jeder kann sich frei an Bord bewegen.

Wie es möglich war, auf diesem nur so kurzen und schmalen Fahrzeug 22 Personen, für sechs Monate Verpflegung und noch eine Menge von Material unterzubringen, ist ein Rätsel. Damit nicht genug, begaben sich noch zwei Frauen und ein kleiner Bub an Bord der Nußschale sowie als ortskundiger Lotse für die Meerengen ein englischer Robbenschläger namens Charles Miller. Der vielleicht wichtigste Mann war ein gewisser Bernhard Philippi, aus Deutschland stammend und auf der Soldliste geführt als »Seemann, Soldat und Naturforscher«.

Alles ging gut und geriet nach Wunsch. Am 21. September 1843, nicht weit entfernt vom Kap Santa Anna, also im östlichen Teil der Meerenge, nahm Capitan Williams feierlich für Chile Besitz von der Magellan-Straße und sämtlichen angrenzenden Gebieten. Seine Minikanonen schossen Salut, ein Trompeter stieß ins Horn, und die schöne Fahne Chiles flatterte im Winde.

Gerade noch rechtzeitig, gewissermaßen im letzten Augenblick. Denn nur zwei Tage später erschien das französische Kanonenboot »Phaeton«, schickte eine Abordnung an Land und hißte kühn die französische Flagge. Wie es der Zufall wollte, geschah das gar nicht so weit entfernt vom Ankerplatz der »Ancud«.

Von gerechter Empörung entflammt, eilte der chilenische Kapitän zu seinem französischen Kollegen und protestierte ebenso energisch wie höflich. Weil schon vor zwei Tagen, woran kein Zweifel bestand, die Flaggenhissung der Chilenen erfolgt war, blieb dem vernünftigen Franzosen gar nichts anderes übrig, als seine Flagge wieder einzuholen. So wurde die berühmte Meeresstraße für Chile gerettet und ist bis zum heutigen Tag vom einem bis zum anderen Ende chilenisch geblieben.

Die »Ancud« kreuzte noch viele Male von der einen zur anderen Seite, segelte in die Buchten hinein und nahm Vermessungen vor. Als danach Bernhard Philippi, dieser vielseitige, aus dem alten Deutschland ins neue Chile gekommene Einwanderer, in der Catalina-Bucht, nahe der Mündung des Rio de las Minas, ein vielversprechendes Kohlevorkommen entdeckte und auch feststellte, daß gutes Weideland für Schafe vorhanden war, wurde beschlossen, an dieser Stelle eine befestigte Ortschaft zu gründen. Kaum zu glauben ist, daß mehr als 300 Jahre keine der Seemächte aus Europa oder Amerika versucht hatte, ähnliches zu tun. Eine Station für Dampfschlepper sollte es sein, die den Segelschiffen aller Art behilflich sein konnte, die Magellan-Straße zu überwinden. »Fuerte Bulnes« wurde der Platz zu Ehren des amtierenden Präsidenten getauft und sogleich mit der Arbeit begonnen. Zum Leiter bestimmte Williams den vielbewährten Handwerksmeister Bernhard Philippi. Schon am 11. November 1843 konnte man die Einweihung feiern. Aus 60 Soldaten, meist Kanonieren, bestand die Garnison mit einem ausgewachsenen Oberst an der Spitze. Dazu gab es einen Arzt, einen Priester und außerdem eine nicht mehr bekannte Anzahl von Kolonisten.

Als sich im Dezember 1848 während eines brausenden Sturmes irgendwo in den Holzhäusern ein Feuer entwickelte, das man erst viel zu spät bemerkte, wurde ein großer Teil von Bulnes in Schutt und Asche gelegt. Was zur Folge hatte, daß der neueingetroffene Gouverneur José de los Santos Mardones den größten Teil der Obdachlosen sowie eine Menge von gerettetem Material dorthin verlegte, wo sich heute Punta Arenas befindet, die Hauptstadt der chilenischen Provinz Magallanes.

Da der energische Gouverneur die Erlaubnis seiner Regierung nicht abwartete, weiß man heute nicht mehr, wann Punta Arenas, die weitaus größte Ortschaft des Feuerlandes und von Patagonien, gegründet wurde. Eine offizielle Einweihung hat, soweit bekannt, nie stattgefunden. Nur aus einer Straße, der heutigen Rua Magallanes, hat damals Punta Arenas bestanden.

In Fuerte Bulnes blieben immerhin eine kleine Garnison zurück und jene Siedler, deren Häuser nicht verbrannt waren. 100 Jahre später hat man zur Pflege der Geschichte das einstige Fort Bulnes in seiner ehemaligen Gestalt wieder aufgebaut. So ist heute die frühere Festung ein sehenswertes Freilichtmuseum. Man kann dort auf überzeugende Weise erleben, wie vor knapp anderthalb Jahrhunderten eine derartige Siedlung gebaut war und wie dort die Menschen lebten.

In Punta Arenas, was sandiges Kap bedeutet, ereignete sich während jener Jahre nichts. Es muß für regsame Leute mit geistigen Interessen sehr langweilig gewesen sein, woran sich meines Erachtens bis heute nichts geändert hat. Seit dem April 1851 regierte als neuer Gouverneur Don Munoz Gamero die im wahrsten Sinne grenzenlosen

Ausdehnungen der Provinz Magallanes. Noch hatte kein weißer Mann das Innere des Feuerlandes betreten. Auch wie es hinter der Küste von Patagonien aussah oder droben in den Tälern all der vielen Inseln, war nicht bekannt. Allein die Wasserwege hatte man erforscht, großenteils auch vermessen. Die immerhin auf 50000 Quadratkilometer geschätzte Insel Feuerland war nach wie vor eine ungestörte Heimat für ihre Bewohner, in erster Linie der Ona. Nur die Wassernomaden, die Jaghanen und Alakalufen, hatten inzwischen eine flüchtige, aber nicht immer gute Bekanntschaft mit weißen Männern gemacht.

Auch Munoz Gamero begnügte sich mit einer beiderseits bebauten Straße in seiner Hauptstadt. Immerhin ergänzte er sie durch ein Hospital, eine Pfarrei, eine Reihe von Lagerhallen, und sodann entstand auch das Quartier für seine etwa 150 Soldaten, zum größten Teil Kanoniere. Sie waren verstärkt worden, nicht etwa zur Verteidigung gegen äußere Feinde, sondern zur Bewachung der neuerdings eingerichteten Strafkolonie. Hier war allem Anschein nach die Welt zu Ende, und besser als in Punta Arenas konnten die Schwerverbrecher nicht aufgehoben werden.

So weit, so gut, bis an einem Tag im Sommer des Jahres 1851 der an diesen entlegenen Posten strafversetzte Leutnant Miguel Gambiazo eintraf. Schon 26 Jahre war er alt, aber wegen seines schlechten und disziplinlosen Betragens lange nicht mehr befördert worden. Wie sein Kompaniechef dem Gouverneur Gamero schriftlich berichtete – die Papiere blieben bis heute erhalten –, benahm sich Leutnant Gambiazo auch in Punta Arenas vom ersten Tage an »faul, widersetzlich, arrogant und frech gegenüber seinen Vorgesetzten«. Freundlich, ja sogar freundschaftlich verhielt er sich nur gegenüber den Sträflingen, was bald schon zur Folge hatte, daß sich in Punta Arenas die Stimmung verschlechterte.

Als der ruchlose Mensch im Streit mit seinem Kompaniechef, Hauptmann Gabriel Salanes, den Degen zog, für die damalige Zeit ein todeswürdiges Verbrechen, ließ ihn der Kapitän vorerst einsperren und in Ketten legen. Aber der Rebell kam nicht in Einzelhaft, sondern genoß die Gesellschaft von Sträflingen und Soldaten, die nur für wenige Tage in Arrest saßen.

So groß war die Redekunst des Gambiazo und so überzeugend

seine Argumente gegen die Schreckensherrschaft des Capitan Salanes, daß er bald die Mehrheit der Sträflinge, ja sogar der Kanoniere für sich gewann. Angesichts dieser Unruhen versuchte es der Gouverneur mit Entgegenkommen, ja sogar mit kaum begreiflicher Sanftmut. Er ließ dem Anführer die Ketten abnehmen, gab ihm die Freiheit und bat Gambiazo zum Mittagessen an seinen Tisch. Mit viel guten Worten bat der Kommandant seinen Tischgast, alles zu tun, um die Ordnung in Punta Arenas wiederherzustellen.

Aber gerade darin sah Gambiazo Schwäche, gab Don Munoz eine unverschämte Antwort und eilte auf der Stelle zu seinen Freunden, den Sträflingen und rebellischen Soldaten. Am 17. November 1851 meuterte die Garnison. Der Leutnant warf sich zum Diktator auf, übernahm die Herrschaft von Punta Arenas und schaltete nach eigenem Ermessen. Wie es Diktatoren an sich haben, stellte auch Gambiazo ein Sondergericht zusammen, das als erstes Hauptmann Salanes zum Tode verurteilte, dazu einen Feldwebel, der ihm zur Flucht verhelfen wollte. Kurzerhand wurden beide erschossen.

Als daraufhin der Gouverneur Munoz Gamero in Begleitung des Priesters Gregorio Acuna ein Boot besteigen wollte, um sich zu retten, wurden beide ergriffen und festgenommen. Ohne sich erst um ein »Urteil« seines Sondergerichtes zu bemühen, befahl Gambiazo, den Gouverneur und den Priester sofort an die Wand zu stellen.

So begann die Schreckensherrschaft der Meuterer und ihres mörderischen Befehlshabers. Gambiazo ließ Soldaten, die nicht mitmachten, widersetzliche Sträflinge und harmlose Priester auf die verschiedenste Weise ermorden. Einige wurden aufgehängt, andere mit Knüppeln erschlagen oder einfach erdolcht. Es wurde geplündert, niedergebrannt, erpreßt und gefoltert. Die geraubten Vorräte, gestohlenen Gelder und gehorteten Lebensmittel dienten dem Diktator und seinen Mordgesellen für große Festessen und Trinkgelage.

Schließlich mußte auch Gambiazo einsehen, daß er sich auf die Dauer nicht halten konnte. Sobald die Nachricht von der Meuterei eine chilenische Dienststelle erreichte, gelangte die Meldung in die Hauptstadt Santiago, und sofort würde man alle verfügbaren Kriegsschiffe und Marinesoldaten in die Magellan-Straße entsenden. Wer von den Meuterern dabei in die Hände der Regierungstruppen fiel, hatte sein Leben verwirkt.

Schneller, als Gambiazo befürchtet hatte, war man in der Hauptstadt informiert. Es war einigen Kolonisten gelungen, mit ihrem Fischerboot zu entfliehen, und nicht lange danach waren sie einem englischem Schiff begegnet, das sich auf dem Weg nach Valparaiso befand. In wenigen Tagen war die Regierung zum Gegenschlag gerüstet. Zwei chilenische Fregatten und 100 Marinesoldaten waren bald unterwegs zur Magellan-Straße, ohne daß man in Punta Arenas davon etwas ahnte.

Indessen hatte sich Diktator Gambiazo entschlossen, die beiden im Hafen liegenden Schiffe, die »Florida« und die »Elisa Conist«, auszurüsten, zu verpflegen und mit Waffen und Munition zu beladen. Unter den Sträflingen und meuternden Soldaten wählte er jene aus, die nautische Kenntnisse hatten und in Zukunft vom Seeraub leben wollten. Kaum war dies geschehen, segelte er in Richtung des Pazifischen Ozeans davon, einem ungewissen Schicksal entgegen.

Was Gambiazo am wenigsten erwartet hatte, geschah ganz plötzlich auf seinem Schiff »Florida«. Eine Gegenrevolte, um ein großes Wort zu gebrauchen, brach aus, gewissermaßen ein Sturm im Wasserglas. Diese wenigen Mann, knapp ein Dutzend reumütiger Rebellen genügte, um Gambiazo zu entmachten, ihn zu verhaften und in Ketten zu legen. Auf diese Weise brachten ihn seine bisherigen Spießgesellen nach Valparaiso. Die übrigen Meuterer und desertierten Sträflinge wurden in Ancud auf der Chiloé-Insel von der zweiten chilenischen Fregatte gestellt und festgenommen. Das Militärgericht verurteilte den Exleutnant Gambiazo und sieben der ehemaligen Soldaten als Hauptschuldige zum Tode. Die Vollstreckung erfolgte, wie damals üblich, auf einem öffentlichen Platz vor den Augen einer Menschenmenge. Am schlimmsten erging es dem Anführer der blutigen Meuterei. Gambiazo wurde lebendigen Leibes von vier starken Pferden in Stücke zerrissen.

Kaum war das Strafgericht vorüber, mußte die chilenische Regierung, um ihr Ansehen beim Volke bemüht, in Punta Arenas nicht nur die alte Ordnung wiederherstellen, sondern eine bessere schaffen als zuvor. Da traf es sich gut, daß gerade in jenen Tagen Bernhard Philippi aus seiner deutschen Heimat wiederkam, wo er ein halbes Hundert Schweizer und deutscher Siedler für Chile angeworben und mitgebracht hatte. In der Nähe von Valdivia, Osorno und Llanquihue sollten sie jungfräuliches Land erhalten. Ihre Nachkommen sind noch heute dort, und soweit ich selber gesehen habe, geht es ihnen gut, und viele besitzen blühende, weit ausgedehnte Landgüter.

Philippi schien der richtige Mann zu sein, um Punta Arenas wieder aufzubauen und mit tüchtigen Leuten zu besiedeln. Seine Energie wurde auf eine harte Probe gestellt, denn die Stadt bestand fast nur noch aus Ruinen, und was die Mörder und Meuterer des Gambiazo übriggelassen hatten, war von den Tehuelchen verschleppt worden. Was man ihnen nicht verübeln konnte, weil die Rebellen sieben der Ureinwohner niedergeschossen hatten.

Im August 1852 war Philippi eingetroffen, begleitet von 30 Soldaten, ungefähr ebenso vielen Kolonisten und mit Lebensmitteln für sechs Monate. Bis zum folgenden Frühjahr waren die wichtigsten Arbeiten getan, und Punta Arenas war aufs neue entstanden. Philippi, Gouverneur der Provinz Magallanes, beschloß, wieder ein freundliches und friedliches Verhältnis zu den Tehuelchen herzustellen. Erst schickte er ihnen Geschenke, worauf an ihn die Einladung erfolgte, selbst zu kommen. Ohne Waffen, nur begleitet von dem Baumeister Villa und einem Tehuelchen als Dolmetscher, der auf den christlichen Namen Martin getauft war, verließ der Gouverneur seine Stadt und machte sich auf den Weg in die Wildnis.

Keiner ist wiedergekommen, nur Gerüchte tauchten auf, wonach sie alle während des Schlafes in ihrem Zelt den Tod gefunden hätten. Unbekannt blieb für immer, ob Eingeborene ihre Mörder waren oder entlaufene Sträflinge.

Punta Arenas aber erholte sich, binnen 20 Jahren erhöhte sich die Bevölkerungszahl auf rund 1000 Köpfe, aber es blieb bei einer einzigen Straße. Wieder wurde eine Strafkolonie eingerichtet, für Verbrecher, auch mehrfache Mörder. Zwischen 100 und 200 Soldaten, wieder meist Kanoniere, sollten für die Sicherheit sorgen.

Vorwiegend lebten die Stadt und ihre Bewohner von der Schiffahrt, von den großen Seglern aus Europa und den Vereinigten Staaten und von der rasch zunehmenden Zahl der Dampfschiffe. Besonders die schnelle Entwicklung von Kalifornien, vor allem der Goldrausch, hatte den Schiffsverkehr in der Magellan-Straße belebt. In Punta Arenas konnte man sich versorgen, notwendige Reparaturen durchführen und vielleicht Mannschaften rekrutieren.

Dann geschah es, im November 1877, als Don Diego Almeida Gouverneur war, daß mitten in der Nacht die Hauptstadt der Provinz Magallanes eine zweite Meuterei erlebte. Nicht die Sträflinge waren diesmal das tragende Element, sondern die Garnison.

Deren Quartier lag dem Regierungsgebäude direkt gegenüber. Don Almeida mit Frau und Kindern wurde von lautem Lärm aus dem Schlaf gerissen. Was den Gouverneur um mindestens die Hälfte seines Verstandes brachte, waren draußen die Vivat-Rufe auf Argentinien. So mußte der zu Tode erschreckte Don Almeido annehmen, es sei zwischen Chile und Argentinien ein Krieg ausgebrochen, und soeben seien feindliche Truppen gelandet, um die Stadt im Handstreich zu nehmen.

Als erstes brachte er Frau und Kinder in Sicherheit, sodann gab er kühn den Befehl zum äußersten Widerstand. Drüben in der Kaserne herrschte allgemeines Durcheinander. Ein paar Geschütze wurden in Stellung gebracht, und allenthalben feuerte man ins nächtliche Dunkel.

Als der Gouverneur erkennen mußte, daß ihm niemand mehr gehorchte, ein großer Teil der Soldaten total betrunken war und man die Mündung einiger Kanonen auf seine Privatwohnung wie auf seine Diensträume gerichtet hatte, gelangte er zu der Erkenntnis, daß aus irgendwelchen ihm nicht bekannten Gründen meuternde Soldaten die Macht übernommen hatten.

Sein Heil in der Flucht suchend oder, wie Don Almeida hinterher sagte, um Hilfe zu organisieren, lief der Gouverneur durch Gärten und Höfe aus der Stadt. Dabei wurde er von einer verirrten Kugel ins Bein getroffen oder war auf ein zerbrochenes Glas getreten.

Trotz dieser Verletzung lief er weiter und weiter und immer weiter, bis zum Cabo Negro, wo sich das Farmhaus eines Schweizer Siedlers befand. Der hob den Flüchtling auf sein Pferd und wies ihm den Weg zur Skyring-Bucht. Dort lag die chilenische Korvette »Magellan« vor Anker, ein Kriegsschiff, zur Zeit mit Vermessungsarbeiten beschäftigt. Kaum hatte der Kommandant Juan Latorre die unglaubliche Nachricht von der Meuterei erhalten, ließ er die Anker aufnehmen und befahl volle Kraft voraus.

Binnen zwei Stunden nach dem Erscheinen des Kriegsschiffes war es mit der Revolte vorbei. Der eigentliche Grund dafür, so scheint es, war lediglich allgemeine Mißstimmung gewesen, verbunden mit trostloser Langeweile und schließlich die Plünderung eines Alkohollagers.

Diesmal konnten die Hauptschuldigen in die Wildnis entfliehen und nach langer, mühseliger Wanderung Argentinien erreichen. Dort wurden die beiden Anführer, der Feldwebel Pozo und der Korporal Riquelim, von Unbekannten totgeschlagen. Neun der Übeltäter konnte man in Punta Arenas aus verschiedenen Verstecken holen und einem Standgericht überantworten. An der gleichen Stelle, wo sich heute das Teatro Municipal befindet, hat man sie standrechtlich erschossen. Seitdem, und es sind nun schon mehr als 100 Jahre darüber vergangen, hat in Punta Arenas niemand mehr gemeutert.

Zwei Offiziere erkunden das Hinterland

Schon hatten weiße Forscher ganz Afrika durchquert, nun waren gerade andere dabei, durch Australien einen Telegraphendraht zu ziehen, als man endlich daranging, das Innere des Feuerlandes zu erkunden. Die ersten Forscher aber waren keine Chilenen, auch keine Argentinier in der Absicht, irgendwelche Herrschaftsansprüche ihres Landes zu begründen, sondern es war der geographisch und botanisch vorgebildete Dr. Eugéne Pertuisset von der Akademie der Wissenschaften in Paris. Er durchquerte von der Bahía Inútil ausgehend Feuerland bis zum Admiralitätsfjord. Weil er und seine Mitmarschierer den weiten, beschwerlichen Weg gut überstanden haben, müssen wohl die Ona friedlich gewesen sein. Als später die Missionare erschienen, beklagten sich die Ona in keiner Weise über die Franzosen, die ersten bei ihnen aufgetauchten Vertreter eines hellhäutigen Volkes.

Man hat sowohl in Santiago de Chile wie auch in Buenos Aires die neugierigen Franzosen nicht gerne gesehen. Frankreich war nicht nur eine fremde Macht, sondern zu jener Zeit auch noch eine Kolonialmacht ersten Ranges. Wenn sich Pariser Stellen für das fast herrenlose Feuerland interessierten, mußte man schon bald – knapp sechs

Jahre bedeuten für südamerikanische Begriffe »bald« – eine eigene Expedition in das Hinterland entsenden. Den Anfang machte die Regierung von Chile, indem sie den tüchtigen und gut ausgerüsteten Hauptmann Serano Montaner zur zweiten Durchquerung des Feuerlandes entstandte, natürlich auf einer ganz anderen Strecke als Dr. Pertuisset.

So geschah es, daß 1879 zu Beginn der relativ warmen Jahreszeit dieser Offizier mit einem halben Dutzend Infanteriesoldaten von der Bahía Gente Grande aus ins Landesinnere vorstieß. Montaner hatte genügend Zeit, um die von ihm durchquerten Gebiete kartographisch aufzunehmen. Viel Gutes aber hatte er nicht zu berichten. Das Klima sei zu kühl und feucht, der Boden zu hart und mager, als daß man ihn landwirtschaftlich nutzen könne. Immerhin, aber davon hat er nicht viel Aufhebens gemacht, konnte er an verschiedenen Stellen Spuren von Gold erkennen. Aber sie waren seines Erachtens zu selten und die Vorkommen zu dünn gesät, als daß man vielleicht durch allzu positive Berichte Goldgräber anlocken sollte.

Wie sich denken läßt, hat die Forschungsreise des chilenischen Hauptmanns die maßgebenden Herren der argentinischen Republik nicht ruhen lassen. Dennoch vergingen weitere sechs Jahre, bis Ramon Lista, ein Hauptmann der argentinischen Streitkräfte, beim Cabo San Sebastian, gelegen an der feuerländischen Ostküste, an Land ging und schon wenige Tage später zu einer dritten Durchquerung der großen Insel aufbrach. Sein Ziel war die Thetys-Bucht auf der anderen Seite der rund 48000 Quadratkilometer großen Insel. Begleitet wurde die argentinische Expedition von einem italienischen Priester, dem Salesianer Fagnano. Dem lag daran, die Eingeborenen kennenzulernen.

Wie sich dann aber zeigte, tat der Expeditionsleiter, Hauptmann Lista, keineswegs alles, um sich den Eingeborenen als freundliches Wesen zu präsentieren. Weil angeblich die Expedition von den Ona belästigt und bestohlen wurde, weil Lista außerdem argwöhnte, daß sich die Wilden zum Zwecke eines Überfalles irgendwo in den Hinterhalt legten, schoß er ohne weiteres einige der Ureinwohner nieder. Der zutiefst empörte Pater Fagnano wollte den gewissenlosen Menschen an weiteren Untaten hindern, konnte es aber nicht. Ramon Listas Behauptung, er und die Marschkolonne seien angegriffen worden, er habe nur in Notwehr gehandelt, ist absolut unglaubhaft. Es steht in allen anderen Berichten, daß die Ona bis dahin friedlich gelebt hatten und Stammeskämpfe nicht kannten. Sie besaßen nur die einfachsten Jagdwaffen, mit denen gegen Menschen, erst recht gegen weiße, wohlbewaffnete Männer, nichts auszurichten war.

Wie der Salesianer später in einem für die Regierung in Buenos Aires bestimmten Bericht geschildert hat, belief sich am Ende die Zahl der von Lista ermordeten Ona auf 29. So heftig reagierte der Schuldige auf die wütenden Proteste Fagnanos, daß er sein Gewehr auf den Priester anlegte und drohte, auch ihn zu erschießen, falls er noch einmal wagen sollte zu protestieren.

Davon abgesehen war die Expedition ein Erfolg. Der schießwütige Hauptmann brachte gute Karten mit, und sein wissenschaftlicher Bericht ließ keine Wünsche offen. So ist ein Gerichtsverfahren gegen ihn ausgeblieben. Seine Durchquerung hat den Wunsch gefördert, sich nun über die Teilung des Landes zwischen den beiden Staaten klarzuwerden. So einfach aber war das nicht, weil unverzüglich auf beiden Seiten starke Emotionen geweckt wurden. Beide Regierungen wollten mehr haben als nur die Hälfte. Nicht nur um die Teilung der großen Insel Feuerland ging es, auch um den Besitz kleiner und ganz kleiner Inseln ringsherum.

Weil der Streit kein Ende nahm, wurde die hochbetagte Queen Victoria von England um einen Schiedsspruch gebeten. Das Ergebnis war ein schlichter Trennungsstrich auf den noch keinesfalls sicheren Karten. Der begann droben beim Kap Espirito Santo, das heißt an der Atlantischen Küste des Feuerlandes, und folgte von dort dem Meridian 68° 34′ Östlicher Breite Greenwich quer durch die Tierra del Fuego bis zum Beagle-Kanal. Was östlich davon auf Feuerland lag, sollte Argentinien gehören, die westliche Hälfte der Republik Chile. Alle südlich davon liegenden Inseln, durch den Beagle-Kanal von der eigentlichen Tierra del Fuego getrennt, fielen auch an Chile.

So klar die Linie auf dem geduldigen Papier zu erkennen war, es gab dennoch zwei Schönheitsfehler. Da waren erstens drei, wenn auch relativ nur kleine Inseln namens Picton, Nueva und Lennox sowie noch ein Dutzend ganz kleiner Inseln, deren Namen ich auf keiner Karte finden konnte. Über sie war nicht entschieden worden. Darüber wollte man sich später einigen, wenn man besser über die Gegend Bescheid wußte. Die Inseln bestanden ja alle nur aus Felsen, hochaufgetürmten Bergen, aus steinigem Strand und engen Fjorden.

Dann ging es noch um 650 Quadratkilometer, von denen man weder eine gute Karte noch sonstige Kenntnis hatte. Weil man der Meinung war, man solle das nicht so eng sehen, und schließlich handele es sich ja nur um etwa 25 000 Hektar (das heißt um nicht mehr als vielleicht 30 stattliche Rittergüter im alten Ostpreußen), hat man sich die fragliche Gegend brüderlich geteilt.

Aber bis zu dem berühmten »Abrazo« vom 12. Februar 1889, bis zu der feierlichen Umarmung der Präsidenten von Chile und Argentinien, verging noch eine Reihe von Jahren. Vermutlich spielten dabei die protokollarischen Vorbereitungen eine Rolle. Es werden ja gerade in Südamerika der Begegnung von Staatsoberhäuptern hohe Bedeutung beigemessen, und auf den formellen Ablauf wird dabei der größte Wert gelegt. Beide Herren mit ihrem zahlreichen Gefolge sollten an Bord von Kriegsschiffen ihres Landes ungefähr die gleiche Entfernung zurücklegen. Man mußte den Eindruck vermeiden, daß einer dem anderen entgegenkam. Das ergab einen Treffpunkt in der uns schon bekannten Hafenstadt Punta Arenas an der Magellan-Straße. Damit war die freundschaftlich-nachbarliche Teilung der Tierra del Fuego perfekt geworden.

Aber doch nicht ganz, da waren immer noch die umstrittenen Inseln, deren Bedeutung sich wesentlich erhöhte, als nicht nur Gold an ihren Gestaden entdeckt wurde, sondern um die Mitte dieses Jahrhunderts noch die Vermutung auftauchte, es seien dort wertvolle Bodenschätze vorhanden, unschätzbare Mengen von Erdöl. Wem gehörte das, wer durfte es ausbeuten?

Als ich 1978 dank unwahrscheinlich guten Wetters Kap Horn betreten durfte, befand sich dort ein Beobachtungsposten der chilenischen Marine wegen der Gefahr eines argentinischen Überfalls auf die herrenlosen Inseln Lennox, Picton und Nueva, die sich ganz in der Nähe befinden. Im Winter von 1984 auf 1985, als ich wieder das unverschämte Glück hatte, bei Windstille und Sonnenschein Kap Horn zu betreten, war kein Uniformierter mehr zu sehen. Beide Staaten hatten, zwei Jahre zuvor, um einen Schiedspruch des Heiligen Vaters in Rom gebeten, und der war zugunsten von Chile ausgefallen. Wegen des für Argentinien so peinlichen Falkland-Krieges und weil daraufhin das Regime in Buenos Aires gewechselt hatte, war auch die argentinische Regierung mit der päpstlichen Entscheidung einverstanden. So konnte bald danach ohne besondere protokollarische Schwierigkeit ein neues »Abrazo« vereinbart werden. Die Präsidenten reisten schnell und sicher mit dem Flugzeug, trafen sich irgendwo an der Grenze ihrer Staaten, und seitdem ist vollkommen klar, welches Territorium am großen Zeh von Südamerika der einen und der anderen Seite gehört.

Darwin liegt völlig falsch

Ein frommer Engländer entführt fremde Kinder

Die Engländer wären keine Engländer gewesen, hätten sie nicht bald in Feuerland vorgefühlt. Sie hatten bereits die vor der Ostküste im Atlantik schwimmenden Falkland-Inseln (von den Spanisch sprechenden Völkern Malvinas genannt) unter ihre Fittiche genommen, und schon seit langer Zeit betrieben dort schottische Kolonisten eine blühende Schafzucht. Es war möglich, daß die gewinnbringende Zucht sich auch in Feuerland betreiben ließ. Weil man aber solche Pläne mit größter Vorsicht verfolgen mußte, erhielten die beiden relativ kleinen, bescheidenen Fregatten »Adventure« und »Beagle« offiziell den Auftrag, der Naturforschung zu dienen. Zu diesem Zweck sollten sie auch die auf dem Feuerland und den naheliegenden Inseln lebenden Naturvölker studieren.

Die auf zwei Jahre berechnete Forschungsfahrt begann 1826, und dabei erwies sich die lange Reise der »Beagle« (»Otter«) weit interessanter als jene der »Adventure«. Captain Pringle Stooks, Kommandant der »Beagle«, starb unerwartet an Bord, und so übernahm sein Vertreter Robert Fitzroy die Führung des Schiffes, und das war ein Mann, der große Bedeutung für die Zukunft der Feuerländer erhalten sollte.

Fitzroy war tiefgläubig und beseelt vom Willen Gottes, unterentwickelten Menschen zu helfen. Ganz besonders erfüllte ihn die Absicht, unschuldige Heidenkinder vor dem Schicksal ewiger Verdammnis zu bewahren. Sein Glaube war ebenso eng wie unerschütterlich. Alles, was in der Bibel stand, die Propheten und Apostel gepredigt und geschrieben hatten, war seiner Überzeugung nach wortwörtlich gemeint. Gottvater hatte die Welt mit all ihren Geschöpfen in sechs Tagen geschaffen, und alles, was es gab auf der Erde, die Steine und der Sand, die Pflanzen, die Tiere und die Menschen waren bei der Schöpfung genau so entstanden, wie sie jetzt waren und immer sein würden. Wer daran zweifelte, war in den Augen Fitzroys ein Gottesleugner, ein verdammenswerter Antichrist. Hätte er vorausgeahnt, daß ein paar Jahrzehnte später ein Naturforscher namens Charles Darwin die welterschütternde Entwicklungslehre verbreiten würde, wonach unter anderem der Mensch vom Affen abstammt, so hätte Fitzroy gemeint, ein solcher Gottesleugner sei vom Teufel besessen. Wie es dann die Vorsehung wollte, sind sich die beiden begegnet, und ahnungslos half Fitzroy Darwin bei der Gewinnung seiner Erkenntnisse!

Zunächst erfüllte Fitzroy seine naturkundlichen Pflichten und erforschte viele Buchten, Fjorde und Kanäle der feuerländischen Inselwelt. Er besuchte und kartographierte Navarino, wo ich 150 Jahre später die allerletzten Jaghanen besucht habe. Fitzroy vermaß die Bucht von Skyring, erkundete die von Otway und segelte bis ans Ende des tief ins Land reichenden Fjordes Ultima Esperanza. Die »Beagle« segelte in den Norden hinauf bis zur großen Insel Chiloé und südlich hinunter bis zu den letzten Klippen und Riffen der feuerländischen Spitze. Dabei hat Captain Fitzroy sehr oft die Aufenthalte verlängert, um sich mit den dort lebenden Menschen zu beschäftigen. Er meinte, daß es sich um vier verschiedene Völker handelte, denen er vier verschiedene Namen gab: Tekenika, Pescheray, Huemul und Aliculip. Die letzten konnten niemand anderes als die Alakalufen sein. Die sogenannten Pescheray dürften die Ona gewesen sein, und die Tekenika lebten hoch im Nordosten, getrennt von den Stammesgenossen. In anderen Berichten wurden sie Hausch genannt, deren letzte Angehörige sollten schon 1915 nahe bei der Farm Harberton ausgestorben sein. Doch hat die spätere Forschung, vor allem Martin Gusinde, die Hausch ganz zum Volk der Ona gezählt. Was aber Huemul bei Fitzroy bedeuten soll, weiß man nicht. Huemul ist der einheimische Ausdruck für den Zwerghirsch, auch Andenhirsch genannt.

Als ein Beiboot der »Beagle« entwendet wurde und Fitzroy die Räuber verfolgte, fielen ihm vier Kinder in die Hände. Weil sie seiner Ansicht nach recht elend, hungrig und hilfsbedürftig waren, kam er auf den Gedanken, nicht nur ihren Leib, sondern auch ihre Seelen zu retten. Dafür mußte er sie mit nach England nehmen. Dort konnten sie auch die Sprache lernen und einer späteren Expedition als Dolmetscher dienen. Die drei Jungen nannte er Jemmy Button (Knopf), York Minster (Kathedrale von York) und Boat Memory (Boot-Erinnerung), womit vermutlich das entwendete Boot gemeint war. Das kleine Mädchen erhielt den recht hübschen Namen Fuegina. Sie war bei der Übernahme etwa sieben Jahre alt, die drei Buben wenige Jahre älter. Fitzroy selber übernahm es in geduldiger Arbeit und mit väterlicher Liebe, den vier Feuerländern die Grundbegriffe des christlichen Glaubens beizubringen, dazu Kenntnisse der englischen Sprache, Lesen und Schreiben und etwas Rechnen.

In England angekommen, brachte er seine Schützlinge in der eigenen Familie unter, wo sie nach und nach die rechte Lebensart lernten, ebenso Reinlichkeit und den geselligen Umgang mit anderen Menschen. Sie hielten sich sauber, konnten sich gesittet benehmen und wurden überall gern gesehen. Natürlich empfingen sie die christliche Taufe, wurden bei Freunden und Bekannten herumgereicht und schließlich auch der Königin Adelaide vorgestellt. Ihre Majestät, durfte Fitzroy hinterher feststellen, war begeistert von den Kindern und beschenkte sie mit allem möglichen Krimskrams. Leider ist bald danach Boat Memory an Lungenentzündung gestorben.

Sechs Jahre vergingen, bis Robert Fitzroy von neuem den Auftrag erhielt, sich an Bord der »Beagle« zu begeben. Was auch immer die wahren Beweggründe der britischen Admiralität gewesen sind, amtlich ließ man nur verlauten, auch die zweite Forschungsfahrt diene der Erkundung der Gewässer, Küsten, Inseln und Eingeborenen am Südende des amerikanischen Kontinents. Es gab ja dort noch viel zu tun, besonders im Bereich der langen, in zahllose Inseln und Halbinseln zerrissenen Küste von Chilenisch-Patagonien. Eine umfassende Weltreise sollte es sein, mit zahlreichen und längeren Aufenthalten in bisher noch unbekannten Regionen. Dazu gehörte auch, was später zu den wissenschaftlich wichtigsten Ergebnissen geführt hat, eine naturkundliche Untersuchung der Galapagos-Inseln.

Zu des Käptens besonderer Befriedigung bot sein zweites, weit längeres Kommando auf der »Beagle« die willkommene Gelegenheit, »seine Kinder«, die bis auf Fuegina schon so gut wie erwachsen waren, zurück in die Heimat zu bringen, in die Bucht von Wulaya. Gut ausgebildet, wie sie nun waren, stark im christlichen Glauben, geschickt in handwerklichem Können, sollten sie und würden sie bestimmt zu Vorbildern ihres noch urtümlichen Volkes werden. Gewiß konnten sie schon bald den Weg für anglikanische Missionare vorbereiten. Jemmy Button, York Minster und sicher auch das Mädchen Fuegina würden gewiß die ihnen nahestehenden Menschen mit dem Segen des Christenglaubens auch den Segen der Zivilisation nahebringen. Wenn sodann die Verkünder von Gottes Wort in der Bucht von Wulaya erschienen, fanden sie bereits ihre besten Helfer vor. Die von Jemmy, York und Fuegina ausgestreute Saat stand sehr wahrscheinlich schon in voller Blüte.

Ein Mitreisender von Bedeutung

Kurz vor der Abfahrt hatte sich die Admiralität entschlossen, einen jungen Naturforscher, der ihr von den maßgebenden Wissenschaftlern der altbewährten Universität Cambridge aufs beste empfohlen worden war, an Bord zu schicken. Sein besonderes Interesse galt der Biologie und der Geologie. Er sollte die gesamte, auf fast vier Jahre berechnete Forschungsreise der »Beagle« mitmachen. Für diesen damals noch unbekannten Mann war das eine ganz ungewöhnliche Auszeichnung. Sein Name: Charles Robert Darwin.

Das Quartier des Naturforschers war sehr eng, eine kaum zwei Meter lange und nur halb so breite Kammer neben dem weit besser ausgestatteten Wohnraum des Kapitäns, der aber auch als Arbeitszimmer von Robert Fitzroy und als Speiseraum für seine beiden Offiziere, für Darwin und die feuerländischen Kinder diente. Den Eßtisch stellte der Kapitän dem überaus fleißigen Darwin zur Verfügung. Dort hat der später weltberühmte Forscher während der folgenden vier Jahre seine Objekte studiert, seziert, katalogisiert und sie so haltbar verpackt, daß sie in Cambridge bis zum heutigen Tage erhalten blieben. Als ich selbst dort studierte, im Trinity College, hatte ich Gelegenheit, auch einen Teil dieser Sammlung zu betrachten.

Die Herren verstanden sich ausgezeichnet, zumal Fitzroy hoch gebildet war und sich brennend für Darwins Arbeit interessierte. Aber dessen Forscherdrang galt nur im geringen Maß der Gattung Homo sapiens, den Menschen. Er hat sich, wie aus dem vierbändigen Buch »Die Reise eines Naturforschers um die Welt« hervorgeht, nur nebenbei mit den feuerländischen Kindern beschäftigt, obwohl sie doch während des ersten Teils der Reise beständig um ihn waren.

Sonst aber kannte Darwins Wissensdrang keine Grenzen. Er ging an Land, wo immer möglich, und der hilfsbereite Fitzroy bot ihm dafür häufig Gelegenheit. Auch wenn Darwin bei weitem länger ausblieb, als man vorher vereinbart hatte, der Captain machte ihm deshalb keine Vorwürfe.

Was den jungen Mann irritierte, dann immer stärker interessierte, waren versteinerte Muscheln auf Höhen über 1000 Meter. Beim Herumsuchen entdeckte der junge Naturforscher auch Tierknochen, meist in versteinertem Zustand, die in der Mehrzahl von Geschöpfen stammten, die nicht mehr existierten. Desgleichen meinte Darwin an der geologischen Struktur zu erkennen, daß gewaltige Erdbeben oder sonstige Erdverschiebungen die Welt wesentlich verändert hatten.

Als er darüber mit Fitzroy sprach, stieß Darwin auf entschiedene Ablehnung, stand doch für Fitzroy im Buch der Bücher festgeschrieben, daß Gott die gesamte Welt binnen sechs Tagen geschaffen hatte, so wie sie jetzt war, wie sie schon immer gewesen war und für alle Zukunft sein würde. Nichts änderte sich, kein Berg, kein Gewässer, keine Pflanzen, kein Tier und auch kein Mensch. Weshalb Darwin so klug und vorsichtig war, seine Vermutung, die bald zur Gewißheit wurde, für sich zu behalten.

Wenige Monate später hat er auf den Galapagos-Inseln Beweise dafür gefunden, daß sich alle Geschöpfe Gottes zwar nur langsam, aber pausenlos verändern. Es gibt keine Konstanz der Arten, so hat Darwin in seinem großen Werk: »Ursprung der Arten durch Mittel der natürlichen Auswahl« verkündet. Seine Lehre von der stammesgeschichtlichen Entwicklung der Organismen, die sogenannte »Abstammungslehre«, hat in der zweiten Hälfte des vorigen Jahrhunderts den stärksten Einfluß auf die geistesgeschichtlichen Erkenntnisse der Epoche ausgeübt und eine Fülle von neuen Entdeckungen vorbereitet.

So sehr haben die Anfeindungen und Beschimpfungen, daß er gottlos sei, sein restliches Leben verbittert, daß sich Charles Darwin niemals weiter von seinem Landsitz entfernte als bis nach London, und auch das nur, wenn es absolut nicht zu vermeiden war. Weil er mit seiner Lehre dem Wortlaut der Heiligen Schrift widersprach, stand fast die ganze Geistlichkeit gegen ihn auf.

Der junge Mann hatte das kommen sehen, bereits an Bord der »Beagle«, wo er sich hüten mußte, Captain Fitzroy zu kränken. Der aber konnte später die Enthüllungen seines guten Freundes und Reisebegleiters nicht ertragen. Weil er dem jungen Forscher so weitgehend geholfen hatte, fühlte sich Robert Fitzroy mitschuldig an der vermeintlichen Irrlehre, so daß er sich eine Kugel in den Kopf jagte. Aber da lag die zweite Fahrt auf der »Beagle«, die Weltumseglung mit Charles Darwin, schon länger als 25 Jahre zurück.

Es blieb dem bedauernswerten Fitzroy während dieser langen Reise eine schwere Enttäuschung nicht erspart. Als in der Wulaya-Bucht an der großen Feuerlandinsel die Anker fielen und die drei aus dieser Gegend stammenden Adoptivkinder des Captain, nämlich Jemmy Button, York Minster und die fein herausgeputzte Fuegina, den ursprünglich gebliebenen Ona gegenüberstanden, waren anfangs beide Seiten sprachlos, und das im wahrsten Sinne des Wortes. Die von Fitzroy ausgebildeten Kinder redeten Englisch, die von Fett triefenden Ona (von den Briten Pescheray genannt) redeten natürlich nur in der eigenen Sprache, weshalb es ziemlich lange dauerte, bis die einen wie die anderen begriffen, wer ihre Gegenüber waren. Endlich, nach längerem Hin und Her, begriffen zwei Frauen, daß vor ihnen die eigenen Söhne standen, und zu Fuegina gesellte sich die leibhaftige Schwester.

So schien alles in Ordnung zu sein, und bald schon würde sich das weitere finden. Koffer und Kisten mit Geschenken , mit Werkzeugen, mit Kleidern, Schuhen und Lebensmitteln ließ Fitzroy an Land schaffen. Damit, so glaubte er zuversichtlich, würden seine heimgekehrten Pflegekinder in der Lage sein, nicht nur für sich zu sorgen und »zivilisiert« zu bleiben, sondern auch ihren Verwandten und Freunden begreiflich zu machen, daß sie bald schon durch anglikanische Missionare zu einem viel besseren Glauben, zum einzig richtigen Glauben bekehrt würden.

Als die »Beagle« nach drei Monaten wiederkam, nach ihrer Forschungsfahrt hinauf an die patagonische Küste und hinunter zur Staateninsel, vermochte Fitzroy kaum noch seine angenommenen Kinder zu erkennen. Jemmy Button, sein Liebling und bester Schüler, verweigerte seinem Wohltäter den Besuch an Bord. Er war, Fitzroy sah es mit Entsetzen, wieder ganz zu einem wilden Ona geworden. Nichts verhüllte seine Nacktheit außer das lose um die Schulter gehängte Guanako-Fell und der Anstrich aus Ruß, Tonerde und Robbenfett. Keine Unterkünfte hatten die mit Werkzeug und Baumaterial wohlversehenen Heimkehrer gebaut, sie hausten wieder in den Windschirmen und wärmten sich am Feuer in der Mitte. Sie schliefen inmitten der Hundekörper, wie es bei ihrem Volk seit vielen 1000 Jahren üblich war. Ihre Mitbringsel hatten Jemmy, York und Fuegina verschenkt oder in der Gegend verstreut.

Damit brach für den Captain der »Beagle« eine Welt zusammen. Er verschwand in seiner Kajüte, und auch Darwin, sein bester Freund, konnte ihn tagelang nicht zu einem vernünftigen Wort bringen.

Als »zwanzigjähriger Jungmann« bezeichnet Pater Martin Gusinde rund 100 Jahre später den Naturforscher der »Beagle«. Ihm, dem Angehörigen der Steyler Mission, war Darwin schon deswegen ein Ärgernis, ja sogar ein Greuel, weil er sich in seinem jugendlichen Unverstand so häßlich über die Feuerländer geäußert hat. Der später weltberühmte Charles Darwin hatte nur wenige Tage lang und mit offenbar nur geringem Interesse diese Menschen gesehen, dennoch aber gleich ein schauerliches Urteil über sie gefällt. Weshalb sich der geistliche Herr nicht scheut zu schreiben: »Auf den Lippen des Charles Darwin haben üppig seine Lügen geschäumt.«

Kein Zweifel kann bestehen, daß Darwin, der große Gelehrte, den Feuerländern unermeßlichen Schaden zugefügt hat, als er sie folgendermaßen beschrieb: »Sicher kann man sagen, daß sich Affen und Menschen in vielen Merkmalen ähnlich oder gleich sind. Die Feuerländer, ohne Unterschied des Volkes, sind leibhaftige Affenmenschen.«

In einem Brief aus Valparaiso vom 23. Juli 1834 erklärt der Dreiundzwanzigjährige: »Ich habe nichts gesehen, was mich vollständiger in Erstaunen versetzt hätte, als diese Leute. Sie waren die *verächtlichsten und elendsten* Geschöpfe, die ich jemals irgendwo angetroffen habe ... Alle waren völlig nackt, selbst eine ganz erwachsene Frau war absolut nackt. Es regnete in Strömen, dieses Süßwasser und auch Spritzwasser des Meeres rieselte an ihren Körpern hinab ... In einem anderen Kanu war eine Frau, die ihr vor kurzem geborenes Kind stillte, der Regen floß über ihre Brust und den völlig unbedeckten Säugling ... Die anderen Geschöpfe waren in ihrem Wachstum verkümmert und ihr häßliches Gesicht dick mit Farbe beschmiert. Ihre Haut überaus schmutzig, ihre Stimme mißtönig und ihre Gebärden heftig. Kaum kann man sich zu dem Glauben durchringen, daß sie unsere Mitgeschöpfe sind und Bewohner der gleichen Welt ... Sind die verschiedenen Gruppen miteinander im Krieg, so werden sie zu Kannibalen. Der Anblick ist abstoßend ... der Feuerländer trägt lang herumwirbelndes Haar und sein Gesicht beschmiert er bis zur Unkenntlichkeit. Auf einem Felsen stehend stieß ein Mann Töne aus und machte Gestikulationen, gegen welche die Laute unserer Haustiere verständlich sind.«

Tief drunten im Kap-Horn-Gebiet, wo für gewöhnlich schauerliches Wetter herrscht, fehlte dem jungen Darwin ganz offenbar die Einsicht, welche fabelhafte Anpassungsfähigkeit jene Menschen entwickelt hatten. Indem er sich auf keineswegs glaubhafte Angaben von Jemmy Button und noch auf eine Reihe von unabhängigen Zeugen beruft, schreibt er: »All diese Leute sagen gewiß richtig, daß die Feuerländer, wenn sie im Winter von Hunger geplagt werden, eher ihre alten Weiber töten und verzehren, bevor sie ihre Hunde schlachten!«

Noch übler kann man wohl kaum die alten Feuerländer verleumden. Bevor sie nicht von weißen Gangstern heimgesucht wurden, seit Anfang des vorigen Jahrhunderts von Walfängern und Robbenschlägern, gegen die sie zumindest versuchten, sich zu wehren, gab es keine Kämpfe unter ihnen. In Wahrheit hatten die Urmenschen nicht unter Hunger zu leiden, zu keiner Zeit und in keiner Gegend des Feuerlandes. Denn es gab Nahrung verschiedener Art im Überfluß. Sowohl die Nomaden auf dem Lande wie dem Wasser waren imstande zu fangen, zu sammeln und zu erbeuten, was sie brauchten.

Zunächst unbegreiflich waren für sie jene raubgierigen fremden Männer, die viel mehr, vielleicht hundert Mal mehr Pelzrobben, Seehunde, Seelöwen und See-Elefanten erschlugen, als sie jemals verzehren konnten. Dazu noch Walfische, von denen schon einer genügt hatte, um alle in der Nähe lebenden Feuerländer wochenlang zu sättigen. Die Walfänger nahmen auf die »elenden und verachtenswerten Wilden« nicht die geringste Rücksicht. Ihre Schiffe rammten die zerbrechlichen Kanus der Feuerländer, die Frauen wurden geschändet und zur Arbeit gepreßt, wo immer man sie brauchen konnte.

Die »Loberos« kamen nicht nur aus Europa oder den USA. Mehr und mehr befanden sich unter ihnen auch Spanier und Nachkommen der Spanier aus Chile und Argentinien. Ein Teil kam von der großen Insel Chiloé an der westpatagonischen Küste. Es waren großenteils indianisch-spanische Mischlinge, zum Teil sogar Nachkommen der Alakalufen, von denen sie die Kunst des Lebens und Überlebens in den ewig bewegten Gewässern des Feuerlandes gelernt hatten.

Für die einheimischen Bewohner der Tierra del Fuego waren sie lebensgefährliche, auch existenzbedrohende Feinde. Begreiflich, daß man sie bei passender Gelegenheit aus dem Hinterhalt überfallen und erschlagen hat. Jedoch ist kein Fall von Kannibalismus überzeugend oder nur glaubhaft nachgewiesen worden. Im übrigen waren auch die Walfänger, erst recht die Robbenschläger nicht imstande, zu lesen und zu schreiben. Die von ihnen verbreiteten Horrorgeschichten wurden allein mündlich überliefert und entstellten sicher die Wahrheit weitgehend.

Missionare kommen und sterben

Als rund zehn Jahre nach der Heimkehr der von Fitzroy verwöhnten Kinder vergangen waren, meinte der britische Marinekapitän Allen Gardiner, daß man dort irgendwie Heiden retten könne. Er quittierte seinen Dienst bei der Royal Navy und begab sich an Bord seines Dreimastschoners »Resulin« in die Magellan-Straße, begleitet von einem anglikanischen Laienprediger und zwei Gehilfen. Die Feuerländer in der Oazy-Bucht, allem Anschein nach Ona, beharrten aber im eigenen, zutiefst heidnischen Glauben. Sie bestahlen und belästigten den guten allen Gardiner und schlugen ihn und seine Begleiter, bis diese

Kap Horn von Süden gesehen bei ausnahmsweise gutem Wetter. Vor dieser steil aufragenden Felsenspitze, die einem Nasenrücken ähnlich sieht, begegnen sich der Atlantische und Pazifische Ozean.

Oben links: Eine Nachbildung des geheimnisvollen Mylodonen erhebt sich etwa fünf Meter hoch in der von Kapitän Eberhard vor rund 100 Jahren entdeckten Höhle. *Oben rechts:* Eingang zur Höhle, in der das rätselhafte Mylodon gehaust hat, vermutlich noch bis zum Erscheinen der ersten Menschen im südlichen Patagonien. *Unten:* Frei lebende Guanakos im Torres de Paine.

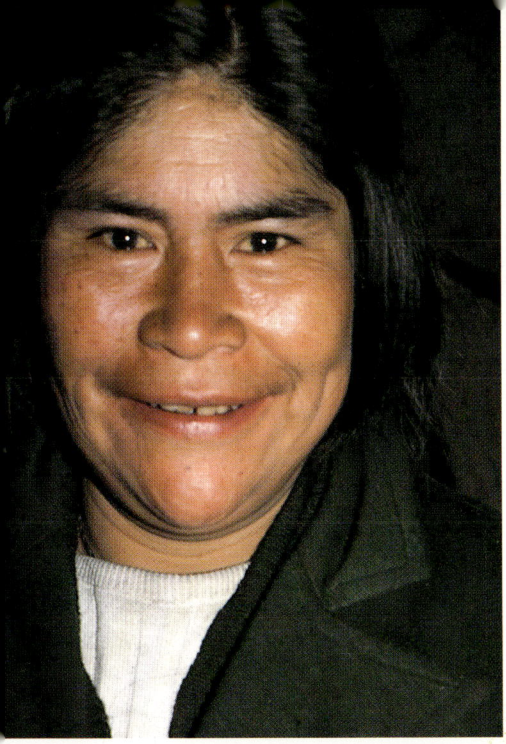

Oben links: Margeritha Molinari, etwa 65 Jahre alt, wohnhaft in Puerto Eden auf der Wellington Insel. *Oben rechts:* Diorama eines Alakalufen beim Fischfang im Salesianer-Museum von Punta Arenas. *Unten:* Nur alle 14 Tage besucht ein Schiff Puerto Eden auf der Insel Wellington. Weil der Transporter nur für etwa eine halbe Stunde vor der Insel liegen bleibt, eilen alle zum Schiff, wo sogleich ein lebhafter Tauschhandel beginnt.

Auf der Insel Chilóe sehen wir einen Ochsenkarren mit Scheibenrädern. Nur die Spanier können seinerzeit ein solches Relikt aus der Frühzeit ihrer Entwicklung ins spanische Vizekönigreich Chile mitgebracht haben. Wegen der relativ einfachen Herstellung werden stellenweise heute noch solche massiven Räder aus geschlagenen Baumstämmen gesägt.

sich verloren glaubten. Zum Glück erschien gerade noch rechtzeitig die chilenische Fregatte »Ancud« und brachte sie nach Valparaiso in Sicherheit.

Doch der unerschütterliche Gardiner gab nicht auf. Von der Patagonischen Missionsgesellschaft unterstützt, reiste er auf dem Segler »Ocean Queen« in Begleitung von fünf anderen Missionaren und einem Arzt zum südwestlichen Feuerland, wo er hoffte, Jemmy Button zu treffen. Der sollte, dem Vernehmen nach, auf der wilden, ständig von Stürmen umtosten Picton-Insel leben. Nicht klar ist, ob Gardiner ihm dort begegnete, aber eindeutig bezeugt ist das Schicksal dieses zweiten Missionsversuchs. Wieder wollten die Wassernomaden nichts davon wissen, verlangten jedoch nach Geschenken in Gestalt von Kleidern und Branntwein. Sie ließen den Fremden keine Ruhe bei Tag und Nacht. Sie raubten Gardiner alles, was er und seine Begleiter mitgebracht hatten.

In zwei Eisenbooten, mit denen die Jaghanen nichts anzufangen wußten, flüchteten Gardiner und seine Begleiter in die Bahía Espanol. Zwar besaßen sie noch ihre Gewehre, die der Jagd dienen sollten, aber Pulver und Kugeln hatte man ihnen gestohlen. Als Monate später nach ihnen gesucht wurde und man ihr Lager in der Bahia-Bucht entdeckte, waren alle verhungert.

Wobei ich mich frage, warum sie nicht imstande waren, sich Nahrung zu beschaffen. Meines Erachtens ist es möglich, ohne besondere Mühe aus dem Land und dem Wasser zu leben.

Führende Persönlichkeiten der anglikanischen Kirche blieben trotz der schlechten Erfahrungen bei der Meinung, daß es möglich sein müsse, die Feuerländer für den Christenglauben zu gewinnen. Wieder finanziert und ausgerüstet von der Patagonian Missionary Society, machte sich aufs neue ein halbes Dutzend tapferer Männer auf den Weg ans Ende der Welt. Eigens wurde für sie ein Dreimaster gebaut und auf den Namen des Märtyrers »Allen Gardiner« getauft. Mit drei Missionaren sowie einigen Hilfskräften erreichte »Allen Gardiner« die trostlos düsteren Gewässer bei der großen Insel. In jener Wulaya-Bucht, wohin seinerzeit, vor bald 20 Jahren, Kapitän Fitzroy seine drei in London erzogenen Kinder gebracht hatte, fielen die Anker, weil man glaubte, daß zumindest Jemmy Button in jener Gegend zu finden sei.

So war es denn auch. Aber der ehemalige Pflegesohn des Kapitäns Fitzroy beschränkte sich auf eine kurze Begrüßung der britischen Missionare, verlangte dann aber mehr und immer noch mehr Geschenke für sich und seine Stammesbrüder. Vor allem Lebensmittel von jener Art, die Jemmy so lange hatte entbehren müssen, dazu noch Kleider, wie sie die weißen Männer trugen, und dann ging es noch um berauschende Getränke. Inzwischen nämlich hatten die nahe an der Küste herumziehenden Feuerländer den Genuß hochprozentigen Alkohols kennengelernt. Es war von seiten der Walfänger und Robbenschläger das bestmögliche Tauschmittel für Wildfleisch, für Robbenspeck und für die zeitweise Überlassung eingeborener Frauen an die rohen und rauhen Männer weißer Hautfarbe.

Natürlich konnten die Missionare nicht mit Alkohol dienen, vielmehr war es Gottes Wort, daß sie den Feuerländern bringen wollten. Immerhin, Jemmy Button, sein nun schon erwachsener Sohn und ein paar andere Leute aus seiner Sippe halfen den Missionaren, ihre behelfsmäßige Hütte zu errichten, und lieferten ihnen auch Fisch und Wildbret. Als am nächsten Morgen der Sonntag begann und die Engländer niederknieten, um ihr Gebet zu verrichten, wurden sie allesamt von hinten mit Knüppeln totgeschlagen.

Wenige Wochen später segelte ein chilenischer Robbenfänger in die Wulaya-Bucht. Er hatte die vor Anker liegende »Allen Gardiner« gesichtet und wollte wissen, wer denn in seinem Fanggebiet etwas zu suchen hatte. Die Tragödie, der hinterhältige Mord an den Missionaren, lag offen zutage. Dennoch wagte es Jemmy Button, den Robbenschlägern zu begegnen, redete sogar in englischer Sprache und behauptete, vollkommen unschuldig zu sein. Im Gegenteil, er habe versucht, das Unheil zu verhindern. Jener Mann, den sein Pflegevater seinerzeit im Buckingham Palace der Queen Adelaide vorgestellt hatte, war gewiß nicht an dem vielfachen Mord beteiligt gewesen, sondern hatte sich seinen Behauptungen nach bemüht, die Untat zu verhindern. Aber allein war es ihm nicht möglich gewesen. Dann half er noch beim Wiederinstandsetzen der »Allen Gardiner«. Einige Loberos übernahmen es, das Missionsschiff zu den Falkland-Inseln zu segeln. Über das Schicksal der gescheiterten Mission wurde in Port Stanley ein Protokoll verfaßt und bei nächster Gelegenheit nach London geschickt.

Gold!

Julio Poppers Reich

Auch wenn jemand leise spricht und nur wenige Worte, gibt es Leute, die mithören, was sie nicht sollen. Besonders, wenn jemand glaubt, das Wörtchen Gold zu vernehmen. Es dröhnt bei gewissen Leuten wie ein Trompetenstoß.

So war es auch, als nach seiner Heimkehr aus Feuerland der chilenische Hauptmann Serano Montaner, wenn auch nur ganz nebenbei, dieses Wörtchen fallen ließ. Irgendwo unter Kameraden im Offizierskasino, in Gesellschaft guter Freunde oder an einem feuchtfröhlichen Abend am Rande der Hauptstadt Santiago. Einmal gesagt, und schon machte das Gerücht die Runde, er habe in der Tierra del Fuego eine Menge glitzerndes Gold entdeckt. Dabei hatte Montaner selbst, wie es auch der Wahrheit entsprach, nur von Spuren geredet, von sehr geringen Vorkommen an nur wenigen Stellen. Aber wer Ohren hatte zu hören und wußte, wie es mit dem Goldrausch in Kalifornien angefangen hatte, mit den Goldfunden in Neuseeland, am Jenissei in Sibirien und anderswo (Alaska folgte erst später), der wollte am liebsten gleich aufbrechen. Waren es doch jedesmal nur die ersten gewesen, denen das Glück aus vollen Backen zugelächelt hatte.

Eine ganze Reihe von Menschen machte sich bereit zum Aufbruch ins goldene Feuerland. Aber vom Bereitmachen bis zur Abreise, vom kühnen Gedanken bis zum wirklichen Abenteuer ging den meisten der Mut verloren. Was man hörte von den Islas del Fuego, vom scheußlichen Wetter und den wilden Nomaden, vom harten Leben und von harten Entbehrungen, das ließ für alle Schwachen den Glanz des Goldes verblassen.

Nicht so bei Julio Popper in Buenos Aires. Der war nicht zu erschüttern. Er besaß ebenso grenzenlose Energie wie unbändige Gier nach Gold. Deswegen suchte Popper die Bekanntschaft des Hauptmanns Montaner und verstand es auch, ihn auszufragen. Dabei hat allerdings der Ausfrager die Zurückhaltung des Montaner mißverstanden, denn hinter jeder Andeutung hat er gleich einen zentnerschweren Goldklumpen vermutet.

Julio Popper stammte aus Rumänien, könnte vielleicht, wie sein Name andeutet, ein Siebenbürger Sachse gewesen sein. Ebenso wie Montaner hatte es auch Popper in jungen Jahren schon zum Hauptmann gebracht, in seiner rumänischen Heimat versteht sich. Pionier mußte er gewesen sein, und er hatte wohl eine Reihe verschiedener Lehrgänge absolviert, hatte sich auch gewisse Kenntnisse der Geologie, der Mineralogie und des Bergbaues erworben. Aber das damalige Rumänien, seit kurzem erst mit russischer Hilfe von der Türkenherrschaft befreit, nun ein souveränes Königreich unter dem Haus Hohenzollern-Sigmaringen, konnte einem so strebsamen und skrupellosen Menschen wie Julio Popper kaum Gelegenheit bieten, binnen kurzer Zeit reich und mächtig zu werden. So hatte der unzufriedene Hauptmann die Stadt Bukarest mit Buenos Aires vertauscht, wo er alle Möglichkeit ergriff, um rasch vorwärtszukommen.

Was er tat und auf welche Weise, ist nicht mehr bekannt. Weil aber Popper eine beachtliche Gefolgschaft von Leuten besaß, die aus verschiedenen Nationen stammten und sich in Argentinien noch nicht zurechtfanden, ist anzunehmen, daß der rumänische Emigrant mit Erfolg dabei war, ins organisierte Verbrechen einzusteigen. Für solche Leute ist die Goldgräberei schon immer ein guter Nährboden gewesen. Allerdings darf man dabei nicht selber schuften, daß einem die Knochen knacken, sondern muß das Unternehmen aufbauen, führen und so klug organisieren, daß man selber davon den größten Nutzen hat. Was Popper zunächst hatte, waren seine 50 bis 100 Gefolgsleute.

Bedingungslos folgten diese Schwachköpfe seinen Ratschlägen. Was er außerdem noch hatte, war der materielle Treibstoff für den Beginn des Goldrausches. Als sei der Böse mit Popper im Bunde, so trieb im Sturm der französische Dreimaster »Astique« zu Beginn des Jahres 1884 vor der Magellan-Straße, genauer gesagt, beim Jungfrauen-Kap mit solcher Kraft auf den Strand, daß der Kiel in zahlreiche Planken zerbrach. Zum Glück ging kein Menschenleben verloren, und es sah so aus, als könne man die geborstenen Stellen reparieren. Zu diesem Zweck eilten aus Punta Arenas ein paar fleißige Zimmerleute herbei, mit allen notwendigen Gerätschaften ausgestattet. Dazu gehörten auch Schaufeln, denn zuerst mußte der beschädigte Kiel mit den eingedrückten Planken vom Sand befreit werden.

Dabei konnte den tüchtigen Schauflern nicht entgehen, daß sehr viele Sandkörner auf das schönste schimmerten. Schon bald gab es keinen Zweifel mehr, daß sie aus purem Gold bestanden. Richtige Nuggets waren darunter, goldene Brocken und Bröckelchen bis zur Größe eines Fingerhutes. Welche Goldmenge zum Vorschein kam, läßt sich heute nicht mehr feststellen. Aus Furcht vor Gaunern und Räubern hielten die glücklichen Finder mit Angaben zurück, konnten aber nicht vermeiden, daß schon bald die Gerüchte von dem unverhofften Reichtum in die Außenwelt gelangten.

Der Schiffbruch der »Astique« zeigte Julio Popper, daß er keinen Tag länger zögern durfte. Seine Gefolgsleute brachten jedes nur denkbare Opfer, um durch den Verkauf ihrer Habseligkeiten, durch Lug, Betrug und Einbrüche die notwendigen Mittel aufzutreiben. So hatte Popper bald die notwendige Ausrüstung beisammen, auch Lebensmittel für etwa sechs Monate. Rasch besorgte er für sich und seine Leute eine seetüchtige Barke, die als erstes in die Magellan-Straße einlief. Von dort aus, so hatte er aus dem Hauptmann Montaner herausfragen können, waren einige Stellen zu erreichen, wo der erste Durchquerer Feuerlands Goldspuren entdeckt hatte.

Weil der Leiter und Nutznießer des Unternehmens aus guten Gründen seine dortigen Ergebnisse, den Wert und die Menge des Goldes, geheimhielt, kann man nichts darüber berichten. Überhaupt ist die Popper-Story, sind die ersten Jahre seines emsigen Wirkens in Dunkel gehüllt. Seine Leute und er selber sind einmal hier und einmal dort aufgetaucht. Die jeweiligen Gruppen, bestehend aus sechs, acht oder auch zwölf vom Goldfieber gepackten Männern, drangen tief in die Wildnis ein, stiegen über Bergketten und schleppten sich mit ihrem schweren Gepäck durch Sümpfe, über Steppen und durch halbdunkle Schluchten. Sicher war Popper in der Lage, das Land zu vermessen und Karten zu zeichnen. Aber er hat es nicht getan. Wenn er seine Papiere verlor oder wenn sie gestohlen wurden, konnten sie der Konkurrenz den Weg weisen, und das wollte er auf alle Fälle vermeiden.

Der ehemalige Offizier eines rumänischen Regiments hatte, wie auch seine Leute sagten, eine untrügliche Nase für verborgenes Gold. Daran war nichts Geheimnisvolles, er besaß lediglich rudimentäre Kenntnisse der Geologie. Weil bekanntlich das Gold zu den Schwermetallen gehört, weil es vor allem schwerer ist als beispielsweise Sand und Kies, sinkt es in Wasserläufen auf den Grund. Während alles übrige von starker Strömung fortgetragen wird, bleibt das Gold vor Hindernissen liegen. Das gilt auch für Spalten in zerrissenem Gestein, wo seit Jahrtausenden die Brandungswogen anrollen. Wenn bei Ebbe der Meeresboden teilweise begehbar ist, können Goldsucher mit passenden Instrumenten goldhaltigen Sand aus den Ritzen kratzen und in flachen Schüsseln auswaschen. Allerdings müssen sie dabei bis zur Hüfte im bewegten Wasser waten, bei Temperaturen von sechs Grad Celsius. Wer die Wasserläufe und Wasserfälle beobachtet, die von droben in tiefe Mulden stürzen, kann womöglich erkennen, wo sich am Fuß der Steilwände möglicherweise Goldlager befinden. Allerdings muß man sehr oft die Gewässer umleiten und mehrere Meter tief bis zum gewachsenen Fels hinunter graben.

Gewiß, Fähigkeiten, das zu beurteilen, hatte sich Popper erworben. Bei seinen schlichten, größtenteils absolut ungebildeten Leuten hat er damit wie ein Magier gewirkt, wie ein Zauberkünstler in der menschenfeindlichen Wildnis. Er führte die eine Gruppe zur Wende eines Wildbaches, wo tatsächlich Blattgold zu finden war. Der wildschäumende, durch Quarzfelsen strömende Bach hatte vor einer Felsbarriere mehrere Kilo Goldsand zurückgelassen. Nicht nur intelligent und habgierig war Julio Popper, sondern auch ehrgeizig. Er konnte nicht ruhen, nicht länger als zwei, drei Tage am selben Platz bleiben. Er führte und trieb seine Männer in die Boqueron-Berge, nördlich der Bahía Inútil und hinauf bis zu den Höhen des Pico Gap. Auf schwankenden Segelkuttern, die längst nicht mehr seetüchtig waren, brachte er seine Goldgräber zu den Wollaston-Inseln, in die Aguirre-Bucht, an den Blanco-See, zum Rio de la Turba, auf die damals noch herrenlosen Inseln Picton, Nueva und Lennox und auf die große, gletscherbedeckte Hoste-Insel.

Wenn man sich der damaligen Verkehrsverhältnisse erinnert, an die rasch wechselnden Wetter denkt, so war die Versorgung all der Goldgräberlager eine großartige Leistung des rumänischen Offiziers. Popper hat es geschafft, wenn auch viele Segler verlorengingen oder erst nach langer Wartezeit eintrafen. Menschen kamen ums Leben, das ist klar, und nicht wenige Schiffe sind gescheitert. Dennoch aber hat im großen und ganzen die Organisation einigermaßen funktioniert. Zahlreiche »Austrios« waren bei Popper. So nannte man seinerzeit in Südamerika die Einwanderer aus dem Kaiserreich Österreich-Ungarn. Zumeist stammten sie aus Dalmatien, und wie es scheint, konnte Popper mit ihnen in ihrer eigenen Sprache reden. Ihnen gab er anscheinend die besten Stellen zur Ausbeutung. Aus den wenigen Angaben, die durchgesickert sind, geht hervor, daß gelegentlich die Ausbeute glänzend war. In einem Falle haben an einer nicht mehr bekannten Stelle 14 »Austrios« in 27 Tagen insgesamt 185 Kilo Gold gefördert. Irgendwo anders, am Grunde eines Sturzbaches, haben drei Männer, nachdem sie neun Meter tief in den Boden eingedrungen waren, an nur zwei Tagen 14 Kilo Gold gefördert. Auf relativ kleinen Flächen von nur wenigen Quadratmetern Strand befanden sich in dem von der rollenden Brandung angehäuften Kies ein halber oder ein ganzer Eimer Goldstaub. Von einigen Goldgräbern, deren Namen nicht überliefert sind, wurde seinerzeit behauptet, daß sie in alten Milchkannen 20 bis 25 Kilo an reinem Gold mitbrachten. Einer der Austrios, der sich längere Zeit in der gerade erst gegründeten Ortschaft Porvenir aufhielt, soll unter seinem Haus sechs oder sieben von den bis zum Rand mit Gold gefüllten Milchkannen versteckt haben.

Aber das konnten nur Ausnahmen sein. Die Mehrheit dieser hart schaffenden, von Kälte, Wind und Regen geschüttelten Mineros fand nur gerade genug an Goldkörnern, um sich mehr schlecht als recht am Leben zu erhalten. Manche der glücklichen Finder hielten den Mund und sagten niemand etwas von ihren Funden. In Lederbeuteln versteckt, trugen sie ihren bescheidenen Reichtum verborgen. Fast jeder von ihnen wußte, daß er nicht mehr lange durchhalten konnte, und ahnte, daß in nicht ferner Zukunft die Bodenschätze erschöpft sein würden. Ein Mann wie Julio Popper hat es ganz bestimmt gewußt und sich rechtzeitig darauf eingestellt.

Über die Zustände in den Goldgräberlagern und über die Preise, in Gold selbstverständlich, die man für Lebensmittel und Gebrauchsartikel zahlen mußte, hat der deutsche Naturwissenschaftler Dr. W. Michelsen berichtet. Er befand sich in den Jahren 1892/93 auf einer Sammelreise für das »Hamburger Naturhistorische Museum«. Von Punta Arenas aus reiste Michelsen auf einer nur zehn Meter langen Barke namens »Sarah«, die einem Portugiesen gehörte, einem entlaufenen Sträfling vermutlich. Wie der Hamburger beschreibt, war in seiner Kabine nur Platz für eine Person, aber vier drängten mit brutaler Gewalt herein. Die Verpflegung mußte man selber mitbringen, und die Notdurft wurde über Bord erledigt. Bei der übernächsten Reise ist sodann die »Sarah« mit allen Leuten an Bord verschollen.

Immerhin, der Hamburger Naturwissenschaftler hat mit ihr fernste Inseln erreicht, sogar die weit draußen im Pazifischen Ozean liegenden Ramirez-Inseln. Dort entdeckte er drei oder vier Loberos, chilenische Robbenfänger, die vor Wochen schon das eigene Boot verloren hatten. Auch mit Alakalufen ist Dr. Michelsen in Berührung gekommen, aber schon damals waren sie weitgehend ihrer alten, so eng mit der Natur verbundenen Lebensweise entwöhnt.

Eingehend berichtet Michelsen von den Mineros auf Lennox, Nueva, Picton und auf der von zerzaustem Urwald bedeckten Hoste-Insel. Die abgemagerten, ausgemergelten und oft schon hinfälligen Menschen hausten in schadhaften Zelten, in regendurchlässigen Blockhütten aus Treibholz, sogar in nur notdürftig abgestützten Erdlöchern. Sie standen beim Graben bis zum halben Leib im kalten, schmutzigen Wasser und litten allesamt unter Rheuma. Zwischen zwei Grad unter Null bis bestenfalls zwei Grad über Null lagen die Temperaturen, als sich der Hamburger Forscher dort aufhielt. Die Kleidung der bedauernswerten Leute war jämmerlich, und es gab kaum eine Möglichkeit, sie richtig zu trocknen. Das Schuhwerk bestand aus Lederfetzen und durchgelaufenen Sohlen. Tief lagen die Augen in den Höhlen, und so manchen haßerfüllten Blick mußte der Fremde ertragen. Schon eine solide Kleidung erregte Neid.

Die heruntergekommenen Männer rauften und schlugen sich, ja sie gingen mit Messern aufeinander los und verletzten sich schwer, hatten aber keine ärztliche Hilfe. Was sie gegeneinander trieb, war Habgier und die Hoffnung, den anderen um sein Gold berauben zu können. Mord und Totschlag waren nichts Besonderes. Die beste Erholung von getaner Arbeit waren Besäufnisse. Manche verloren dabei das Bewußtsein und blieben liegen, wo sie gerade waren.

Es gab in den armseligen Lagern keinen Kaufladen, sondern nur einige Händler, deren Warenangebot sich in windschiefen Zelten befand. Enorm waren die Preise, hochgetrieben von den Transportkosten und den Zwischengewinn der Händler, die zumindest das Doppelte, oft das Dreifache ihrer Ausgaben verlangten. Im Hintergrund war Julio Popper tätig, dessen Organisationstalent den Handel erst ermöglichte. Mit welchem Prozentsatz er selber beteiligt war, hat wohl keiner der Käufer je erfahren.

Wie Dr. Michelsen erwähnt, zahlte man 1,5 Gramm Gold für eine Flasche chilenischen Rotwein, 2,5 Gramm Gold für ein Pfund Butter und 3 Gramm Gold für ein Pfund Tabak. Noch hemmungsloser war der Passagepreis von einer der fernliegenden Inseln nach Punta Arenas. 300 Gramm Gold wurden für die Reise verlangt, wobei der Passagier selber nach einem Platz zum Schlafen suchen mußte. Wie aber Männer zurück in die Außenwelt kamen, die kein Gold und auch kein Geld hatten, ist nicht bekannt.

Wie Michelsen schreibt, der im Zelt eines italienischen Händlers namen Leragi schlief oder zu schlafen versuchte, so hatte dieser Mann zwei Kilo Gold unter seinem Strohsack verborgen. Er trug in jeder Tasche einen entsicherten Revolver. Die durchschnittliche Ausbeute pro Person, so schreibt der Hamburger, betrug zu seiner Zeit auf der Insel Hoste acht Gramm Gold pro Tag. Nicht gerade viel für so harte Arbeit, wenn man die Preise bedenkt. Aber da waren die guten Anfänge schon seit mehreren Jahren vorbei.

Als ich selber dort war, in den Boqueron-Bergen und auf der Wollaston-Insel, wollte ich nicht glauben, daß noch vor 80 bis 100 Jahren diese heute vollkommen verlassenen Landschaften von zahlreichen Goldgräbern belebt waren. Woher sie kamen, wohin sie nachher strebten, das weiß niemand. Wie viele seinerzeit verdarben in dieser menschenfeindlichen Landschaft, darüber gibt es keine Schätzung.

Hinter allem stand Popper. Was er verdiente und wie er die Gelder anlegte, hat niemand erfahren. Wo seine persönlichen Schätze geblieben sind, ob er irgendwo Frau, Kind oder andere Erben hatte, blieb im dunkeln.

Denke ich daran, welch große Zahl von teilweise bedeutenden Werken über die Goldgräber in Kalifornien und Alaska erschienen sind, so ist kaum zu verstehen, daß die meisten Menschen vom feuerländischen Goldrausch nichts wissen und daß so gut wie keine Spur geblieben ist.

Die Schlacht der Strohsoldaten

Die Stadt Porvenir, mit etwa 1000 Einwohnern in unseren Tagen, die größte Ortschaft im chilenischen Teil der Insel Feuerland, verdankt ihre Entstehung dem ehemals rumänischen Offizier. Sie sollte Poppers Hauptstadt werden. Vor allem siedelte er dort Dalmatiner an, teilte ihnen Landparzellen zu und half beim Hausbau. Etwa 90 Prozent der Siedler und Gräber waren während der ersten Jahre nach Porvenir eingewanderte Dalmatiner. So erfolgreich hatte sich in zehn Jahren das Unternehmen von Julio Popper entwickelt und so bedeutend waren die Einnahmen, so stark die Treue seiner Gefolgsleute, daß er selber langsam, aber sicher den Verstand verlor.

Größenwahn stellte sich ein. Popper fühlte sich als souveräner Herrscher der Tierra del Fuego mit allen umliegenden Inseln. Er ließ eigene Briefmarken drucken für die von ihm eingerichtete Post. Ebenso wurden für sein Herrschaftsgebiet Ausweise hergestellt, Reisepässe für seine feuerländischen Untertanen. Aber nicht einmal damit war er zufrieden. Popper führte dünnes, im fernen Deutschland gedrucktes Papiergeld ein und ließ Goldmünzen prägen. Auf der einen Seite war ein Guanako zu sehen, auf der anderen eine Schürfhacke, gekreuzt mit einer Spitzhacke, vermutlich das Symbol für Goldgräberei. Weil der Gehalt an Edelmetall dem angezeigten Wert entsprach, ihn zeitweise sogar übertraf, kursierten seine Münzen sogar in den angrenzenden Gebieten von Chile und Argentinien. Sie wurden dort sogar von den Banken akzeptiert!

Nur mit seiner feuerländischen Währung duften die Menschen in Poppers Machtbereich bezahlen. Nur wenn sie einen von ihm gestempelten Passierschein besaßen, durften sie die Lager besuchen und für bestimmte Zeit dort bleiben. Wollte gar einer der Fremden nach Gold graben, mußte er sich zur Abgabe der Hälfte seiner Ausbeute verpflichten. Um seine Vorschriften durchzusetzen, stellte Popper eine eigene Polizei auf. Er selber wählte für diesen Zweck die passenden Leute aus und sorgte dafür, daß sie ihre Pflicht erfüllten.

Aber selbstverständlich hatten sich die goldenen Chancen schon bald in Chile, in Argentinien und anderen Regionen herumgesprochen. Wie es allerdings tatsächlich in Feuerland zuging, wie schlecht die Lebensverhältnisse waren und wie schauerlich das Wetter, darüber war in der Außenwelt nur wenig bekannt. Zu all den natürlichen Übeln kam ja noch die Herrschaft des Julio Popper, der einen großen Teil der Gewinne einsteckte und sich schamlos bereicherte.

Wenn seine Privatpolizei einen illegalen Besucher fassen konnte, so wurde er zunächst brutal verprügelt und anschließend fortgetrieben. Aber nicht an jeder Stelle konnte man die Illegalen fassen, dafür war die Tierra del Fuego viel zu groß.

Wo sich fremde Goldgräber in größerer Menge niederließen, mußte Popper regelrechte Feldzüge gegen sie führen. Er ließ bei Nacht die Lager umstellen, dann wurde ihnen die Wahl gelassen zwischen freiem Abzug unter Zurücklassung ihrer Habe und des schon geförderten Goldes oder der »Vernichtung bis zum letzten Mann«. Dazu ist es allerdings, soweit bekannt, niemals gekommen.

So waren also die freien Goldgräber und Siedler durchaus im Recht, wenn sie ihre Lager befestigten, Posten aufstellten und sich mit Waffen und Munition versorgten. Das lohnte sich durchaus, falls sie Gold fanden. Nicht immer konnte Poppers private Polizei mit solchen Leuten fertig werden.

Da griff er zu einer List, die man nur als genial bezeichnen kann. Zuerst ließ Popper die Invasoren wissen, daß er von der argentinischen oder chilenischen Regierung (je nachdem, wo sich die Fremden aufhielten) dieses Gelände rechtmäßig erworben habe, entweder als sein Eigentum oder in Erbpacht. Falls die Besetzer nicht sofort verschwänden, dann werde er Militär herbeirufen, um sie gewaltsam zu vertreiben. Glatter Schwindel von Anfang bis Ende. Aber das war noch nicht alles, Popper ging erheblich weiter.

Durch Freunde in Buenos Aires oder auch in Santiago de Chile beschaffte er sich einen Stapel abgelegter, ausrangierter Militäruniformen und bastelte ein paar Dutzend Strohpuppen mit bemalten Masken. Bekleidet wurden die Puppen mit echten Uniformen und sodann in den hohen Sätteln der struppigen, aus Patagonien eingeführten Pferde festgebunden. Holzstangen im Rücken der falschen Soldaten sorgten für Haltung, ein Holzgewehr und nachgeahmte Kavalleriesäbel machten die Täuschung perfekt. Aus der Entfernung von 100 Metern und mehr machten ein paar Dutzend dieser Puppen den Eindruck, als bewege sich eine Schwadron Kavallerie durchs Gelände. Ein paar echte Soldaten sorgten für den Zusammenhalt des Strohpuppentheaters und achtete darauf, daß die geniale Fälschung dem verblüfften Feind nicht zu nahe kam. Weil von denen niemand ein gutes Fernglas besaß, wurden die armen Teufel voll getäuscht.

Alsdann schickte Popper einen berittenen Boten mit weißer Flagge zum Gegner hinüber, alles ganz korrekt und formgerecht den internationalen Bestimmungen für einen Parlamentär entsprechend. Auch ein Trompeter erschien auf der Bildfläche und ließ die nach der Genfer Konvention vereinbarten Signale ertönen. Es muß ein restlos überzeugendes Bild gewesen sein!

Entweder erfolge sofort der Abbruch des illegal aufgebauten Lagers unter Zurücklassung der bisher gemachten Beute, versteht sich, oder die von der Regierung entsandte Schwadron griffe unverzüglich an. In diesem Falle, ließ Popper verlauten, gäbe es kein Pardon, und Gefangene würden nicht gemacht. Fast immer hatte er damit Erfolg und die freien Mineros räumten das Feld.

Nur wenige Goldgräber haben überlebt

Nun muß noch die Rede sein von seinem Umgang mit den Ureinwohnern. Anfangs war es wohl begreifliche Neugier seitens der noch ahnungslosen Naturmenschen, die sie veranlaßt hatte, sich den Goldgräberlagern zu nähern. Dann lockte sie bald der Tausch von Guanako-Fellen gegen die Töpfe und Pfannen der Bleichgesichter. Den rauhbeinigen, seit Jahr und Tag von allen weiblichen Wesen getrennten Mineros stand schon bald der Sinn nach einheimischen Frauen.

Gerade bei den Ona, mit denen die Goldgräber hauptsächlich zu tun hatten, waren die Frauen und Mädchen besser gebaut, hatten hübschere Gesichter und schönere Körper als bei den Alakalufen und Jaghanen.

So überließen nun einige der Ona ihre Frauen und Töchter für Tage oder Wochen den ausgehungerten Fremden. Die Gegenleistung bestand aus Tabak, Branntwein und ähnlichem. Die Feuerländer, die bisher noch niemals alkoholische Getränke gekostet hatten, entdeckten neue Genüsse. Was sie außerdem noch für ihre Angebote bekamen, waren Syphilis und andere venerische Krankheiten. An nichts dergleichen hatten vorher die Feuerländer gelitten. Deswegen fehlte ihnen auch jede Immunität. Leider hatte somit die Ansteckung verheerende Wirkung. Damit nicht genug, die schlimmen Folgen der Kontakte mit den hellhäutigen Männern waren Krankheiten ganz anderer Art, die sie gleichfalls nicht kannten. Sie breiteten sich aus wie ein laufendes Feuer in dürrer Steppe. Krankheiten, die bei uns relativ rasch vorübergehen, rafften die Ona in wenigen Tagen oder Wochen dahin. Masern, Keuchhusten, Diphterie, Grippe, Bronchialkatarrh und Tuberkulose gehörten dazu, ebenso Gicht, Leberschäden und vieles andere.

Aber als die armen Menschen nach einer Weile den Zusammenhang zwischen den Fremden und ihren körperlichen Leiden begriffen, kamen sie von den Goldgräbern nicht mehr los. Manche wurden zur Arbeit in Gräben und Gruben gezwungen und mußten schuften von früh bis spät. Widerspenstige wurden geschlagen und in Fesseln gelegt. Begehrenswerte Frauen, die nicht willig waren, nahmen sich die Kerle mit Gewalt. Weil sich auch manche der Eingeborenen nahmen, was ihnen bei den Mineros gefiel, schickte man Strafexpeditionen hinter ihnen her, und wenn es gelang, die echten oder vermeintlichen Diebe zu fassen, wurden sie kurzerhand erschossen.

Für die Ona wie für andere Naturvölker gab es kein persönliches Eigentum an Grund und Boden. Sie verstanden alle Geschöpfe als jagdbare Tiere. Jeder konnte sich nehmen, was er brauchte und durch List wie Ausdauer erbeuten konnte. Dazu gehörten nach Meinung der Feuerländer auch die neuerdings aufgetauchten Pferde und Maulesel, die Ziegen und Hunde der fremden Männer. Die liefen durch ihr Land und ernährten sich vom Gras und den Kräutern auf ihrem Boden. Die gezähmten Haustiere der Goldgräber und Händler entfernten sich oft meilenweit vom Lager. Da sie von selber wiederkamen oder sich einfangen ließen, wenn man sie brauchte, liefen sie gewissermaßen den Ona direkt in die Arme. Keinen Grund gab es, sie nicht zu jagen. Weil sich die Eingeborenen außer Hunden keine Haustiere hielten, wußten sie nicht, daß viele Tiere den Weißen gehörten. Aber in den Augen der Tierhalter war die Erbeutung, die Tötung und der Verzehr dieser Geschöpfe ein fluchwürdiges Verbrechen. Alsbald begann die Menschenjagd der Fremden auf die Eingeborenen.

Soweit das möglich war, versuchten die Ona sich zu verteidigen. So gab es Verluste auch bei den Ausbeutern, womit zwischen ihnen und den Feuerländern offene Feindschaft zum Ausbruch kam. Es begann eine Art Kleinkrieg, so dauerhaft und vernichtend, daß am Ende nur noch wenige Feuerländer übrigblieben.

Weil sich die Ona, sofern Goldgräber vom Schlage Poppers in der Nähe waren, nicht halten konnten, zogen sie fort, möglichst weit fort aus der Gefahrenzone. Sobald sie aber in die Jagdgebiete anderer Familien und Sippen eindrangen, setzten sich diese zur Wehr. Was es früher nie gegeben hatte, nämlich Mord und Totschlag unter den Ureinwohnern, das begann um die Mitte der achtziger Jahre. Weil viele Jagdgründe besetzt waren, wichen die Ona aus in die Berge und Sümpfe und in die kargen Steppen, wo es nur wenige Tiere gab, sie zu ernähren. Um so eher wurden nun die geschwächten, unterernährten, von Krankheit geplagten Menschen Opfer der Umstände.

Nur in Punta Arenas, der Hauptstadt der Provinz Magallanes, existierte eine schwach besetzte Behörde. Was der gemeldet wurde, waren bestenfalls Bruchstücke des Geschehens, willkürlich »frisiert«. Woher die Mineros kamen, was sie an Gold fanden und mitnahmen, wann sie wieder verschwanden und ebenso die Todesfälle wurden nicht registriert. Einige wenige Angaben, die ich entdecken konnte, widersprachen sich wesentlich und erscheinen schon auf den ersten Blick unglaubwürdig. Schon 1881, so heißt es, wurden beim einzigen Notar in Punta Arenas 133 Claims eingetragen. Dabei ging es um Parzellen, wo ein Prospektor der Meinung war, es könnte sich Gold im Boden, im Bach oder unter einem Wasserfall befinden. Wenn er diesen Claim auf seinen Namen registrieren ließ, dann hatte – auf dem geduldigen Papier – nur er allein das Recht, an dieser Stelle im Boden zu wühlen. So war das auch in Kalifornien gewesen, in Alaska, Kanada, auf Neuseeland und anderswo. Weil es aber in Feuerland an Polizei fehlte, hatte die Eintragung der Claims nicht viel zu bedeuten, und die meisten Golddigger dürften sich kaum darum bemüht haben.

Immerhin, jene Mineros, die sich darum bemühten, deren Claims lagen nicht weit von Punta Arenas entfernt oder befanden sich in der Sierra Boqueron nordöstlich der Bahía Inútil. Ein Gebirgszug erstreckt sich dort von West nach Ost, mit engen Tälern, zahlreichen Wildbächen und Wasserfällen. Seinerzeit eine goldhaltige Gegend, die schon Serano Montaner, der Erstdurchquerer Feuerlands, und bald nach ihm der vielseitige Julio Popper entdeckt hatten. Die Arbeit dort muß lohnend gewesen sein, denn man hat zum Auswaschen des Goldes schmale Kanäle angelegt, insgesamt 500 Kilometer lang. Gerne hätte ich davon die Reste gesehen, aber der einzig fahrbare Weg durchs Boqueron-Gebirge führte nicht vorbei.

Im Jahre 1887, so hat der Gouverneur der Provinz Magallanes nach Santiago gemeldet, waren seiner Ansicht nach zwischen 200 und 250 Mineros in der Sierra Boqueron beschäftigt, davon die meisten Kontraktarbeiter eines Unternehmers. Mit Gold wurden sie bezahlt, mit einem bestimmt nicht großen Anteil ihrer Ausbeute. Vermutlich haben sie versucht, ein wenig mehr für sich abzuzweigen. Der größte Unternehmer soll William Garnet mit 25 Kontraktarbeitern gewesen sein, der zweitgrößte Melito Riquelme mit 22 Mann. Ob diese beiden ihrerseits von Julio Popper beherrscht wurden oder sich möglicherweise seiner Diktatur widersetzten, ließ sich nicht feststellen.

Irgendwann während der neunziger Jahre wurde in Porvenir, schräg gegenüber von Punta Arenas an der Magellan-Straße, ein Polizeiposten installiert, bestehend aus sechs Mann und einem Inspektor. Nicht gerade viel für ein »Schutzgebiet« zwanzigmal größer als das Fürstentum Liechtenstein. In einem Bericht von Punta Arenas schreibt der Inspektor Vittorio Frias, die monatliche Ausbeute eines Golddiggers betrage im Durchschnitt 13 Gramm Gold pro Tag. Sein Nachfolger im Amt, Eugenio Enzina mit Namen, meldete seinem Vorgesetzten, daß 134 Claims während des vergangenen Jahres 98 Kilogramm gefördert hätten. Nach viel hört es sich an, doch diese Menge, wenn sie stimmt, ergab für den einzelnen Minero gerade genug fürs tägliche Leben.

Eine andere, nicht genannte Quelle läßt ganz im Gegenteil auf großen Gewinn schließen. So geschehen, angeblich, auf der relativ kleinen Isla Lennox, einer der vor kurzem noch umstrittenen Inseln beim Kap Horn. Dort wurden, so liest man, in den beiden Sommerhalbjahren 1891/92 2000 Kilo Gold gefördert. Eine Menge, die kaum zu glauben ist.

Wie üblich bei dieser Goldsucherei haben nicht die Mineros, sonden die Händler und Zwischenhändler das große Geschäft gemacht. Das waren in Punta Arenas der überaus geschäftstüchtige, weitschauende und beim Abwiegen ehrliche Portugiese José Noguera mit seiner Banca Tarapaca. Seit dem Januar 1892 war auch die teilweise deutsche Firma Braun Blanchard und Meidell Witwe wesentlich am Goldhandel beteiligt. Auf verschiedenen Wegen ging das kostbare Metall von Punta Arenas nach Santiago de Chile, nach Buenos Aires, Montevideo und dann in stets steigendem Umfang nach London.

Hier seien noch einige Namen aus den Jahren der Goldgräberei genannt. Wenn sie aufgezeichnet wurden und heute noch zu finden sind, kann es sich nur um besonders erfolgreiche Leute handeln. Es waren die Chilenen Vargas, Frias, Ponce de Leon und Ossaborne, sodann der Grieche Cosmes Spiro und der Engländer Saunders, gefolgt von den Deutschen Ludwig Wolff, Andreas Wagner, Franz Becker sowie im Jahre 1883 Johann Fuhrmann und Harry Rotenberg.

Wie müssen die Goldgräber selber geflucht haben, als ihre Arbeitswoche bei Regen, Wind und tiefen Wolken während der feuchtkalten Jahreszeit selten weniger als 60 Stunden betrug. Im feuerländischen Sommer jedoch, weil es dann früher hell und später dunkel wurde, da hatten sie länger zu tun, von fünf Uhr morgens bis halb acht Uhr abends, die Sonntage inbegriffen. Gut 80 Stunden Schwerarbeit kamen dabei heraus, auf freiwilliger Basis in den meisten Fällen, sonst reichte es nicht fürs tägliche Leben.

Das weite Reich der Schafe

Einwanderer von den Falkland-Inseln

Charles Darwin, dem wir heute nicht mehr alles glauben, was in seinem »Entstehung der Arten« festgeschrieben ist, hat sich schon als junger Mann öfters geirrt. Als er im Jahre 1834 von Bord der »Beagle« aus über die Tierra del Fuego geschaut hatte, schrieb er in sein Tagebuch: »Über diesem Land liegt der Fluch völliger Unfruchtbarkeit.«

In unseren Tagen leben auf Feuerland 25 Millionen Schafe und 140000 Stück anderes Vieh. Alle Jahre wieder liefert die Tierra del Fuego 10000 Tonnen hochwertige Wolle und eine gewaltige Menge Gefrierfleisch.

Schon zu den Zeiten Darwins gab es Leute, die weitschauender waren als er. Bereits im Jahre vor seinem Besuch an Bord der »Beagle« hatte Großbritanniens Regierung die gesamte Inselgruppe der Falklands, nur 400 Kilometer östlich der Tierra del Fuego, ihrem Weltreich einverleibt. Auf den Falkland-Inseln gab es keine Ureinwohner und nur wenige spanische oder französische Hochseefischer, deren Blockhütten nur für vorübergehende Aufenthalte gedacht waren. Auch für landwirtschaftliche Zwecke taugten die rauhen Falklands nicht. Kein Baum, kein Strauch reichte einem Mann bis zum Gürtel. Nur selten ein Sonnenstrahl, schäumende Bäche rauschten durch die Täler, struppiges Gras und graugrüne Kräuter bedeckten jede der Inseln. Gerade das richtige, erkannten ein paar Schotten, um Schafe auf etwa die gleiche Weise zu ernähren wie seit nun schon 200 Jahren in ihrer Heimat.

Wer den Anfang machte und das gleiche versuchte in der Tierra del Fuego wie die Schotten auf den Falklands, darüber gehen die Meinungen auseinander. Es stehen drei und mehr Namen zur Auswahl. Da wird als erster Bahnbrecher für die feuerländische Schafzucht Hermann Eberhard genannt, ein Deutscher und bis 1876 Kapitän der Handelsmarine. Als guter Beobachter seiner Umwelt hat Eberhard während seines Besuches auf den Falklands nicht nur die Menge der gut genährten Wollträger und ihrer schier endlosen Weideflächen gesehen, sondern auch den zunehmenden Wohlstand der schottischen Schafzüchter. Das genügte ihm, seinen Abschied von der christlichen Seefahrt zu nehmen. Am Ende eines tiefeingeschnittenen Fjords im südwestlichen Patagonien, genannt Ultima Esperanza (letzte Hoffnung), kannte er von früheren Fahrten eine bis dahin unbewohnte Gegend, wo ungefähr die gleichen Verhältnisse herrschten wie auf den Falklands. Auch das Coiron-Gras gedieh im Fjord der letzten Hoffnung üppig. Und wenn auch die Republik Chile noch nicht offiziell die von Eberhard ins Auge gefaßte Region übernommen hatte, sie lag im chilenischen Interessengebiet. Für den korrekten Kapitän war das ein Grund, sich in Santiago von der chilenischen Regierung die Konzession geben zu lassen.

Weil noch keine genauen Karten des Hinterlands vorhanden waren, wurden die Wünsche Eberhards nicht nur erfüllt, sondern man ging weit darüber hinaus. Zusammen mit einigen deutschen Kolonisten und zwei Engländern begab sich alsdann der bisherige Kapitän nach den Falklands und erwarb von einem der schottischen Züchter 300 Merino-Schafe. Die schaffte er, dicht gedrängt auf einer Zweimastbark, in seine Bucht und gründete die Estanzia Puerto Consuelo.

Nur wenige Tage später erschien ein argentinisches Kanonenboot, geführt vom Schiffsleutnant Mascarello. Dieser wollte weiter nichts, als die argentinische Flagge hissen, um damit das Land für Argentinien zu sichern. Der Senor Eberhard könne ruhig bleiben mit all seinen Begleitern und den Schafen, sagte Mascarello, das mache weiter nichts. Dieser aber hing aus dem Fenster seines noch nicht vollendeten Wohnhauses zwei chilenische Fahnen, die er frisch im Wind flattern ließ. Weil damals noch gute Sitten herrschten, wenn sich Ehrenmänner verschiedener Nation mit hoher Politik befaßten, gab daraufhin der Leutnant Mascarello seine Ansprüche auf. Dieser Augenblick entschied über die Zugehörigkeit der gesamten Region zugunsten von Chile. Bis zum heutigen Tage ist es dabei geblieben. Zum Dank dafür hat die Regierung später ein Denkmal zu Ehren und Erinnerung an Eberhard an der gleichen Stelle errichtet.

Nicht weit von seiner Estanzia Puerto Consuelo ist die aufblühende, wenn auch nur kleine Hafenstadt Puerto Natales entstanden. Während meiner umständlichen Suche nach den allerletzten Wassernomaden habe ich einige Tage dort verbracht und bin so manchen Spuren des Hermann Eberhard nachgegangen. Aber das nach ihm genannte Hotel Eberhard kann ich ganz und gar nicht empfehlen. Sein Beispiel, die Schafe betreffend, hat jedoch Schule gemacht. Auch deutsche Siedler haben von der Estanzia Puerto Consuelo zahlreiche Wollträger erworben und hinüber nach Feuerland gebracht. Genannt werden Albert Konrad, Walter Kuntze, Richard Kurz, auch Ernst von Heinz und der später als einer der größten Schafzüchter von allen bekannt gewordene Mauricio Braun, dem oft noch der Zweitname Hamburger angehängt wird.

Als Großvater der feuerländischen Schafzucht wird neben Eberhard vor allem Henry Reynaud genannt. Er soll trotz der französischen Schreibweise seines Namens ein echter Brite gewesen sein. Auch er hat seine Schafe – wieder sollen es 300 Stück gewesen sein – von den Falklands geholt, und zwar im gleichen Jahre 1877 wie Hermann Eberhard. Reynaud brachte seine Schafe auf die Isabel-Insel nördlich von Punta Arenas in der Magellan-Straße. Dort sollten die Wolltiere nicht bleiben, sondern sich nur ans Klima gewöhnen. Sie taten es auch und wurden dann bei Punta Arenas sowie an verschiedenen Stellen Feuerlands auf vorbereitete Weideflächen entlassen. Auch dieses Unternehmen hat sich gut entwickelt.

Die chilenischen, aus dem Rheinland stammenden Werhahns hatten gute Beziehungen zu hohen und höchsten Würdenträgern, darunter zum Präsidenten Balmaceda. Weiter gehörte zum Kreis ihrer Geschäftsfreunde der deutsche Stubenrauch, der Portugiese Noguera und der chilenische Hauptmann Montaner, der als erster weißer Mann die Tierra del Fuego durchquert und soweit wie möglich kartographiert hatte.

Inzwischen war die Grenze zwischen Chile und Argentinien festgelegt worden, und jener berühmte Abrazo, die feierliche Umarmung der beiden Präsidenten in Punta Arenas, hatte stattgefunden. Wer

Nutzen aus dem Grund und Boden ziehen wollte, bedurfte einer staatlichen Genehmigung. Soviel bis dahin bekannt war, lagen die besten Weidegebiete auf chilenischem Gebiet. Weil die Ureinwohner des Landes, die Ona, Jaghanen und Alakalufen nicht als vollwertige Menschen, nicht als »juristische Personen« betrachtet wurden, galten ihre Jagdgründe und Fischwasser als herrenlos.

Die oben genannten Geschäftsfreunde, in einer Interessengruppe zusammengeschlossen, hatten viel dem Umstand zu verdanken, daß sie mit den maßgebenden Herren in Santiago gut bekannt waren. So schritten sie denn mit ihrem Wunsch nach möglichst umfangreichen Konzessionen gewissermaßen durch offene Türen bis unmittelbar zum Präsidenten der Republik. Gleich auf Anhieb, am 20. Dezember 1883, erhielten sie 123 000 Hektar, das Gelände zwischen der Bahía Felipe und Porvenir, zehn Meilen tief ins Land hinein, von der Küste aus gemessen, 1230 Quadratkilometer, halb so groß wie das Großherzogtum Luxemburg!

Aber das war nur ein Anfang, fast in jedem Jahr kam mehr dazu. Die Schafe konnten sich so rasch gar nicht vermehren. Zwei oder drei Jahre später wurden neue Konzessionen im Ausmaß von 180 000 Hektar hinzugefügt, und schon im Januar 1885 hatten die Brüder Werhahn bei der Bahía Gente Grande 6000 Schafe ausgesetzt. Die hatten sich, so wird berichtet, schon sieben Jahre später auf 129 000 Stück vermehrt. Als der Juli des Jahres 1890 gekommen war, hatte es die mehr oder weniger eng geschlossene Gruppe um José Noguera und Mauricio Braun auf die Nutzungsrechte von 1,5 Millionen Hektar gebracht, was gleichbedeutend ist mit 15 000 Quadratkilometer und etwa der Hälfte von Belgien entspricht!

Heftige Proteste der Konkurrenz waren die Folgen. Von Korruption war die Rede, von Vetternwirtschaft und von »stiller Beteiligung« der hohen und allerhöchsten Herren. Der Briefwechsel zwischen José Noguera und seinem Schwager Mauricio Braun, worin sich die Teilhaber gegenseitig über solche Angriffe informieren und amüsieren, blieben bis heute in den Archiven erhalten. Sie befinden sich und können eingesehen werden im Istituto de Patagonia bei Punta Arenas.

Zusammengeschlossen wurde das großartige Unternehmen in der Sociedad Explotadora Tierra del Fuego, allgemein »Explotadora« genannt. Fast die gesamte Feuerland-Insel, soweit sie chilenisch war, gehörte dazu. Nur wenige 100 Hektar blieben übrig, steiles Gebirge, kahles Gelände und glitzernde Gletscher. Schon im Jahr 1915, so ergibt sich aus den akkurat geführten und sorgfältig bewahrten Abrechnungen, wurden jährlich 30000 Schafe geschoren und im Schnitt 10000 Tonnen feine Wolle exportiert, große Vermögen verdient, und Punta Arenas konnte aufblühen wie nie zuvor. Noch heute sieht der Besucher der Plaza de Armas im Zentrum der Stadt rings um den grünen Park etwa ein Dutzend Herrschaftshäuser, regelrechte Paläste. Sie wurden schon bald nach Anfang des Jahrhunderts von den Schafbaronen gebaut, von französischen Architekten, die man für entsprechend hohe Honorare kommen ließ, und sie wurden eingerichtet von Künstlern aus Paris, London und New York.

Jeder der großen Estancieros hat auf diese Weise im Herzen von Punta Arenas sein Denkmal hinterlassen. Aber die meisten ihrer Wohnplätze haben während der letzten Jahrzehnte eine andere Verwendung gefunden. In dem einen befindet sich das Rathaus von Punta Arenas, in einem anderen residiert der Bischof von Magallanes, und in einem dritten hat sich das Militärkommando niedergelassen. Ein viertes Palais ist Clubgebäude geworden, mit Restaurant und Wintergarten. Zwei aber gehören noch den Familien, für die sie vor 70 bis 80 Jahren gebaut wurden. Die Eigner aber ziehen es vor, in der Ferne, in einem besseren Klima zu leben, in Florida oder an der Riviera, in Paris oder London. So stehen ihre herrschaftlichen Häuser zur Besichtigung frei. Als ich unter Führung des ehemaligen Hausmeisters durch die Räume ging, über spiegelglattes Parkett, vorbei an polierten Möbeln des Jugendstils, und elektrisches Licht die kristallenen Deckenlampen brillant strahlen ließ, hörte ich, wie hinter mir ein Besucher seiner Begleiterin halblaut sagte: »Aber Blut klebt daran, das sollte man nicht vergessen.«

Das Leben der Landwirte ist eines der schwersten. Auch modernste Maschinerien haben daran im Grunde nicht viel verändert, weil mit fortschreitender Zeit immer weniger Menschen dem Betrieb zur Verfügung stehen, vom frühen Morgen bis zum späten Abend, die Feiertage eingeschlossen. Damit verglichen waren die patagonische und die feuerländische Schafzucht eine relativ mühelose Möglichkeit, an gutes Geld zu kommen. Die Estancieros hören das nicht gerne, können aber kaum das Gegenteil beweisen.

Sie haben für die riesigen Konzessionen nichts bezahlt, abgesehen von den Spesen, wozu auch die kleinen Geschenke an große Herren gehört haben. Der Boden, das natürliche Weideland, bedurfte keiner Düngung. Was notwendig war, besorgten die Schafe selber. Der Herr über das wollige Gewimmel konnte auf Ställe verzichten. Das ganze Jahr über blieben seine Schafe und alles andere Vieh im Freien. Es waren keine raubgierigen Vierbeiner zu fürchten, ausgenommen vielleicht verwilderte Hunde.

Immer wieder habe ich nach den Pumas gefragt, die in ganz Amerika weit verbreitet sind. Doch es war nicht festzustellen, ob heute noch Pumas in der Tierra del Fuego leben oder noch bis zum Beginn der neuen Zeit gelebt haben. Die Meinungen gehen weit auseinander. Weshalb ich der Ansicht zuneige, daß der Puma zu keiner Zeit die Magellan-Straße überwunden hat.

Weil die Schafzüchter auch keine Wölfe zu fürchten haben, erst recht keine Bären, bleiben nur die Füchse als mögliche Feinde der Schafe. Da gibt es die Rotfüchse, die Graufüchse und die Silberfüchse. Sie aber lassen die erwachsenen gesunden Schafe in Ruhe. Nur den schwachen, alten, kranken und ganz jungen Tieren stellen sie nach. Das ist aber aus biologischer Sicht nur zu begrüßen, weil sie damit der Gesundheit des Bestandes dienen.

Der Estanciero – so schien es zunächst – brauchte keine scharfen Hunde, keine bewaffneten Peones, um seine Herden vor fleischfressenden Vierbeinern zu schützen. Er konnte »Poteros«, Teile seiner Konzession einzäunen, und zwar auf relativ billige Weise, denn es kam ja nur darauf an, die Schafe in dem jeweiligen Areal zu halten.

Nicht einmal das war unbedingt nötig. Wenn irgendwo am Horizont die Konzession durch Bergrücken, Flußläufe oder eine Meeresbucht begrenzt wurde, ließ man sie frei durch die Gegend laufen.

Wichtig war nur, daß die wandelnden Wollbündel während der arbeitsreichen Woche des Jahres, der großen Schur, versammelt wurden. War nach rund einem Jahr wieder die Zeit gekommen, daß man die friedlichen Schafe von ihrer Wolle befreien mußte, erschienen ein paar Dutzend professionelle Scherer mit ihren elektrisch angetriebenen Scheren. Meist waren und sind es Chilenen, die oft von der Insel Chiloé stammen. Früher kamen sie über See auf schwerfälligen Barken und bewegten sich auf dem Rücken ihrer Pferde von einer Estanzia zur nächsten. Heute werden sie von Charterflugzeugen aus ihren Heimatorten nach Feuerland gebracht und mit Autobussen vom nächstgelegenen Flugfeld zur Estanzia befördert.

Die festangestellten Peones treiben mit Hilfe ihrer Hunde alle Schafe zum »Galpon«, dem Platz und dem Schuppen, wo man den aufgeregt blökenden Schafen die Wolle abnimmt. Heute geschieht das binnen weniger Minuten pro Schaf. In den alten Zeiten, als dabei die Hand des Scherers die notwendige Energie zu liefern hatte, vergingen darüber 20 bis 30 Minuten, was die Zeit der Schafschur wochenlang ausdehnte. Hernach werden die vermutlich frierenden Opfer durch einen »hygienischen Kanal« getrieben, durch eine mit allen möglichen Chemikalien angereicherte graubraune Brühe. Haben sie diese Prozedur überstanden, werden die Schafe wieder für ungefähr ein Jahr in nahezu grenzenlose Freiheit entlassen.

Die während des vergangenen Jahres geborenen Lämmer erhalten eine Markierung ins linke Ohr, und vielversprechende Böcke werden für Zwecke der Fortpflanzung ausgesondert. Sie erhalten ihr eigenes Gehege, wo sich häufig ein Schuppen befindet, als Schutz gegen allzu heftige Winde und Regenfälle. Nur drei Prozent aller Böcke genießen dieses Privileg und dürfen sich zu gegebener Zeit mit weiblichen Schafen vergnügen. Alle übrigen Böcke werden blitzschnell und, wie man sagt, schmerzfrei kastriert. So können sie während ihres ganzen Lebens weiter nichts tun, als Wolle wachsen zu lassen. Wenn man ein gutes Merino-Schaf oder auch ein Corriedale gar nicht schert, erreicht seine Wolle nach etwa fünf Jahren eine Länge oder Dichte bis zu 65 Zentimeter.

Die gute Wolle wird zusammengedrückt, aber nicht zu stark gepreßt. Mit Netzen umwickelt und in riesigen Ballen verpackt, wird sie zum nächsten Hafen befördert. Das geschah in alten Zeiten auf sechsspännigen Leiterwagen über miserable Straßen hinweg und dauerte mitunter wochenlang. Heute geschieht das auf schweren Lastwagen binnen weniger Stunden.

Die Pferde der Peones sind erst gegen Ende des vorigen Jahrhunderts in Feuerland aufgetaucht, abgesehen vielleicht von einigen wenigen stämmigen Rössern, die man schon früher in Punta Arenas und noch etwas früher bei Fuerte Bulnes gebraucht hat.

In ganz Amerika gab es vor dem Eintreffen der Weißen keine Pferde. Aber schon bald wurden sie von den Spaniern über den Atlantik nach Mittelamerika gebracht und haben sich von dort aus allmählich über den ganzen Kontinent verbreitet. Auch die Indianer machten sich beritten, und aus einigen entlaufenen Pferden haben sich ganze Herden wildlebender Mustangs entwickelt. Nur bis nach Alaska hoch im Norden und bis nach Feuerland tief im Süden sind seinerzeit die Pferde nicht vorgedrungen. So blieb den Ureinwohnern der Tierra del Fuego der große Vorteil unbekannt, der sich aus dem Besitz und der Beherrschung der Pferde ergibt. Nur die Tehuelchen in Patagonien entwickelten sich zu einem regelrechten Reitervolk.

Wie der schon erwähnte Naturwissenschaftler aus Hamburg, Dr. Michelsen, schon um 1900 in seinem Tagebuch notiert hat, wirkte der Mittelpunkt der Schafzucht wie eine »Oase im Meer«. Im Umkreis von vielen Meilen war alles auf die Station ausgerichtet. Dort lebte der Eigentümer oder sein Verwalter, dort wohnten die Peones, zum Teil mit ihren Frauen und Kindern. Dort befanden sich auch die Sammellager für die Saisonarbeiter, der Schuppen für die Schur, die Lagerhallen für Vorräte, für Ersatzteile, für Werkzeuge und auch für sehr viele Tonnen mit Petroleum für die Lampen. Aus einem Sammelsurium von Schuppen, Kontoren und sonstigen Schreibstuben bestanden auch die kleinen Estanzias. In den Zentren großer Konzessionen gab es schon ziemlich früh eine Krankenstation mit ausgebildeter Schwester, wohl auch eine kleine Schule und selbstverständlich einen Kaufladen mit Trinkstube daneben. Alles war so genügsam wie nur möglich, denn Reisen zur nächsten Kleinstadt oder Hafen waren äußerst beschwerlich und dauerten lange.

Wasser mußte in der Nähe sein, ein See oder ein natürlicher Bach. Dann wurde ein schmaler, möglichst schnellfließender Kanal ausgehoben, mitunter viele Kilometer weit. Sobald man Windräder zu errichten verstand, haben auch sie geholfen, das notwendige Naß aus dem Boden zu heben. Der Turm mußte so hoch in den Himmel ragen, wie es technisch nur möglich war, dann konnte er bis zu einer Tiefe von 60 bis 70 Metern den Wasserbedarf für Mensch und Tier und Garten besorgen.

Alle Gebäude, und daran hat sich bis heute nur wenig geändert, wurden aus Wellblech zusammengefügt. Dies Material zu transportieren war einfacher und letztlich billiger, als Bretter von einer weitentfernten Sägemühle an Ort und Stelle zu bringen. Der fast täglich fallende Regen und der stets feuchte Wind ließen schon bald das Wellblech rosten. Auch wenn sich die Bewohner bemühten, die rostroten Stellen mit Ölfarbe zu überstreichen, mit grellem Rot in vielen Varianten, es half nur wenig. Die meisten Estanzias boten damals und viele bieten noch heute einen häßlichen Anblick.

Doch fast überall hat man zum Schutz gegen scharfen Wind und Regensturm die Gebäude mit schnellwachsenden, möglichst hochragenden Bäumen umgeben. Aus Gründen der Selbstversorgung wurden Gemüsegärten angelegt und Obstbäume gepflanzt, dazu noch ein Blumengarten und möglichst viele buntblühende Sträucher. Soweit war alles in Ordnung. Aber nicht das Leben nach getaner, keineswegs schwerer und lange dauernder Arbeit. Da blieben nur Bücher und vielleicht noch der Gesang zur Gitarre.

Heute ist das anders. Vorbei ist es mit der Langeweile. Erst kam das Radio mit seiner Reichweite von Santiago bis nach Feuerland. Ungefähr zur gleichen Zeit bekamen die einsam liegenden Gehöfte ihr Telefon. Dann gab es die vielseitige Unterhaltung dank des Fernsehens, am Ende sogar noch in Farben. Außerdem wurde es möglich, sich im Funksprechverkehr drahtlos mit Freunden zu unterhalten. Dazu kamen noch die Platten fürs Grammophon, die billigen Kassetten fürs Tonbandgerät und schließlich noch Video-Kassetten fürs unentbehrliche TV-Vergnügen. Was für uns nicht mehr gewesen ist als eine Verbesserung der Freizeit, bedeutete für jene »Oasen im Meer« eine totale Verwandlung des Daseins.

Vorher hatte man mit anderen, wenig erfreulichen Problemen zu tun, und zwar mit den Schafräubern, Geschöpfe auf zwei Beinen, mit den Ona, stellenweise mit den Jaghanen und Alakalufen. Die Jagd auf Menschen, so schien es, war das Gebot der Gründerjahre, aber nicht so einfach, wie man glauben könnte. Es war mit großen Schwierigkeiten verbunden, wozu auch die Feindschaft der Missionare und Proteste aus Santiago de Chile gehörten. Bis man schließlich die Urmenschen, die einheimischen Herren des Landes, bis auf wenige Exemplare vernichtet hatte, vergingen mehr als 20 Jahre.

Ein tödlicher Irrtum

Als die ersten Menschen am Ende Südamerikas eintrafen, war das Guanaka für sie das wichtigste Tier. Sie gehören zur Familie der Kamele. In Südamerika heißen sie Lamas. Davon gibt es vier eng miteinander verwandte Arten, nämlich die schon relativ früh von den Menschen domestizierten, meist als Tragetiere verwendeten braunroten Lamas und die grau- bis schneeweißen Alpakas. Außerdem die wild lebenden Vicunas, die Träger der feinsten und weichsten Wolle, schließlich die vielverbreiteten Guanakos (Lama guanacoe). Deren Gewicht beträgt im Schnitt 120 Kilogramm. Die Rückenhöhe beträgt 1,20 Meter. Die Körperfarbe ist kaffeebraun bis hellbraun, und gelegentlich ins Weiße übergehend erscheinen Brust und Bauch. Das Tier hat sehr gute Augen, es kann Gefahren schon aus weiter Ferne erkennen, weshalb die Guanako sich gern auf freien Flächen, auf Hügeln und Höhen aufhalten. Jeder Bock bemüht sich um einen Harem, der aus fünf, sechs und noch mehr Geißen besteht. Diese zu erwerben und gegen die Konkurrenz zu halten, ist nur den stärksten Böcken möglich. Alle übrigen, die Junggesellen bleiben müssen, schließen sich zu separaten Gruppen zusammen.

Zwei bis drei Jahre müssen die Guanakos alt werden, bis sie zur Fortpflanzung fähig sind, elf Monate beträgt ungefähr die Tragezeit. In fast allen Fällen erblickt am Ende nur ein Junges die Welt, das sich aber schon nach sechs bis acht Monaten selbständig ernähren kann. Die beschränkte Geburtenzahl läßt vermuten, daß die relativ glücklichen Guanakos jedenfalls in Feuerland keine oder nur wenige natürliche Feinde haben. Demnach kann, besser gesagt konnte die Tierra del Fuego so viele Guanakos vertragen, als Futter für sie vorhanden war.

Charles Darwin hat in der ausführlichen Beschreibung seiner Weltumseglung auf der »Beagle« angenommen, daß auf dem Feuerland viele 10000 Guanako leben. Andere Leute, die länger als nur wenige Wochen dort gewesen sind und das Land wirklich kennen, vertreten die Meinung, daß auf Feuerland und den Nachbarinseln 750000 Guanakos gelebt haben, bevor die Schafe kamen.

Die Guanakos waren »ein gefundenes Fressen« für die über die Magellan-Straße eingewanderten Feuerländer. Gewiß, es gab noch eine Hasenart namens Mara (Dolichotis patagonica), auch das in Höhlen lebende Nagetier Tukutuku (Ctmomy magellanicus fuegina), nicht zu vergessen den etwa anderthalb Meter großen, nicht flugfähigen Laufvogel Nandu. Heute noch anzutreffen ist eine nur 50 bis 60 Zentimeter hohe Hirschart, Pudu genannt (Pudua puli). Im übrigen gab es noch eine ganze Reihe anderer Geschöpfe, allesamt gut eßbar für den Geschmack prähistorischer Indianer. Aber das wichtigste Lebewesen für sie war und blieb das Guanako.

Das hellbraune, langohrige Lama bot ihnen ja nicht nur Nahrung, sondern mit seinem im Rohzustand belassenen Fell auch die Kleidung, mit seinen Knochen das Rohmaterial für fast alle Waffen und Werkzeuge, mit seinen Sehnen das Material für Fischnetze und die Schnüre fürs Angeln. Auch Tragetaschen für Kleinkinder wurden daraus hergestellt, die Beutel für das Fett und die Farbe zum Einschmieren, auch wasserdichte Taschen für Zunder und Feuerstein, um schnell bei jedem Aufenthalt die lebenswichtige Flamme zu entfachen. Um das mit scharfem Blick ausgestattete Guanako zu erbeuten, mußten sich die Landnomaden so nah wie möglich gegen den Wind anschleichen, oft getarnt durch Zweige vor dem Gesicht. Speerwürfe und Pfeilschüsse, oft auch die Boleadora brachten das Opfer zu Fall.

Besonders die Boleadora – drei bis vier durch eine meterlange Leine aus Tiersehnen miteinander verbundene Wurfkugeln – beweist die hohe Intelligenz der Ureinwohner. Sie haben die raffinierte Waffe nicht nur erfunden, sondern auch gelernt, sie mit Geschick zu gebrauchen. Dabei sorgten die Kugeln dafür, daß sich beim Wurf der Sehnenstrick um die Beine oder den Hals des Guanako wickelte. Das Tier brach zusammen, und ohne weiteres konnte der Jäger mit seinem Knochenmesser das Opfer töten. Ein paar Tage war alsdann die Familie mit allem versorgt, was sie zu ihrem Lebensunterhalt brauchte. In wenigen Minuten war der Windschirm aufgerichtet, ein paar Guanako-Felle warf man darüber, gleich knisterte und qualmte das lebensnotwendige Feuer. Die Leute blieben so lange an Ort und Stelle, bis man alles verwertet hatte, was das Guanako den Menschen bieten konnte.

Hoch erfreut waren die Feuerländer, als sie eines Tages ganz andere Guanakos erblickten, von hellgrauer oder weißer Farbe, mit kurzen Ohren, kleiner als Guanakos. Aber dafür war die neue Sorte ganz und gar mit fingerdicker Wolle bedeckt, und wenn man sich diese Felle um die Schulter hängte, die Wollseite nach innen, wurde man wunderbar gewärmt. Das Fleisch der hellfarbenen Tiere schmeckte gut, und kinderleicht waren sie zu erbeuten. Bis auf wenige Schritte ließen diese Geschöpfe den Jäger herankommen. Selbst die sausende Boleadora konnte sie nicht erschrecken. Am Ende aber siegten die Schafe, während von den Landnomaden keiner übrigblieb.

Die große Jagd auf Feuerländer

»Vermutlich wird sich Feuerland als sehr lohnend für die Schafzucht erweisen«, teilte im Sommer 1882 die »Daily News«, eines der auflagenstärksten Blätter Großbritanniens, seinen Lesern mit. »Doch wird es als Kehrseite dieses Planes offenbar notwendig sein, die Feuerländer auszurotten.«

Man muß den Satz zweimal lesen, um die ganze Tragweite zu verstehen. Aus wirtschaftlichen Gründen, um das Einkommen der Schafzüchter zu erhöhen. Deutlicher kann man es kaum sagen, und wie es scheint, hat die Notwendigkeit der Ausrottung keine besondere Empörung, nicht einmal Proteste ausgelöst.

Die Ureinwohner des Feuerlandes, die eigentlichen Herren der Tierra del Fuego, mußten verschwinden zugunsten der Schafe, klarer ausgedrückt, zugunsten der Nutznießer dieser Schafe. Wie Pater Gusinde wörtlich schreibt: »Die gewinnsüchtigen Farmer gingen hemmungslos zu Werke.«

Ähnliches war schon mehrfach geschehen. Gegen Ende des 17. Jahrhunderts hatte man aus ähnlichen Gründen die Beothuks, die indianischen Eingeborenen der Insel Neufundland, restlos beseitigt. Zwischen 1860 und 1870 war dasselbe Schicksal mit den Ureinwohnern der Insel Tasmanien geschehen. Zu diesem Zweck hatte man mehrere 1000 Soldaten eingesetzt und die noch völlig wilde Insel planmäßig durchgekämmt.

In Feuerland war es ein unglückliches Zusammentreffen, daß die Schafzucht begann, als gerade die Goldgräberzeit zu Ende ging. Als sich die »Explotadora« den größten Teil des chilenischen Feuerlandes gesichert hatte, und man schon übersehen konnte, daß sich auf ganz natürliche Weise die Größe der Schafherden alle Jahre nahezu verdoppelte, gab es für die Urmenschen kaum noch eine Hoffnung.

Vielleicht hätten ihnen die verschiedenen Missionen helfen können, wären sie nicht zu spät gekommen. Sie bemühten sich erst seit Mitte des 19. Jahrhunderts ernsthaft, die Eingeborenen für ihren Glauben zu gewinnen und sie vor den brutalen Übergriffen des weißen Gesindels zu schützen. Es war zunächst die Patagonian Mission Society mit ihrer Zentrale in Brighton, England, die sich der Feuerländer annahm. Ihre erste und wichtigste Niederlassung, mit einem anglikanischen Bischof an der Spitze, befand sich auf den Falkland-Inseln, wo niemals Eingeborene gelebt hatten. Deshalb befand sich das Missionsfeld der Gottesmänner gegenüber den Falklands, in Patagonien, gleichermaßen zu Chile und Argentinien gehörend. Dort lebten (und leben in geringen Resten noch immer) die Tehuelchen, weiter im Westen die (noch immer sehr zahlreichen) kriegerischen Araukaner.

Erst nach und nach hat sich die Mission auch Stützpunkte in der Tierra del Fuego geschaffen, als erste, im Jahre 1854, die Mission am Ostufer des Beagle-Kanals. Thomas Bridges war mit nur wenigen Gehilfen der Leiter des Unternehmens, und daraus ist wenige Jahre später die Keimzelle von Ushuaia entstanden, heute die Hauptstadt des argentinischen Teiles von Feuerland. Außenstationen kamen hinzu, meist in Gestalt von Estanzias, die unter Leitung der Missionare den Eingeborenen Schutz, Hilfe sowie Unterweisung im christlichen Glauben boten. Wichtig wurde später die Niederlassung auf der Dawson-Insel, wo sich zeitweise 500 Eingeborene befanden. Die Salesianer, ein katholischer Orden, meist aus Italienern bestehend, faßte um 1880 Fuß in der damals noch winzig kleinen Hauptstadt Punta Arenas, gründete eine weitere Station im Hinterland bei Rio de Oro und noch an verschiedenen anderen Plätzen.

Aber bis sich ihre Bemühungen auswirken konnten, war die planmäßige Verfolgung der Eingeborenen schon weit fortgeschritten. Erst die Goldgräberei, bald danach die Invasion der Schafe hatten vor allem den Ona Tod und Verderben gebracht. Schon waren viele der Ureinwohner dem Alkohol, und zwar dem schlechten Fusel, verfallen. Schon waren viele der eingeborenen Frauen und Mädchen mit Geschlechtskrankheiten angesteckt worden. Die bis dahin noch widerstandsfähigen Landeskinder wurden von eingeschleppten Krankheiten befallen, gegen die ihre Körper keine Abwehrkraft entwickelten. Hinzu kam der planmäßige Mord durch gezielte Menschenjagd, und noch andere schlimmere Mittel wurden zu ihrer Ausrottung angewandt.

Wie viele Eingeborene im Feuerland lebten, bevor das Verhängnis über sie hereinbrach, darüber gehen, wie so oft, die Schätzungen weit auseinander. Am höchsten greift wohl Martin Gusinde, der meint, es hätten ungefähr 5000 Alakalufen und 4000 Jaghanen existiert. Er mochte über die »normale Zahl« der Ona keine Vermutung äußern. Sie lebten viel zu weit verstreut, oft in scheinbar unzugänglichen Regionen des Hinterlandes. Sie bezifferte einige Jahre später der Salesianerpater Agostini fürs Jahr 1888 mit wahrscheinlich 3600. Alle Inseln mitgerechnet, aber nicht Patagonien, darf man schätzen, daß vor Beginn der Ausrottung zwischen 12000 bis 15000 Eingeborene im großen Zeh von Südamerika zu Hause waren. Geht man davon aus, daß die gezielte Vernichtung im Jahre 1884 begonnen hat, so haben 20 bis 25 Jahre genügt, alle drei Völker zu verderben.

Der Steyler-Pater Gusinde, wohl der beste Kenner der feuerländischen Völker in den letzten Jahren vor ihrem Verschwinden, nennt für das Jahr 1924 nur noch die Gesamtzahl von 600 Ona, Alakalufen und Jaghanen zusammen, nicht mehr als fünf Prozent des vorhergehenden Bestandes!

Heute gibt es keinen Ona mehr, von den Alakalufen sind nur drei ältere Frauen übrig, mit Sicherheit nur noch zwei von den Jaghanen.

Alle fünf habe ich 1985/86 besucht und den letzten Ona, einen hinfälligen Greis, 1978 kurz vor seinem Tode gesehen.

»Jetzt muß ich das ekelerregende Bild von der planmäßigen Ausrottung der Ona, dieses prächtigen Indianerstammes, durch gewinnsüchtige Europäer aufrollen«, schreibt Martin Gusinde, der auch Professor am Institut für Völkerkunde in Santiago de Chile war.

Trotz seines geistlichen Standes findet er für die Schuldigen überaus scharfe Worte und nimmt berühmte Gelehrte wie Ernst Haeckel nicht aus, läßt vor allem kein gutes Haar an Charles Darwin. Gerade Darwin hat, nach Gusindes Meinung, durch seine weitverbreiteten Behauptungen, die Feuerländer seien »leibhaftige Affenmenschen« und nicht weit über das Tier hinausgekommen, die Meinung entstehen lassen, sie seien kaum besser als Ungeziefer. Also könne man Gewissensbisse, meint Darwin, wie sie gottesfürchtige Christen empfinden, wenn es um die Massentötung von Menschen geht, bei so minderwertigen Geschöpfen wie den Feuerländern ausschließen.

Martin Gusinde dagegen betont die »hochgewachsenen, kräftigen Gestalten, die vornehmen Gesichtszüge, das sichere Selbstbewußtsein in Gang und Gebärden bei den Ona«. Statt dessen der junge Darwin über die Jaghanen: »Die armen, elenden Geschöpfe waren in ihrem Wachstum verkümmert, ihre häßlichen Gesichter mit Farben beschmiert und ihre Haut war schmutzig und fett, ihre Haare verfilzt, ihre Stimmen mißtönend und ihre Gebärden heftig.«

Mit Empörung weist Gusinde die Behauptung zurück, die Ureinwohner der Tierra del Fuego seien Kannibalen gewesen.

Kurz bevor im August des Jahres 1912 der deutsche Dampfer »Rhodopis« in die Magellan-Straße einlief, schilderte Kapitän Richart, dem schon seit 20 Jahren die Gegend und ihre Bewohner wohlbekannt waren, den Passagieren, darunter auch dem Pater Gusinde, die »hiesigen Eingeborenen als verkommene Lebewesen und widerliche Scheusale, als ein von Alkohol und Geschlechtskrankheiten dahinsiechendes Gesindel«. Eine der mitreisenden Damen fügte hinzu, sie selber habe mit eigenen Augen eine Kannibalenmahlzeit der Feuerländer beobachtet, und andere Passagiere nickten dazu. Bei dieser Einstellung erschien die Jagd, das heißt die Menschenjagd auf Eingeborene als sportliches Unternehmen, als eine Pflichtübung, gewissermaßen als hygienische Maßnahme.

Schon um das Jahr 1883 begann der Massenmord am ältesten Indianervolk in Südamerika. Pater Gusinde schreibt: »Wenn sich die hungernden Eingeborenen der Umzäunung näherten, wurden sie von den Wächtern und Hirten niedergeknallt.« Mag es auch sein, daß die Ona, die Jaghanen und Alakalufen sich an den »weißen Guanakos« vergriffen, weil sie sie für ihre legale Jagdbeute hielten, so haben die Farmer gewiß die Viehdiebstähle maßlos übertrieben, und ebenso, daß sie in ihrer persönlichen Sicherheit bedroht worden wären. Dabei war die Zahl der Schafe schon in den ersten Jahren so groß geworden, daß man die von den Indianern geraubten Tiere ohne weiteres verschmerzen konnte. Wie die Statistik der Zeit beweist, hat sich der Bestand an Schafen alle Jahre wieder um 50 bis 80 Prozent vermehrt.

In meinem Buch über Kalifornien habe ich auf Grund zeitgenössischer Unterlagen berichtet, daß es noch bis in die zweite Hälfte des vergangenen Jahrhunderts jedem Menschen, auch den Indianern, Wanderburschen und Landstreichern gestattet war, sich zur eigenen Ernährung und Bekleidung aus dem Schafbestand des Farmers zu versorgen. Die Besitzer nahmen daran keinen Anstoß.

Wie schon öfter erwähnt, besaßen die Eingeborenen keine Waffen, die man gegen Menschen anwenden konnte, erst recht hatten sie keine Schußwaffen und verstanden auch nicht damit umzugehen. Wie sich jedoch aus den sorgfältigen Abrechnungen der großen Estancieros ergibt, so zum Beispiel aus den Archiven des Mauricio Braun, haben sich die Schafzüchter alle Jahre aufs neue mit Schußwaffen und Munition versorgt. Da sie mit Raubtieren kaum etwas zu tun hatten, waren diese Waffen in erster Linie zum Abschuß von Menschen bestimmt.

Eigens zu diesem Zweck wurden Killer besoldet, in den meisten Fällen ein Oberkiller mit sechs bis sieben Mordgehilfen. Viele von ihnen waren Berufsverbrecher aus den großen Städten in Chile und Argentinien. Hinzu kamen erfolglose Goldgräber oder entlaufene Sträflinge. Einzelne Pächter setzten Kopfpreise aus, um den Eifer der Menschenjäger anzufeuern. Aus zahlreichen Quellen geht hervor, daß zunächst von den Schafzüchtern ein Pfund Sterling pro Abschuß bezahlt wurde. Zum Beweis dieser Leistung mußte der Killer die beiden Ohren seines Opfers vorzeigen. Weil es aber vorgekommen sein soll, daß die Ohren von einem Mann stammten, der sie freiwillig für ein paar Flaschen Fusel verkauft hatte, verlangten die Auftraggeber bald die Ablieferung des ganzen Kopfes.

Der Italiener Ardemagni berichtet: »Als bald den Schafzüchtern bekannt wurde, daß vom Londoner Anthropologischen Museum bis zu acht Pfund Sterling pro feuerländischen Schädel zu haben waren, stellte man sich um. Es genügte schon das Köpfchen eines Kindes oder Schädel von Frauen und alten Leuten, um ans Blutgeld zu kommen. Regelrechte Treibjagden wurden veranstaltet, auch in weitentlegenen Siedlungen. Die Menschenjäger benügten sich nicht allein mit Suchhunden, sie verwendeten auch Bluthunde, die flüchtige Indianer festhielten, bis der Mörder seines Amtes walten konnte.«

Der amerikanische Reisende und Polarforscher Dr. F. A. Cook – jener unglückliche Mann, der vermutlich vor Robert Edwin Peary als erster den Nordpol erreicht hatte, jedoch von seinem skrupellosen Widersacher ins Gefängnis getrieben wurde – hat sich über die angeblichen Viehdiebstähle in Feuerland wie folgt geäußert: »Die vielen 1000, die 10 000 und noch mehr weißer Guanakos, welche friedlich auf den indianischen Jagdgründen grasen, sind Anblicke von unwiderstehlicher Versuchung, wenn die Ureinwohner hungrig von den eiskalten Waldgebirgen herabblicken auf die Ebene, wo sie früher gewohnt waren, die Guanakos zu jagen. Soll man sie Diebe nennen, wenn ihre Weiber und Kinder an Hunger leiden und sie deshalb mutig hinabsteigen, um sich zu nehmen, was ja noch das Produkt ihres eigenen Landes ist? Aber die Winchester-Büchsen der Schafzüchter werden gegen die Halbnackten, die wehrlosen Wilden abgefeuert!«

Noch schlimmeres ist geschehen: Kinderjagd mit eigens dafür abgerichteten Bluthunden. Sie sprangen den Kleinen an die Kehle und bissen sie durch. Acht bis zehn Pfund erbrachte auch der auf solche Weise erbeutete Kinderkopf!

»War es gelungen«, schreibt Pater Gusinde, »Indianerkinder einzufangen, impfte man ihnen Krankheitskeime ein und ließ sie in die Wälder zurücklaufen, damit sie ihre Familiensippen verseuchten.«

Damit noch immer nicht genug, hat man mit Strychnin vergiftetes Schaffleisch an leicht auffindbare Stellen als Köder ausgelegt. Das haben nicht nur die anglikanischen Missionen und die Salesianer berichtet, ebenso der deutsch-schwedische Naturforscher Hultkranz, der von »Massenvergiftungen mit Strychnin« berichtet. Auch der deutsche Reisende Benignus bestätigt: »Selbst das todbringende Strychnin wurde zum Bundesgenossen dieser traurigen Kulturbestien!«

Es sind auch Namen überliefert, und wer sich mit den wohlerhaltenen Archiven der großen Companias beschäftigt, die besser ungenannt bleiben, weil ja Nachkommen der großen Schafzüchter noch leben, kann gelegentlich die Anzahl der Opfer berechnen. Sie ergibt sich ganz einfach aus den Kopfpreisen.

Da ist häufig von einem der erfolgreichsten Indianerjäger, von einem Schotten namens McLennon, die Rede, der später zum Verwalter einer der großen Estanzias an der Bahía Inútil aufgestiegen ist. Sein Grab ist heute noch mit vollem Namen und Blumenschmuck auf dem Friedhof in Punta Arenas zu sehen. Für ihn war die Menschenjagd ein ebenso aufregender Sport wie ein gutes Geschäft. 412 englische Pfund konnte McLennon einstreichen, für damalige Zeit ein beachtliches Vermögen. Falls die Zeit noch nicht gekommen war, die Beutestücke ans Londoner Musum zu schicken, dann bedeuten 412 Pfund den gezielten Mord an 412 Feuerländern. Noch schlimmer trieb es der Engländer Sam Ischlop. Dazu Martin Gusinde: »Dieser Unmensch hatte eine widerwärtige Lust daran, solche Indianer, die lebend in seine Gewalt fielen, auf ekelhafte Weise zu mißbrauchen und die Leichen zu schänden.«

Zur ungefähr gleichen Zeit betritt aufs neue ein Mann die feuerländische Bühne, von dem wir längere Zeit nichts mehr gehört haben, Julio Popper.

Was ihn veranlaßte, wieder auf den Plan zu treten nach seiner Vertreibung aus der Tierra del Fuego, ist schwer zu begreifen. Auch ihm hatten die Schafe geschadet und seine Herrschaft zugrunde gerichtet. Mit den Estancieros und ihren Peones waren mehr Fremde ins Land gekommen als jemals zuvor, und, was sich für den Rumänen weit schlimmer auswirkte, sie hatten ein Recht darauf, sich in Feuerland auszubreiten. Das Ende seiner Willkürherrschaft war vorauszusehen. Die Schafzüchter hatten ihre Konzessionen, ihre mit Stempel und Amtssiegeln versehenen Dokumente gaben ihnen Rückendeckung. Hinter ihnen stand, wenn auch weit entfernt, die Regierung der Chilenischen Republik. Also konnte Popper keinesfalls mehr behaupten, daß seine Ansprüche vom chilenischen Militär verteidigt würden. All jene Goldgräber, die bisher auf sein Kommando gehört hatten, machten den faulen Zauber nicht mehr mit. Die Abgaben an ihn hörten auf, seine Privatpolizei lief auseinander, und der bisher so lukrative Zwischenhandel entglitt seinen Händen.

Als der frühere Diktator des Landes eine Versammlung nach Porvenir einberief, wobei er wieder große Versprechungen machte, andererseits gegen alle, die ihm widersprachen, heftige Drohungen ausstieß, wurde er durch lautstarke Proteste und Steinwürfe buchstäblich vom Platz getrieben. Binnen wenigen Minuten war es vorbei mit seinem »Reich der Goldgräber«.

Er verließ Feuerland so rasch wie möglich, um ein Jahr in Buenos Aires und ein weiteres in Santiago de Chile zu verbringen. Aber entweder hatte er sein Vermögen falsch angelegt, oder die Versuchung in Spielhöllen und Bordellen war zu groß gewesen. Ebenso ist es denkbar, daß der ewig ruhelose Mann nicht ohne Abenteuer sein konnte, je krimineller, desto besser. In dieser Hinsicht hatte ihm die Tierra del Fuego neue Möglichkeiten zu bieten. Einen so gründlichen Landeskenner, einen so energischen, von keinerlei Skrupel gehemmten Mann konnten die Schafzüchter gut brauchen.

Popper organisierte, was nötig war, formierte aus ihm schon lang bekannten Leuten eine Gruppe, die gut verstand, auch längere Zeit hindurch ohne nahe gelegenen Stützpunkt zu operieren. Jedem Wetter konnten sie widerstehen und waren gut imstande, die verborgenen Schlupfwinkel der Ureinwohner aufzuspüren. So konnte Popper mit seinen Mordgesellen riesige, von den Ona bejagte Gebiete als Weideflächen für Zehntausende von Schafen freimachen. Wer nicht glauben möchte, wie brutal Julio Popper vorging, dem beweisen fotografische Dokumente, wie er dabei vorging. Popper selbst, ein ebenso leidenschaftlicher wie kenntnisreicher Fotograf, hatte schon vorher in zahlreichen, gestochen scharfen Aufnahmen die Goldgräberzeit verewigt. Entweder hat er selber, vielleicht mit Hilfe der neumodischen Selbstauslöser, die Schandtaten des Indianermordens dokumentiert, oder er hat einen seiner Mordgesellen dazu veranlaßt. Im Salesianermuseum wird ein solches Foto aufbewahrt. Man sieht Julio Popper, die eben abgefeuerte Waffe in der Hand, neben seiner Jagdbeute, einem nackten, gerade abgeschossenen Indianer. Schon ist sein Blick wieder geradeaus gerichtet, wo er wohl noch andere Ziele erkennt.

Julio Popper, ehemals Goldgräber und Chef jener Menschenjäger, die von einigen Schafbaronen zur Vernichtung der feuerländischen Urmenschen eingesetzt und besoldet wurden. Dieses Foto, um das Jahr 1890 entstanden, befindet sich im Salesianer-Museum in Punta Arenas. Man sieht Popper mit dem Gewehr in der Hand neben einem abgeschossenen, unbekleideten Ona. Er und seine Begleiter sind im Begriff, weitere Urmenschen ins Jenseits zu befördern.

Weil alles ganz offen geschah, weil sich weder die Auftraggeber, noch die Schreibtischtäter und Mordgesellen bemühten, ihre Schandtaten zu verheimlichen, weil auch Besucher dabei Zeugen waren, konnte nicht ausbleiben, daß die grausame Art, wie man das feuerländische Weideland für die Schafe freimachte, den chilenischen und argentinischen Behörden zur Kenntnis gelangte. Auch in der europäischen und nordamerikanischen Presse erschienen Berichte und empörte Zuschriften. Natürlich hatten auch schon seit langem die Missionen und andere in Feuerland lebende Menschen mit allen ihnen zur Verfügung stehenden Möglichkeiten dagegen protestiert.

Als schließlich auch die Erzbischöfe in Buenos Aires und Santiago de Chile ihre Stimmen erhoben, mußte sich die Regierung rühren. Sie forderte Berichte an und schickte Beobachter nach Feuerland. Manuel Senoret, chilenischer Gouverneur in Punta Arenas, zugleich für die gesamte Provinz Magallanes zuständig, versuchte es mit Ausflüchten. Die Estancieros fühlten sich bedroht von den Wilden, ja sie könnten gar nicht anders, als ihre Herden gegen die zunehmenden Viehdiebstähle zu schützen. Die Schafzüchter handelten in Notwehr, selbst Leute wie Julio Popper wären unentbehrlich. Letzlich hatte die Lobby der Estancieros größeren Einfluß als die Missionare. Wichtiger als humanitäre Bedenken waren die steigenden Gewinne.

Schließlich aber mußte etwas geschehen. Die Proteste, vor allem die der Salesianer und der Anglikaner, konnte man nicht mehr überhören. Sie hatten eine Reihe von britischen, französischen und amerikanischen Blättern für sich gewonnen. Um möglichst beiden Teilen gerecht zu werden, den Estancieros und den Feuerländern, verfiel man auf die Einrichtung von Reservaten. Ein ähnliches System hatte man schon in den Vereinigten Staaten angewandt, die Einweisung der Indianer in bestimmte Territorien, die jedoch nur selten ausreichten, um die verschickten Stämme zu ernähren. Gerade Jäger und Jagdvölker brauchen ja sehr weite Gebiete, wenn es darum geht, sich in der Hauptsache von Wild zu ernähren.

Was daraufhin in der Tierra del Fuego geschah, war nicht nur eine Grausamkeit sondergleichen, abgrundtiefe Dummheit führte das Verderben noch schneller herbei. Estancieros, Peones und natürlich die schon bewährten Menschenjäger schlossen sich zusammen. Es sollten möglichst viele Indios binnen wenigen Tagen gefangen werden. Man folgte den Fährten mit Suchhunden, spürte die Nachtlager einiger Familien auf und fiel bei Morgengrauen über sie her. Wer versuchte, Widerstand zu leisten oder davonzulaufen, wurde erschossen. Die übrigen trieb man unter scharfer Bewachung meist mit gefesselten Händen zur nächsten Estanzia oder nach Punta Arenas, wenn es nicht zu weit war. Schließlich endeten die meisten von ihnen auf der Dawson-Insel. Dort hatten die Salesianer eine Station aufgebaut und mit bescheidenen Mitteln eingerichtet, um die Verschleppten zu betreuen, zu beschützen und so weit wie möglich zu versorgen.

Wie der Deutsche Benignus berichtet, wurden regelrechte Kesseltreiben veranstaltet. Dann hielt man die Gefangenen, sei es auf einer Estanzia, sei es in Punta Arenas, erst einmal für einige Zeit hinter Gittern, natürlich scharf bewacht. Ein anderer Besucher aus jener Zeit, der Italiener Beauvoir, hat aufgezeichnet, daß Indianerjäger »allein auf der Farm Bahía Inútil etwa 300 Eingeborene zur Verschleppung nach der Insel Dawson bereit hielten«. Wie Schlachtvieh hielt man sie hinter einem Drahtzaun oder Holzverschlag. Gelegentlich versteigerte man Erwachsene oder Jugendliche wie auf einem Sklavenmarkt, und wer sie erwarb, nahm sie zur freien Verwendung in sein Haus. Die Zahl dieser Unglücklichen läßt sich nicht annähernd abschätzen. Der Nordamerikaner F. A. Cook spricht von »vielen Kindern«, die gleich wehrlosen Tieren aus ihrer Heimat weggeführt wurden und ihre Angehörigen nie wiedersahen.

Lassen wir Martin Gusinde nochmals zu Worte kommen: »Eine widerliche Erscheinung im Vernichtungskampfe gegen das gesunde, sittlich hochstehende Ona-Volk bleibt für immer die schamlose Vergewaltigung vieler Indianerinnen, die von ihren europäischen Sklavenhaltern zu den verderbtesten Liederlichkeiten gezwungen wurden.« Das bestätigt auch der Polarforscher D. F. A. Cook: »Es ist ein schreiendes Unrecht der christlichen Zivilisation, daß Rote Männer im fernsten Süden ihr Leben opfern müssen, um die Ehre ihrer Frauen gegen die herzlosen Bleichgesichter zu schützen.«

Auf bestimmten Bildern ist deutlich zu sehen, daß die Mehrzahl der Gefangenen Frauen und Kinder und alte Leute sind. Man hatte wohl die meisten Männer erschossen, weil die Verschleppung der Frauen, Kinder und Greise einfacher war. Sie machten so gut wie niemals den Versuch, ihrem Schicksal zu entgehen. Auch ihnen war der baldige Tod gewiß, selbst wenn sie auf der Dawson-Insel Zuflucht fanden.

Sosehr ihnen die wohlmeinenden Missionare helfen wollten, sie taten genau das Falsche. Nie zuvor hatten Feuerländer mit relativ vielen Menschen auf engem Raum zusammengelebt. Nicht nur fehlte ihnen der weite, fast grenzenlose Raum ihrer Jagdgebiete, die neue, ihnen aufgezwungene Art zu leben widersprach ganz und gar ihrer Mentalität. Schlimmer noch, die fremden, aus weiter Ferne ins Feuerland eingeschleppten Krankheiten, denen sie hilflos ausgeliefert waren, verbreiteten sich nun noch schneller. Die Ansteckung war gewissermaßen vorprogrammiert, was die wohlmeinenden Missionare viel zu spät begriffen haben. Was ebenfalls die christlichen Betreuer nicht wußten, was sie bis zum Untergang der Eingeborenen nicht richtig erkannten, war, wie ungeeignet die europäische Kleidung war. Sie stammte aus den üblichen Sammlungen für »arme Neger«, wie sie damals und teilweise heute noch in wohlhabenden Ländern veranstaltet werden. In jenen Zeiten handelte es sich durchweg um armseliges, abgetragenes Zeug, nicht besser als Fetzen. Weil die Feuerländer seit undenklichen Zeiten allein an ihre Guanako-Felle gewohnt waren, die man sich nur lose um die Schultern hängte, waren ihre widerstandsfähigen, an Kälte gewohnten Körper von freizirkulierender Luft umgeben. Nicht so bei den Jacken, Hosen, Mänteln und Strümpfen, die sie in den Missionen bekamen. Weil die Feuerländer niemals ihre Kleider wechselten und diese bei dem ewig feuchten Klima nur selten trocken wurden, mußten sie zwangsläufig krank werden und hatten nur wenig Hoffnung, sich jemals zu erholen.

Als Martin Gusinde im Sommer 1912, aus Hamburg kommend, in Feuerland eintraf, konnte er zunächst keine Eingeborenen entdecken, die nach wie vor entsprechend ihrer alten Art lebten. Aber zu jedem Schiff, das die Magellan-Straße passierte – und vor Eröffnung des Panama-Kanals im Jahre 1914 waren es noch viele Schiffe – paddelten ein paar Überlebende. Die Leute trugen zerfetzte Kleider, starrten vor Schmutz, rochen übel und kamen bettelnd an Bord. Wer wollte, konnte sie fotografieren. Etwas zu essen wünschten sich die armseligen Gestalten, noch dringender verlangten sie nach möglichst scharfem Alkohol. Aber Gusinde, nicht nur ein Geistlicher, sondern auch Völkerkundler, wußte oder ahnte, daß es noch andere, weit abseits lebende Gruppen gab, bei denen sich die überlieferte Lebensweise und ihr Glauben erhalten hatten. Seine Aufgabe war es, und viel Zeit blieb ihm dafür nicht mehr, die letzten echten Feuerländer zu finden, ihr Vertrauen zu gewinnen und mit ihnen zu leben. Doch leider mußte er zunächst seinen Posten in Santiago antreten, als Leiter der völkerkundlichen Sektion am Nationalmuseum. Bis er schließlich mit seiner Arbeit in Feuerland beginnen konnte, bis er dort einige Gruppen unverfälschter Indios entdecken konnte, vergingen trotz seines Drängens fünf volle Jahre.

Feldforschung

Ein Pater aus dem Saarland wird Schamane in Feuerland

Er war ein vielseitiger Mann, der 1886 in Breslau geborene Martin Gusinde. Ordenspriester der Steyler Mission ist er gewesen, die auch Gesellschaft des Göttlichen Wortes genannt wird, lateinisch Societas Verbi Divini, für Eingeweihte SVD abgekürzt. Die rund 5000 Mitglieder des 1865 in den Niederlanden gegründeten Ordens widmeten sich sowohl der Inneren wie Äußeren Mission. Das Zentrum der deutschen Sektion war und ist noch heute St. Augustin bei St. Wendel im Saarland.

Im Rahmen der Steyler Mission hat Martin Gusinde schon bald nach der Priesterweihe seine spezielle Begabung für die Ethnologie und Anthropologie entdeckt. Der spätere Professor und zweimalige Doktor widmete sich besonders der amerikanischen Völkerkunde, selbstverständlich mit Genehmigung und Förderung seines Ordens und ganz im Sinne der katholischen Kirche. Noch jung an Jahren wurde er 1913 Leiter der Abteilung für Völkerkunde am Staatsmuseum in Santiago de Chile und war dort auch Lehrer an der deutschen Schule. Damit unterstand er dem Kultusminister der chilenischen Republik und war den Staatsbeamten gleichgestellt.

Seine Aufgabe war es, die Kultur der Eingeborenen zu erforschen, jener Völker, die vor dem Erscheinen der Spanier den später chilenischen Teil Südamerikas bewohnt hatten. Der Staat wollte ihre Entwicklung fördern und ihre Kultur erhalten, soweit es sich mit den neuen Zeiten vereinbaren ließ. Zunächst aber mußte man zu diesem Zweck Kenntnisse von der Kultur dieser Völker sammeln.

Sicher war Martin Gusinde dafür der richtige Mann, gerade auch als Priester, weil ihn keine Familienbande, keine häuslichen Pflichten fesselten. Auch von persönlichen Sorgen war er befreit. Er war gesund, sportlich trainiert, und seine Fähigkeit, auch abseits der Zivilisation in Wind, Wetter und Wildnis zu leben, hat ihn geradezu prädestiniert für die Feldforschung.

Gewiß waren Studierstuben nicht zu vermeiden, die großen Büchereien mit Nachschlagewerken und der Erfahrungsaustausch mit anderen Forschern. Aber seine in weit entfernten Gebieten lebenden Studienobjekte, die Menschen selbst, mußte Gusinde aufsuchen und dort gründlich kennenlernen, wo sie seit vielen tausend Jahren zu Hause waren. Gerade dafür hat er im Laufe der Zeit seine eigenen, höchst erfolgreichen Methoden entwickelt. Gusindes Art der Feldforschung war relativ neu. Bis dahin hatten sich auch die Völkerkundler weitgehend auf die Berichte der Reisenden verlassen, denen oft die Sachkenntnis fehlte. Nun nahmen die Feldforscher in eigener Person all die Strapazen und Risiken auf sich, um an Ort und Stelle in möglichst enger Gemeinschaft mit naturnahen Völkern deren Kultur verstehen zu lernen. Wie Gusinde selbst in seinen Büchern sagt, hatte die Vorsehung ihn dafür mit besonderen Fähigkeiten ausgestattet. Da war einmal die phänomenale Begabung, die Eingeborenensprachen rasch zu erlernen, außerdem sein vermutlich angeborenes Geschick im Umgang mit Menschen, besonders mit solchen, die sich noch am Anfang der menschlichen Entwicklung befanden.

Als erstes schickte ihn seine vorgesetzte Behörde, das Kultusministerium, zu den Araukanern, zu jenen zahlenmäßig heute noch starken und weitgehend in seinem Brauchtum beharrenden Volk am südlichen Westhang der Anden. Die Araukaner waren das kriegerischste Indianervolk Südamerikas gewesen, und trotz größter Anstrengungen war es weder den Inka noch den Spaniern gelungen, sie zu unterwerfen. Ebensowenig konnte das chilenische Militär ihren Widerstand brechen. Endlich war nach heftigen Kämpfen in den siebziger und achtziger Jahren des vergangenen Jahrhunderts ein »modus vivendi« entstanden, eine von beiderseitigem Mißtrauen geprägte neutrale Haltung zwischen der Regierung und den Araukanern.

Schon bald gelang es dem ruhig auftretenden Gusinde, gutes Einvernehmen mit dem Bergvolk herzustellen. Weil er stets Zivilkleidung trug, ähnlich einem Bergsteiger, Jäger oder Naturforscher, hat man in dem Wanderer nicht den Geistlichen erkannt. Es vergingen nur wenige Monate, da war dem Völkerkundler schon klar, daß für die Araukaner keine Gefahr bestand, ihr Brauchtum zu verlieren. Auch an ihrer Sprache hielten sie fest, und die Volkszahl ging nicht zurück, sondern vermehrte sich noch.

Aber bei ihnen hörte der Forscher vom Schicksal der Feuerländer, die allem Anschein nach zum Verschwinden verurteilt waren. Die Nachricht von der planmäßigen, schon weit fortgeschrittenen Ausrottung dieser Urmenschen in Chiles Süden gelangte weit nach Norden hinauf. Die damals vor der Eröffnung des Panama-Kanals sehr rege Schiffahrt durch die Magellan-Straße sorgte für die Verbreitung der Nachricht.

Pater Gusinde eilte nach Santiago und bat um seine Entsendung nach Feuerland. Wie stets, und das verdient hervorgehoben zu werden, verhielten sich die chilenischen Behörden ebenso vernünftig wie wohlwollend. Anderthalb Jahre Zeit wurden ihm fürs erste bewilligt, dazu die notwendige Ausrüstung und Geldmittel, allerdings nur eine bescheidene Summe. Statt dessen aber, was vielleicht noch wichtiger war, erhielt Gusinde die volle Unterstützung der chilenischen Marine. Es gehört zu den Aufgaben der Seestreitkräfte, in regelmäßigen Abständen auch die kleinsten und entferntesten Punkte zu besuchen, wo sich ein paar Menschen aufhalten.

Natürlich fehlte es nicht an Warnungen sogenannter Landeskenner. Er begebe sich zu Menschenfressern, wurde dem Pater versichert, zu affenähnlichen Geschöpfen, zu ruhelos herumstreifenden Schafdieben, zu nackten Wilden, die sich im kalten Wasser am wohlsten fühlen! Um so dringender, meinte Gusinde, war die Feldforschung gerade bei diesen Menschen. Nichts war von ihrem Geistesleben bekannt. Darum hatten sich selbst die Missionare kaum gekümmert. Ihnen, sowohl den Angehörigen der englischen Hochkirche, wie den Katholiken des Salesianer Ordens, kam es in erster Linie darauf an, die so bittere Not leidenden Heiden für den Christenglauben zu gewinnen. Was die Urmenschen selber dachten und glaubten, war keines gründlichen Studiums wert. Dabei handelte es sich, wie Gusinde schon bald erkannte, um die ältesten, die nach ihrer Lebensart noch am tiefsten in der Urzeit steckenden Völker von Amerika.

Am 19. Januar 1919 erreichte Gusinde nach einer sehr langen und, wie er schreibt, langweiligen Dampferfahrt durch die südchilenische Inselwelt Punta Arenas. Seitdem er die windige Hafenstadt das letzte Mal gesehen hatte, vor nunmehr sechs Jahren, war es dort recht still geworden, und demzufolge ließ neuerdings die Wirtschaft viel zu wünschen übrig. Grund dafür war die Eröffnung des Panama-Kanals im Jahre 1914. Seitdem wurden fast alle Häfen an der amerikanischen Westküste durch den Kanal viel schneller und trotz der Kanalgebüh-

Pater Martin Gusinde SVD, Universitätsprofessor, Prof. h. c. und Dr. phil., Mitglied des Anthropos-Instituts der Gesellschaft vom Heiligen Worte Gottes (Orden der Steyler Mission). Die Aufnahme zeigt den Erforscher der feuerländischen Urmenschen in seinem letzten Lebensjahr. Die Liste seiner wissenschaftlichen Publikationen in verschiedenen Sprachen umfaßt 15 Druckseiten. Gusinde wurde geboren am 29. 10. 1886 und verstarb am 18. 10. 1969.

ren auch billiger bedient als zuvor. Allein die Schafzucht, der Export von rund 10000 Tonnen Wolle pro Jahr, hielt Punta Arenas sowie die anderen Siedlungen am Leben.

Der Forscher hielt sich nicht lange auf, reiste weiter über Porvenir zum Rio Grande. Dort befand sich, etwa 14 Kilometer entfernt vom Hafen, eine Mission des Salesianer-Ordens, wo einige Dutzend der überlebenden Ona Zuflucht gesucht und gefunden hatten. Sie wurden versorgt und soweit wie möglich in die Anfangsgründe des christlichen Glaubens eingeführt. Damit jedoch hatten sich die Schützlinge der Mission von ihrem eigentlichen Leben schon seit langem weit entfernt.

»Eine Handvoll habgieriger Europäer versteifte sich darauf«, schreibt Gusinde in seinem Tagebuch, »sich in den ureigenen Jagdgebieten der Eingeborenen breitzumachen, um schnell zusammengerafften Reichtum zu gewinnen.«

Dagegen war nichts mehr zu machen, das Rad der Entwicklung konnte auch der Feldforscher, auch ein Priester wie Martin Gusinde, nicht mehr zurückdrehen. Er wollte und mußte statt dessen retten, was noch möglich war. Alles kam darauf an, noch solche Urmenschen zu finden, die sich ihre Lebensart erhalten hatten. Seines Erachtens gab es noch eine solche Gruppe bei den Ona, die Gusinde stets mit ihrem anderen Namen, Selknam, nennt.

Aber auch die ihrer alten Lebensweise entfremdeten Urmenschen in der Salesianer-Mission am Rio Grande konnten ihm noch vieles bieten. Gusinde lernte die Sprache, außerdem lernte er die bei den Ona üblichen Umgangsformen. Gerade das war nicht einfach, denn auch ihm gegenüber waren sie scheu, zurückhaltend, mißtrauisch. Bei der Sprache halfen ihm die Salesianer, es gab auch einige Lehrbücher. Nur hatte der Forscher nicht für möglich gehalten, daß der Wortschatz eines so ursprünglichen Volkes derart groß sein konnte. Da gab es ein Wörterbuch, eine Zusammenstellung des anglikanischen Missionars Thomas Bridges, das mehr als 3500 Vokabeln enthielt. In manchen Feuerland-Büchern ist sogar von 35000 Vokabeln die Rede.

So weit es die Verhältnisse in der Mission erlaubten, lebte Gusinde in Gemeinschaft mit den Ona. So lernte er am raschesten ihre Umgangssprache und die Umgangsformen der Ona untereinander.

Zunächst hielten sich die Urmenschen zurück und bewahrten Reserve gegenüber dem weißen Mann. All ihr Unglück war von seinesgleichen gekommen. Wie aber jeder weiß, der intensiv mit fremden Völkern zu tun hat, besonders mit naturnahen Völkern, führt der Weg zu ihrem Wohlwollen, schließlich auch zu ihrem Herzen, über ihre Kinder. Martin Gusinde muß ein überaus begabter Psychologe und ein herzensguter Mensch gewesen sein. Er spielte mit den Kleinen stunden- und tagelang, er machte all ihren Unfug mit, kroch mit ihnen durchs Gestrüpp und lief meilenweit mit ihnen durch die meist windige, feuchtkalte Umgebung. Er bastelte Spielzeug, ließ Kieselsteine übers Wasser hüpfen und war auch lieb zu den kleinen neugeborenen Hunden.

So kam es, wie es sich Gusinde gewünscht hatte. Er wurde in den Kreis der Erwachsenen aufgenommen. Sie redeten mit ihm und zeigten dem Fremden, dem »Koliót«, wie sich ein wohlerzogener Mensch zu benehmen hat, wie man sich anredet und begrüßt. Da gab es bestimmte Handbewegungen, die man vermeiden mußte, andere, die eine positive Bedeutung hatten. Dies war der Ehrenplatz für den ältesten Mann der Familie, dort gehörten die Kinder hin. Jeder Mann, jede Frau, auch die alten Leute hatten bestimmte Aufgaben zu erfüllen. Selbst die Hunde wußten um ihre Pflichten, nämlich die Fährten zu suchen und die Opfer festzuhalten. Der Schwiegersohn redete nur wenige Worte mit seinen Schwiegereltern, und wenn er neben ihnen saß, wandte er sich ab. Ebenso verhielt sich die Schwiegertochter gegenüber den Schwiegereltern.

Gusinde ging mit ihnen auf die Jagd, dort, wo Guanakos zu finden waren. Auch er warf den Speer, die Boleadora und zerwirkte die Beute. Er verzehrte das nur leicht auf glühenden Holzkohlen angebratene Fleisch, aß natürlich mit der Hand und mit dem lauten Schmatz, der als Gebot der Höflichkeit angesehen wurde.

So konnte schließlich der geduldige Forscher von seinen Freunden erfahren, daß es in den Bergwäldern östlich des großen, lang gestreckten Fagnano-Sees andere Ona gab, die noch so lebten wie ihre Vorfahren. Eine Zahl konnte man ihm nicht nennen, sondern nur die

Finger beider Hände mehrere Male ausstrecken. Das hatte »sehr viel« zu bedeuten, in Ziffern ausgedrückt mochten es 20 bis 200 sein. Wirklich zählen konnten die Ona nur bis fünf.

Am Ostufer der fast 100 Kilometer langen Wasserfläche, wußte Pater Gusinde von den Salesianern, befand sich eine Station der Patagonian Mission Society, ein Ableger der schon länger bestehenden und bedeutend größeren Mission in Ushuaia. Thomas Bridges war der Leiter beider Missionen, ein Angehöriger der englischen Hochkirche, der aber noch viele andere, auch wissenschaftliche Interessen hatte. Im übrigen betrieb Bridges eine Schafzucht, die einzige in weitem Umkreis, weil sich das Gelände wenig für Schafe eignete.

Viamonte war der Name dieser Farm. Sie diente als Zuflucht für solche Ona, die nicht mehr alle Gefahren des Lebens in der Wildnis auf sich nehmen wollten. Sie wurden gelegentlich für Arbeiten auf der Farm, besonders fürs Scheren der Schafe, angeheuert. Im übrigen sorgte sich der Salesianerpater Juan Zenone um ihre Versorgung, auch um ihr Seelenheil. Der anglikanische Missionar hatte dem katholischen Geistlichen ein Gebäude als Schul- und Wohnhaus zur Verfügung gestellt, woraus zu ersehen ist, daß sich die Herren trotz ihrer verschiedenen Konfession nicht nur gut vertragen, sondern auch vertrauensvoll zusammengearbeitet haben.

Das alles erfuhr Gusinde von seinen Gastgebern, den Salesianern in Rio Grande. Diese Ona am Fagnano-See wollte er kennenlernen. Nur von einem etwa vierzehnjährigen Jungen begleitet begab er sich auf den weiten beschwerlichen Weg vom Rio Grande zur Farm Viamonte. Es ging durch Steppen im scharfen Wind, über wippende Hochmoore, Sümpfe, Schluchten und wildzerzauste Wälder. Keine Gegend für Schafe und Schafzucht, deshalb noch einsam und naturbelassen wie stets. Eine Reise im harten, patagonischen Sattel, wobei Gusinde ein Handpferd mit Gepäck hinter sich herzog.

So überraschend er aus wallendem Nebel und dunklen Wolken bei der Familie Bridges auftauchte, so herzlich und gastfrei war der Empfang. Gerne war der anglikanische Missionar bereit, dem katholischen Geistlichen die Wege zu ebnen. Sie führten, wie sich denken läßt, über »seine Ona«, die bei ihm lebenden und zuweilen für ihn arbeitenden Feuerländer. Sie hatten Verbindung zu den »Waldmenschen«, die sich bisher keinem Weißen gezeigt hatten.

Gusinde gelangte zu ihnen, auf steilen und schlüpfrigen Pfaden, durchs Gestrüpp halbdunkler Wälder. Nicht die alten Lebensräume der Ona waren es, sondern ihr Rückzugsgebiet, das den habgierigen Weißen keinen Nutzen versprach. Der Forscher kam alleine, nur geführt von einem jungen Feuerländer, der zur Farm gehörte. Das Erstaunen der Ona war grenzenlos, als dieser »Koliót« bei ihnen auftauchte. Noch größer aber war die Verblüffung, daß er wie ein echter Ona redete und sein Verhalten ihrem Anstand entsprach.

Gusinde selber wunderte sich über ihre Aussprache. Sie knallten mit Kehllauten, wenn auch Worte und Satzbildung die gleichen waren wie am Rio Grande. So hatte es in früherer Zeit vermutlich verschiedene Stämme der Ona mit verschiedener Aussprache gegeben, was auf eine weitgehend getrennte Entwicklung der Gruppen schließen ließ, auf diverse Mundarten der Ureinwohner. Während des letzten halben Jahrhunderts aber waren die Unterschiede verblaßt und von den wenigen weißen Besuchern des Feuerlandes nicht bemerkt worden. Immerhin existieren Aufzeichnungen, darunter auch von Joseph Emperaire und den ersten anglikanischen Missionaren, die an ein viertes Volk im großen Zeh von Südamerika geglaubt hatten, an die sogenannten Hausch. Sie sollten sich aber dann mit den Ona vermischt haben. Der letzte echte Hausch, so die Meinung von Anna Chapman, sei erst im Jahre 1915 auf der Farm Harberton bei Ushuaia gestorben.

Es gelang Pater Gusinde relativ rasch, das Mißtrauen der urtümlichen Ona zu überwinden. Dank mitgebrachter Medikamente konnte er zwei Kinder vom Keuchhusten befreien und die eiternde Wunde einer alten Frau heilen. Als man ihm Quartier in einer der Windschutzhütten anbot, in einem Toldo, wählte er in kluger Einschätzung der Lage die Gesellschaft des alten Temensék. Er war der Schamane, der Medizinmann dieser Gruppe, und, was Gusinde zu diesem Zeipunkt noch nicht wußte, der letzte Medizinmann der Ona überhaupt.

Wie üblich begab sich die Gruppe nach zwei bis drei Tagen Aufenthalt wieder auf Wanderung, und der fremde Besucher wanderte mit. Er suchte mit den Hunden nach frischen Fährten, schlich sich mit den Jägern an die Guanakos heran und schleuderte seinen Speer, wenn auch nicht mit dem gleichen Geschick wie seine Begleiter. Gusinde lag auf Reisigbündeln im Toldo, neben dem glimmenden Feuer, umgeben von seinen zweibeinigen wie vierbeinigen Schlafgenossen. Er teilte die Mahlzeiten der Ona, aß mit den Fingern und biß jedes Stück Fleisch mit den Zähnen von der halbrohen Keule herunter. Ein Messer zu gebrauchen hätte unliebsames Aufsehen erregt, hätte die Gemeinschaft des Weißen mit den Wilden gestört.

Die Leute kamen von irgendwo, blieben ein oder mehrere Tage am gleichen Platz, um dann wieder nach irgendwo zu verschwinden. Der weiße Mann blieb bei seiner Gruppe, bei dem Medizinmann Temensék und dessen Familie. Das schien ganz selbstverständlich und konnte, wenn es nach den Ona ging, immer so bleiben. Gleichgültig war für die Nomaden, ob drei, vier, vielleicht sogar fünf Toldos beisammen standen oder auch zwei oder vielleicht nur eines. Jeder tat, was er für richtig hielt, auch in der Familie gab es keinen, der anderen irgendwelche Anweisungen erteilte. Was man tun sollte oder mußte, ergab sich von selbst.

War die letzte Jagdbeute verbraucht und verwendet, dann knurrten die Hunde vor Hunger, und die Kinder drängten auf Bewegung. Es war wieder so weit. Die Frau packte ihre wenigen Sachen, rollte die Felldecke des Windschirms zusammen, ergriff die Hängetaschen, darunter eine mit glühender Holzkohle in grünen Blättern. Schon war man bereit zum Abmarsch. Der Mann, mit Pfeil und Bogen, mit dem Speer und vielleicht noch mit der Boleadora, schlug jene Richtung ein, wo er hoffte, früher oder später auf Beute zu stoßen. Möglich auch, daß ihm der Sinn nach einem Hügel mit vielen Vogelnestern stand oder nach einem Berghang mit schmackhaften Nagetieren. Auf diese oder andere Weise würde die Sippe wieder mit ausreichender Nahrung versehen sein.

Wer noch dazugehörte, zu dem Elternpaar mit seinen Kindern, ein oder zwei weitere Frauen oder Männer mit zerfurchten Gesichtern, kam hinterher. Die Kinder liefen mit, ohne viel Beachtung zu finden. Die ganz Kleinen wurden von der Mutter getragen, in einem aus Holzstangen und Fellbündeln zusammengebauten Rucksack. Der war so praktisch, daß man ihn, bei der Rast mit seinen beiden Enden einfach in den Boden steckte. Da blieb bis auf weiteres das Kleinkind gut aufgehoben. Es bekam sogar einen Schnuller aus einem Stück fettigen Fleisches oder angebratenen Specks. So war das Gesicht eines jeden feuerländischen Babys allezeit verschmiert, teils von dem fettigen

Oben: Die letzten heute noch lebenden Jaghanen wohnen in dem kleinen Ort Ukike auf der Navarino-Insel. Es sind die etwa 60jährigen Schwestern Christina und Charlotta Calderon. *Unten:* Eine Gruppe der Ona, ebenfalls im Salesianer-Museum von Punta Arenas.

Eine wildromantische Felsenkulisse, die sogenannte Torres (Türme), erhebt sich über dem Lago Azul im Paine-Nationalpark.

Treibeis in der wunderschönen, aber bitterkalten San-Rafael-Bucht.

Schnuller, teils vom Ruß des Lagerfeuers und allgemein vom gewöhnlichen Schmutz. Hin und wieder waren die Hunde so freundlich, das Kleinkind abzulecken.

Durch geduldiges Fragen hatte Gusinde festgestellt, daß es sich bei den Ona in der weiteren Umgebung des Fagnano-Sees um 27 Familien mit 216 Mitgliedern handelte. Das waren etwa vier Fünftel aller zur Zeit noch existierenden Vertreter dieses Volkes. Wie der Medizinmann, der schon hinfällige und oft übel gelaunte Temensék, zu wissen glaubte, würden sie bald schon alle sterben. Denn die meisten von ihnen lebten nicht mehr so, wie es ihre Vorfahren getan hatten. Dabei erwähnte der etwas unheimliche Mann die Jugendweihe, später auch die Männerweihe, auf die man unter keinen Umständen verzichten dürfe. Sonst war es aus mit ihnen. Ohne die beiden Prüfungen konnte aus keinem der Kinder ein echter Ona hervorgehen. Auch wenn man auf manchen Fotos der damaligen Zeit die Ona mit Pelzmützen und Pelzschuhen sieht, so waren das relativ neue, von den Europäern beeinflußte Kleidungsstücke, die in den Augen des Schamanen eine Entartung der guten Sitten darstellten. In seiner Nähe liefen noch alle barfuß und besaßen keine Kopfbedeckung. Jedoch hat Gusinde noch miterlebt, wie die ersten Mützen, die ersten Pelzschuhe auftauchten. Nur kleine Veränderungen, wie es scheint, nur Äußerlichkeiten, aber es ging ein Sinneswandel damit einher, der Verzicht auf die viele Jahrtausende alte Wesensart.

Gusinde lebte so dürftig wie seine Freunde, es ging nicht anders, auch das gehörte zur Feldforschung. Aber die Ona selber kannten nicht den Begriff der Armut, sie wußten nicht um ihre Bedürftigkeit. Je länger der Geistliche mit ihnen herumzog, desto deutlicher begriff er, daß seine Ona glücklich waren, echt und restlos glücklich. Hunger litten sie bestimmt nicht. Kaum einer mußte sich besonders anstrengen. Nach jedem Tag der Jagd legten sie Ruhepausen ein, lagen friedlich mit gefülltem Magen neben dem wohlig wärmenden Feuer. Die Ona konnten auf Vorrat essen, hat Gusinde festgestellt. So viel konnten seine Freunde vertilgen, daß sich ihre Bäuche bedrohlich wölbten. Aber darauf waren ihre Körper eingestellt.

Alle notwendige Arbeit, relativ geringe Arbeit bei Lichte besehen, war so verteilt, daß sich jeder von selber darum kümmerte. Mahner und Antreiber, gar Vorgesetzte gab es nicht. Die Aufforderung, dies oder jenes zu tun, kam von innen heraus, war von der Gewohnheit diktiert und wurde keineswegs als Störung der Ruhe empfunden. Die Außenwelt interessierte nicht, solange von dort keine Störung ausging.

Selten nur gab es Streit innerhalb der Familien und keine Feindschaft zwischen den Gruppen. Eintracht herrschte zwischen Mann und Frau, zwischen Kindern und Eltern. Gusinde hat nicht gesehen, daß Kinder bestraft wurden, schon gar nicht mit harten Schlägen. Laut gesprochene Worte oder auch nebenbei geäußerte Mahnungen schienen zu genügen.

Geheimnisse des Naturvolkes

Anfangs meinte Gusinde, daß seine Freunde nur für den Augenblick lebten, daß sie gar nicht imstande wären, mehrere Tage weit vorauszusehen, und daß sie auch für ihre Vergangenheit kein Interesse hätten. Über das Leben nach dem Tode und vor der Geburt, über Geister und Götter als Beherrscher der Natur machten sich die Urmenschen offenbar keine Gedanken.

In dieser Hinsicht aber hatte sich der erfahrene Völkerkundler und geweihte Priester täuschen lassen, jedenfalls während der ersten Monate. Bei aller Gemeinschaft, die er mit ihnen teilte, war ihm das innere Leben seiner Mitmenschen fremd geblieben. Seine ständigen Begleiter blieben sehr zurückhaltend. Eine wohl angeborene Scheu verschloß ihren Mund und ließ den Fremden nichts bemerken, was über das tägliche Leben hinausging.

Erst allmählich, nach einigen Wochen und Monaten des Zusammenlebens, kam Gusinde zu der Vermutung, daß sich hinter den äußerlichen, den immer gleichen Tagesabläufen eine weite, unsichtbare Welt verbarg, die geistige und seelische Welt der Urmenschen. Weil aber seine Gastgeber so beharrlich darüber schwiegen, ließ Pater Gusinde Takt und Vorsicht walten. Je weniger die Ona ahnten, wie sehr ihn gerade ihr Glaube interessierte, desto eher würden sie eines Tages bereit sein, ihm Einblick zu gewähren.

Unterdessen fuhr er fort, ihr gewöhnliches Leben zu studieren und alles zu beobachten und zu notieren, was ihre Tagesabläufe betraf. Ihre Unempfindlichkeit gegenüber der Kälte war eines der Phänomene. Ohne unter den Temperaturunterschieden zu leiden, stiegen die Ona aus dem relativ milden Klima des Fagnano-Sees durch den feuchten, kühlen Urwald bis weit über die bei nur etwa 500 Meter liegende Schneegrenze hinauf. Es störte sie nicht, wenn Schneeflocken, rieselnder Regen oder Hagelkörner auf sie niederprasselten oder während der Ruhestunden in die Toldos fielen. Sie warfen nur etwas mehr von ihrem Tepu-Holz ins knisternde Feuer und zogen die Guanako-Felle enger zusammen.

Draußen bei der Jagd, wenn die Ona behutsam einer Fährte folgten, warfen sie die Felldecke ab und liefen nackt durchs Gelände. Wind und Wetter, auch Kälte unter dem Null-Punkt störte sie dabei nicht. Gusinde erlebte es mit Staunen, er selbst war nicht imstande, ihrem Beispiel zu folgen. Er blieb bei seiner Lodenkleidung, bei festem Schuhwerk und einer Kopfbedeckung, die auch seine Ohren schützte. Die Ona hatten sich daran gewöhnt. Der Koliót war eben nur ein schwacher, empfindlicher Mensch mit häßlicher heller Haut!

Ihre Bedürfnislosigkeit, so erkannte der Forscher, war eine Tugend, der nur minimale Besitz bedeutete eine große Erleichterung für ihr tägliches Leben. Sie besaßen nur und taten nur, was im engsten Sinne zweckdienlich war. So erreichten die Urmenschen mit geringstmöglicher Anstrengung den bestmöglichen Erfolg. Die scheinbar rauhe, menschenfeindliche Heimat bot ihnen die Erfüllung aller Wünsche. Es war eine Umwelt, die ihre Menschen gut versorgte.

Sie litten nicht unter Seuchen und grassierenden Krankheiten, die brachte ihnen erst der weiße Mann. Das Altern mit seinen Schwächen ließ relativ lang auf sich warten, die betagten Menschen waren von tiefen Falten und schlaffer Haut gezeichnet. Auch war es ihre Angewohnheit, den Mund nicht ganz zu schließen. Wie hoch allgemein die Lebenserwartung war, konnte Pater Gusinde nicht feststellen. Wenn der Tod kam, ging ihm kein langes Siechtum voraus. Das Leben verlosch von einem Tag, von einer Stunde zur anderen. Wie und auf welche Weise die Toten beigesetzt wurden, hat Pater Gusinde erst viel später erfahren. Die Bestattung gehörte zu den Tabus, die keinen Fremden etwas angingen.

Gern folgten junge Männer dem erfahrenen Jäger und suchten von ihm zu lernen. Alle Beute wurde geteilt, auch mit anderen Familien in der Nähe. Das beste Stück, das am leichtesten zu kauende Fleisch erhielten die alten Leute.

Wie jeder weiß, kann der Mensch keine einseitige Ernährung vertragen. Es stellen sich Mangelkrankheiten und Körperschwächen ein. Nicht so bei den Feuerländern, die einzig und allein von Fleisch gelebt haben, dazu gelegentlich noch Fisch. Etwas anderes als Eiweiß haben sie fast gar nicht zu sich genommen. Pflanzennahrung war praktisch unbekannt, abgesehen von ganz geringen Menschen der Berberitze und anderer Samenkapseln. Dennoch blieben die Ona kerngesund, kräftig und strichen sich zufrieden über ihren vollen Bauch. Auch der Koliót unter ihnen, der Feldforscher Gusinde, hat keine unguten Folgen der exklusiven Fleischnahrung verspürt. Es gab keine Gewürze. Sie verzehrten auch Vogeleier in rohem Zustand, selbst wenn sich die Küken darin schon fast bis zum Schlupf entwickelt hatten.

Die Ona besaßen erstaunliche ärodynamische Kenntnis. Damit die Pfeile ihre Richtung behielten und sich beim Flug nicht drehten, wurde das hintere Ende des Pfeils mit drei Wildgansfedern versehen. Sie bestmöglich anzubringen war eine hohe Kunst. Weil die Wildgänse nur an der Küste lebten, im Verbreitungsgebiet der Wassernomaden, muß es Handel gegeben haben. Die Gegenleistung bestand wahrscheinlich aus Feuerstein und walnußgroßen Pyritbrocken, beide fürs Anzünden des Feuers unentbehrlich.

60 bis 80 Zentimeter lang waren die Pfeile, die aus den Sehnen erlegter Guanakos hergestellten Bogen waren 140 bis 180 Zentimeter lang. Der Pfeil mit seiner Spitze aus scharfgeschliffenen Knochen oder Splitter von Schiefergestein konnte das Guanako auf 40 bis 50 Meter Entfernung durchbohren. Der Pfeil flog bis zu 200 Meter, doch war dann das Ziel nicht mehr sicher zu treffen.

Gusinde hat auch die Größe der Toldos, der Windschirme, ausgemessen. Die Höhe betrug zwei Meter, der Durchmesser zwischen zwei und vier Metern. Die Felldecke darüber, mit der Innenseite nach außen, bestand aus einem Quadrat von 2,8 bis 4 Meter Kantenlänge. Mehrere Guanako-Felle wurden zu diesem Zweck mit Tiersehnen und Knochennadeln zusammengenäht. Acht Stangen reichten für das Gerüst und wurden in waldarmen Gegenden, beim Marsch über weite Steppen oder Hochmoore von den braven Frauen von einem zum anderen Lager mitgenommen. Sonst wurden sie an Ort und Stelle geschlagen oder gebrochen.

Weil das Toldo seine Bewohner und vor allem das Feuer nur gegen scharfen Wind schützen sollte, begnügte man sich mit einem Dreiviertelkreis, dessen Öffnung dem Wind entgegengesetzt lag. Der Boden blieb, wie er war, mit dem kleinen Feuer in der Mitte und mit Reisighaufen ringsherum. An den Stangen hingen geflochtene Taschen und die Lederbeutel mit dem Zunder, auch die wenigen Werkzeuge und Jagdwaffen. Das war alles, es genügte aber vollkommen.

Im Rindenkanu der Jaghanen

Da erlitt der Feldforscher eine Fußverletzung. Wie das geschehen war und worum es sich handelte, berichtet er nicht. Jedenfalls mußte er zur Behandlung nach Santiago, außerdem war sein Urlaub abgelaufen, ein Urlaub ganz und gar mit anstrengender, wissenschaftlicher Arbeit ausgefüllt. Aber Gusinde versprach seinem Freund Temensék und den anderen Ona, spätestens binnen einem Jahr wiederzukommen. Er hielt seine Forschungsaufgabe bei den Ona für längst nicht abgeschlossen. Unbedingt wollte er die Jugendweihe des Volkes mitmachen und hatte begründete Hoffnung, daß ihm die Teilnahme gestattet wurde. Wenn es geschah, so würde er Eingang zum Glauben der Urmenschen erhalten. Jedem Weißen gegenüber hatten die Feuerländer bisher geschwiegen. Sie glaubten an seine Rückkehr, und Gusinde wußte, daß er diesen Glauben keinesfalls enttäuschen durfte.

Er wanderte durch die Wildnis zur Hafenstadt Ushuaia. Das Wetter war auch in dieser südlichsten Stadt der Welt nicht besser als sonst in der Tierra del Fuego. Das allgemeine Leben jedoch, so beschreibt es Gusinde, war recht gemütlich. Es gab eine kleine Gruppe gebildeter Menschen, die sogar Hausmusik betrieb und jedem, der dabei sein wollte, den Zutritt gestattete. Sie nannten sich die »Kurkapelle des Südens«. Außerhalb des Ortes gab es eine Strafkolonie, aber auch dort schien Ordnung zu herrschen. Selbst die »schwersten Jungs« versuchten keinen Ausbruch.

Die anglikanische Mission hatte sich kaum weiter entwickelt, aus dem einfachen Grunde, weil der leitende Missionar kein Wort Spanisch verstand und es niemand in Ushuaia gab, der Englisch reden konnte. Wie dieser Mann sein Amt verwaltete, war nicht so recht zu begreifen.

Nach ein oder zwei Wochen fand Pater Gusinde ein Schiff, das ihn von Hafen zu Hafen nach Santiago brachte. Unterwegs erlebte er das fantastische, farbenprächtige Schauspiel des Rafael-Gletschers in der tiefen Meeresbucht gleichen Namens. Er beschreibt dieses Wunderwerk des Schöpfers mit den schönsten Worten und blieb lebenslang davon hingerissen. Ungefähr 70 Jahre später habe ich denselben Anblick erlebt, den blauglänzenden Gletscherstrom bei strahlender Sonne, die himmelhoch scheinende Gletscherstirn und die vielen 1000 weißen Schollen und Eisberge, die sich behutsam, von geheimnisvollen Kräften bewegt, entlang der tiefdunklen Felswände im Kreise drehen.

Gusindes Verletzung wurde behandelt und geheilt, die weitere Feldforschung in Feuerland genehmigt, und wieder machte er sich auf den damals noch umständlichen Weg in den großen Zeh Südamerikas. Er hatte noch Zeit, das Jahr war noch nicht verstrichen, vorerst würde die Jugendweihe, »Kina« genannt, nicht stattfinden. Sie hatte ihren festen Platz im Jahresablauf der Urmenschen.

Die Monate bis dorthin wollte der nimmermüde Forscher zur Vertiefung seiner Bekanntschaft mit den Jaghanen verwenden, die er selber Yamanas nennt. Der Weg zu ihnen führte diesmal über die Ehefrau des anglikanischen Missionars Fred Lawrence. Beide lebten wieder in Puerto Remolino, nachdem sie längere Zeit den »sprachlosen Amtsbruder« in Ushuaia unterstützt hatten. Nelly Lawrence war selber eine echte Jaghanin und wußte mit Bestimmtheit, daß kein Tropfen fremden Blutes durch ihre Adern rollte. Sie war Mutter von sechs Kindern, aktive Mitarbeiterin ihres Mannes und betreute eine Anzahl ihrer Stammesgenossen, die in Puerto Remolino Zuflucht gesucht und gefunden hatten.

Ihre älteste Tochter, ein freundliches und sehr hübsches Mädchen von 18 Jahren, war gerne bereit, den katholischen Geistlichen in der jaghanischen Sprache zu unterrichten. Es geschah im Kreise der anderen Urmenschen, die über die raschen Fortschritte des fremden Mannes gebührend staunten. So wie seinerzeit am Rio Grande mit den Ona der Mission des Salesianer-Ordens, so befaßte sich Gusinde auch in Puerto Remolino eingehend mit der Lebensweise der Wassernomaden. Sich ihnen anzupassen, gelang dem Feldforscher auch hier in verblüffend kurzer Zeit.

Groß war seine Bewunderung, noch größer aber sein Erstaunen über die Entwicklungsfähigkeit der Jaghanen, wie sie zumindest im Beispiel von Nelly Lawrence zum Ausdruck kam. Nicht nur, daß sie die spanische Sprache fehlerlos beherrschte, sie sprach, las und schrieb auch ein gutes Englisch. Obwohl sie sechs Kinder zu erziehen hatte, ihrem Mann beim Religionsunterricht half und sich außerdem noch an den Arbeiten der Farm beteiligte, war Nelly Lawrence eine unermüdliche Leserin. So hatte sich das einstige Naturkind zu einem gebildeten Menschen entwickelt, zu einer Frau, die ohne weiteres in bürgerliche Kreise gepaßt hätte. Welche ungehobenen Schätze mußte in diesem Volk schlummern, dessen Fähigkeiten infolge seiner isolierten Lebensweise nicht geweckt worden waren!

Ihr hatte es der Pater Gusinde zu verdanken, daß die Mehrzahl aller Jaghanen, die noch nicht verdorben waren, gegen Ende Dezember 1920 in Puerto Remolino zusammenkamen. Nelly hatte die meisten an der Nordküste der Insel Navarino aufgesucht oder durch ihre beiden Söhne aufsuchen lassen. Die schon bei ihr lebenden Feuerländer waren dabei eine große Hilfe gewesen und hatten ihre Stammesbrüder wissen lassen, daß dieser weiße Mann ein wirklicher Freund der Urvölker war. Schon beherrschte Gusinde ihre Sprache und ebenso alle Regeln des jaghanischen Anstands.

So war er gut vorbereitet, als die etwa drei Dutzend Menschen des Wasservolkes in Puerto Remolino mit ihm zusammentrafen. Wie er das schon bei den Ona getan hatte, nach einer gewissen Zeit des Eingewöhnens zog Martin Gusinde zu den Jaghanen, schlief in einem ihrer Toldos und spielte mit den Kindern und kleinen Hunden. Wie zuvor am Lago Fagnano und am Rio del Fuego verbrachte er viele Abende mit seinen Freunden am rauchenden Feuer, teilte mit ihnen die gleichen Mahlzeiten, auch das Ungeziefer, den üblen Geruch und die schandhaft schmutzige Umgebung. In dieser Hinsicht, liest man in seinem Bericht, war es bei den Jaghanen noch viel schlechter als bei den Ona.

»An jedem Morgen hat es für mich eine Gewaltanstrengung bedeutet, aufs neue den Tagesablauf mitzumachen.« Nur mit Überwindung konnte er die Tranwürste verzehren, einen sehr beliebten, täglich genossenen Leckerbissen der Gastgeber. Zur Herstellung wurden ranziger Robbenspeck, die Eingeweide von Fischen, ausgepreßte Krebse und Eidotter, die nicht mehr frisch waren, auch Seeigel und ähnliches mehr in die ungereinigten Därme von Seesäugetieren gestopft, dann auf glimmenden Holzkohlen angewärmt, schließlich mit lautem Geschmatz, wiederholtem Aufstoßen und ungebremsten Blähungen verzehrt. Bei alldem mußte Martin Gusinde noch den überzeugenden Eindruck erwecken, daß er sich pudelwohl fühlte.

Ein Geschenk besonderer Art war es für den Feldforscher, als in einem der gebrechlichen Boote zwei schon ältere Frauen aus dem Volk der Alakalufen in Puerto Remolino eintrafen. Dafür gab es keinen besonderen Grund, nur eben den Wunsch dieser Frauen, ein paar Verwandte zu besuchen. Was auch Gusinde bisher nicht mit Sicherheit wußte: Es gab Verbindungen zwischen den Wassernomaden am Ende des großen Zehs und dem weiter nördlich herumfahrenden Fischervolk der Alakalufen. Wie es scheint, waren auch gemischte Ehepaare nicht selten gewesen. Für Pater Gusinde ergab sich daraus die Gelegenheit, noch die Anfangsgründe einer dritten feuerländischen Sprache, jene der Alakalufen, zu lernen. Sie hatte hilfreiche Ähnlichkeiten mit dem Jaghanischen, das er schon weitgehend beherrschte. Nur konnten ihm leider die beiden Besucher nicht sagen, wo er im kommenden oder im übernächsten Jahr mit einer größeren Gruppe der nördlich lebenden Wassernomaden zusammentreffen konnte.

Wie selbstverständlich hat Pater Gusinde an den Bootsfahrten der Jaghanen teilgenommen, auf jede Weise, wie es die Wasserwanderer seit Jahrtausenden gewohnt waren. Kaum konnte er begreifen, wie sich das gebrechliche, mit vier bis fünf Menschen und einigen Hunden besetzte Boot über Wasser hielt. In der Mitte auf einer Unterlage von Sand in einer kleinen Kiste knisterte und rauchte ohne Unterlaß das notwendige Feuer. Im Bug saß, angespannt nach Beute spähend, der Familienvater mit Fangnetz, Pfeil und Bogen und dem Speer. Seine Frau bewegte das Paddel und steuerte nach eigenem Ermessen.

Kinder und Hunde waren lediglich eine »Zugabe«. Sie mußten dabeisein, denn nur so konnte man die Familie geschlossen mit all ihrem Hab und Gut jederzeit, wenn es die Umstände geboten, an einer passenden Stelle absetzen und das Lager aufschlagen.

Für den Forscher war das Sitzen mit unterschlagenen Beinen eine kaum zu ertragende Tortur. Außerdem mußte jeder Mitfahrer allen, auch den geringsten Bewegungen des Kanus folgen. Die Jaghanen waren schon seit ihrer Geburt an das Mitschwanken im Boot gewöhnt, der weiße Mann aber mußte sich sehr darauf konzentrieren.

Erst wer solche Fahrten selbst erlebt und dabei die Wassernomaden beobachtet hatte, konnte ihren besonderen Körperbau verstehen. Dazu gehörten einerseits die relativ kurzen, oft auch krummen Beine, die breiten Schultern und das offenbare Übergewicht des Oberkörpers. Die Frauen der Jaghanen hatten, infolge des unablässigen Paddelns, die Muskeln ihrer Arme entwickelt, wie man es sonst nur bei Preisboxern der Schwergewichtsklasse sieht. Die vorgebeugte Haltung der Männer war bedingt durch ihren Platz ganz vorn im Bug des Bootes, wobei sie mit vorgeneigtem Kopf nach Beute ausspähten.

All zu lange konnten die Jaghanen nicht in Puerto Remolino bleiben. Sie mußten wieder ihrem Nahrungserwerb nachgehen, und das konnte nur in kleinen Gruppen geschehen. Doch bevor sie abreisten, jede Gruppe in das ihr am besten bekannte Labyrinth der Fjorde, verabredete Pater Gusinde ein Wiedersehen mit ihnen. In der Bucht von Mejillones sollte es sein, auf der nördlichen Seite von Navarino. Sie versammelten sich dort für das Fest der Jugendweihe und machten ihrem Freund gewisse Hoffnung, daß er teilnehmen könne.

Als er während der gemeinsamen Zeit mit den Jaghanen ihr Vertrauen gewonnen hatte, wagte Gusinde auch in tiefere Bezirke ihres Wesens einzudringen. Das duldete keinen Aufschub, weil nur noch den Alten bekannt war, wie man sich die unsichtbare Welt vorzustellen hatte und woher die Feuerländer eigentlich kamen. Da gab es eine sogenannte Traumzeit vor der wirklichen Zeit, und es gab ein Weiterleben in der nach dem Tode anbrechenden Geisterwelt. Hier gab es die sichtbaren, gegenwärtig existierenden, ganz von der heutigen Welt abhängenden Menschen, dann aber noch außerhalb aller sinnlichen Wahrnehmung existierende Geistseelen, die sich nur vorübergehend im Körper aufhalten. Gusinde konnte nicht mehr als Andeutungen empfangen, aber sie allein genügten, ihn zu überzeugen, daß es unbedingt notwendig war, die geistigen Schätze des Urvolkes zu retten und zu bewahren, bevor sie allesamt zugrunde gingen.

Außerdem erfuhr der Forscher von den zahlreichen Schandtaten weißer Fischer und Seefahrer. Es war noch nicht lange her, da hatten Robbenfänger, Otternjäger und andere Seefahrer junge Frauen und Mädchen der Jaghanen gefangen und mißbraucht. Irgendwo hatte man sie dann ausgesetzt, meist von üblen Krankheiten gezeichnet. Den Walfängern, den Kapitänen voran, war es ein Vergnügen gewesen, von Bord ihrer Schiffe auf die Boote der Jaghanen zu schießen und jeden Treffer mit Geheul zu quittieren. Keine Polizei, keine Behörde und erst recht kein Gericht hatten davon Kenntnis genommen und die Verbrecher verfolgt.

Der Gott der Ona

Für Gusinde war es an der Zeit, wieder zu seinen Ona zu stoßen. Er mußte außerdem noch retten, was bei den Alakalufen zu retten war. Viel hatte er sich vorgenommen, und dafür blieben ihm nur wenige Jahre. Dann war es vorbei mit dem Geistesleben der Feuerländer.

Erst konnte Gusinde seine Ona nicht finden, keine Spur an den gewohnten Plätzen. Dann ein paar frische Fährten, und er entdeckte seinen Freund Temensék mit dessen Familie sowie noch eine andere Sippe an einem versteckt liegenden Teich. Dorthin waren sie und andere Überlebende der Ona geflohen, weil die Polizei hinter ihnen her war. Angeblich hatten einige Ona vom Gelände irgendwelcher Farmen mehrere Schafe fortgeschleppt, geschlachtet und verzehrt. Welch ein Verbrechen im Vergleich zu all jenen, die man ihnen angetan hatte!

Mit allen Zeichen der Freundschaft wurde Pater Gusinde begrüßt. Dieser Koliót hatte Wort gehalten, obwohl er sie erst lange hatte suchen müssen.

Sein großer Wunsch ging in Erfüllung. Als erster Mensch aus einer ganz anderen Welt durfte er die Jugendweihe der Ona erleben und gehörte selber zu den »Kloketen«, zu den Prüflingen. Eine überaus schwere, lange dauernde und mit dem Ertragen körperlicher Schmerzen verbundener Prüfung. Temensék leitete die Prozedur von Anfang bis Ende, andere betagte Männer unterstützten ihn dabei. Gusinde erkannte, daß nur der Schamane, der letzte Medizinmann, noch den traditionellen Ablauf der Zeremonie verstand, aber er hatte keinen Nachfolger.

Das halbe Dutzend Kloketen wurde in einem gemeinsamen Windschirm isoliert, dem sich kein weibliches Wesen auch nur von weitem nähern durfte. Der Entzug von Nahrung gehörte zum Härtetest. Nur wenig durften die Kloketen trinken, und zwar durch den engen Röhrenknochen eines Vogels. Viele Stunden lang, vom Einbruch der Dunkelheit bis zum anbrechenden Morgen durfte sich keiner im geringsten rühren. Sogar auszutreten war verboten. Der Schamane (bei den Ona wurde er »Xchon« genannt) setzte den Prüflingen krabbelnde, beißende und hüpfende Käfer auf den nackten Rücken, wobei sich der Kloket weder kratzen noch überhaupt bewegen durfte. Tagsüber wurden den jungen Männern furchterregende und schlüpfrige Geschichten erzählt, wobei ihnen nicht erlaubt war zu lächeln, sich zu fürchten oder sich zu erregen.

Aber das war nur die eine, weniger wichtige Seite der Jugendprüfung. Viel bedeutender war der Unterricht, die Einweisung in die Geheimnisse der Traumwelt und in den Sinn des unsichtbaren Lebens. Vor der Welt, in der wir existieren und die wir um uns sehen, gab es die sogenannte Traumzeit, jene unsichtbare Welt, in der alles entstanden ist, was war und sein wird.

»Ayajema« hieß der Schöpfer, das höchste Wesen des Universums, jener grenzenlose Geist, der uns auf allen Wegen leitet, der uns immer sieht und jeden unserer Gedanken liest. Ihm steht eine negative Macht gegenüber, der Riese Kwatscha, aber ihm ist Ayajema überlegen, sofern der einzelne Mensch mit all seiner Willenskraft das Gute will und das Böse meidet. Dieser Gegensatz, das Gute und das Böse, ist dem Menschen von Ayajema tief ins Bewußtsein geprägt worden. Es war der göttliche Funke, der den Menschen vom Tier unterschied.

Alle Natur, Sand, Steine, Berge, Buchten und der Meeresgrund, wurde vom Geiste Ayajemas belebt. Er hat allen Menschen und Tieren die lebensnotwendigen Gaben der Natur zur Verfügung gestellt. Sie durften davon nicht mehr nehmen, als sie für ihre täglichen Bedürfnisse brauchten. Alle sonstigen Eingriffe in die Natur galt den Naturmenschen als schwere Sünde. Das könnte, überlegte Gusinde, vielleicht ein Grund dafür sein, daß sich die Feuerländer nicht weiter entwickelt hatten, daß sie kein Interesse daran hatten, bessere Werkzeuge, bequemere Behausungen und wärmende Kleider herzustellen.

Ayajema, der alles sah und hörte, bestrafte Schuldige mit Krankheit oder frühem Tod durch einen Dämon namens Nwono. Ein Hinweis des Allmächtigen genügte, und Nwono geriet in Zorn. Er löste Erdbeben aus, ließ Gletscher zusammenbrechen und führte gewaltige Stürme über Land, übers Meer und die schneebedeckten Gebirge. In solchen Unwettern verloren schlechte Menschen ihr Leben. Für sie gab es keine Wiedergeburt.

Wer gelernt hat, der Monotheismus, der Glauben an nur einen Gott, der alles beherrscht und alles geschaffen hat, sei die letzte und größte Erkenntnis aller Völker, irrt. Er stand für die feuerländischen Völker am Anfang der Entwicklung, er war die erste Vorstellung, die sich auch andere Naturvölker von den himmlischen Mächten gemacht haben.

Ayajema, das höchste Wesen der Feuerländer, hatte keine Gestalt, niemand konnte sich eine äußerliche Vorstellung von ihm machen. Die Urmenschen der Tierra del Fuego brachten ihm keine Opfer dar und hielten auch keine Art von Gottesdienst für ihn ab. Wenn sie etwas von ihm wollten, brachten sie es in Gedanken zum Ausdruck, die nur für ihn, aber für keinen Mitmenschen bestimmt waren.

Außerdem gab es noch eine große Zahl von Geistern, Dämonen, Naturgewalten und anderen unsichtbaren Kräften, die manches zu bewirken hatten. Sie waren vermutlich eine Folge des Unvermögens, sich das gesamte Universum als die Schöpfung, als das Herrschaftsgebiet nur eines höchsten Wesens vorzustellen. Als Gehilfen, eingeteilt in die Bösen und die Guten, hatte ihnen Ayajema eine Vielzahl von Aufgaben zugeteilt. Die Kloketen aber, später auch die Prüflinge bei der Männerweihe, sollten mehr und mehr die Allmacht des einen Gottes erkennen.

Für Frauen waren diese Gedanken zu hoch. Deshalb wurden sie auf Distanz gehalten, genauso die unmündigen Kinder und Stammesgenossen, die der höheren Weihe nicht würdig waren.

Die Anstandsregeln, auf die man so großen Wert legte, hatten ihren Ursprung in Ayajema, in den von ihm erlassenen Geboten. Deshalb gehörte es zur Jugendweihe und später noch mehr zur Männerweihe, daß man sich auch mit dem tiefen Sinn des guten Benehmens beschäftigte. Pater Gusinde kam zu der Erkenntnis, daß die Feuerländer in ihren Regeln das gleiche forderten wie die Gebote der Hochreligionen.

Die Männerweihe der Jaghanen

Gusinde bestand die Prüfung, wenn er auch mit seinen 36 Jahren gewiß der älteste aller Kloketen war, den es jemals bei den Ona gegeben hat. Er war damit ein vollwertiges Mitglied der Ona. Sein Freund und Führer in die Geisteswelt, der alte Temensék, machte ihm sogar Hoffnung auf die Männerweihe, auf die letzte noch zu leistende Prüfung vor der Aufnahme in den Bund der Medizinmänner. Doch mußte bis dahin ein weiteres Jahr vergehen.

Aber nun war jeder Tag kostbar für den leidenschaftlichen Feldforscher. Um ja keine Zeit zu verlieren, eilte er zu den Jaghanen, seinen Freunden auf der Insel Navarino. Sie hatten schon Tage voraus gewußt, daß er kommen werde, vielleicht auf telepathischem Weg, über den ja viele Naturvölker nachweisbar verfügen. Fast alle Jaghanen waren in der Bucht von Mejillones versammelt, nicht mehr als 50 Personen.

Weil sie Gusinde schon kannten, weil er ihre Sprache redete und sich wie ein wohlerzogener Jaghane benahm, wurde ihm gestattet, die »Kina«, die Jugendprüfung, mitzumachen.

Dabei gab es Schwierigkeiten. Manches war anders bei den Ona, und es gab noch schmerzhaftere Prüfungen, die Gusinde klaglos ertragen mußte. Er sollte Aufgaben erfüllen und Strapazen überstehen, wie er sie sich zuvor nicht hatte träumen lassen.

Aber er bestand auch diese Prüfung und hatte damit einen Sieg für die ethnologische Wissenschaft gewonnen wie nur wenige vor ihm. Bei aller Verschiedenheit des Namens für das höchste Wesen und die

Geister waren die Grundvorstellungen der Jaghanen nahe verwandt mit jenen der Ona. Auch sie verehrten nur einen Gott, sie glaubten an ein Leben vor der Geburt und nach dem Tode und sie folgten den althergebrachten Regeln des Anstands und guter Sitte. Diebstahl und Lüge, Ehebruch und tätliche Angriffe auf Menschen zählten zu den schweren Sünden, die vom Allerhöchsten mit Krankheit und frühem Tod bestraft wurden. Ebenso wie bei den Ona und den Alakalufen galt auch bei ihnen die Einehe und die Gleichberechtigung der Frau bei üblicher Arbeitsteilung. Nur wenn die Frau alt oder krank war, durfte sich der Mann eine zweite Gattin nehmen, denn er selber und die Kinder konnten sonst kaum existieren. Aber die Auswahl der zweiten Frau war Sache der ersten Frau!

In alten Zeiten war nach Meinung der Missionare bei allen Feuerländern das Matriarchat üblich gewesen, die Herrschaft der Frauen. Auch Gusinde ist dieser Meinung und berichtet von der Legende, wie sich die Männer von den Frauen befreit haben. Seitdem gilt freie Gattenwahl für beide Seiten, ohne umständliche Zeremonien. Da wurden ein Onkel oder eine Tante eingeschaltet, aber vom sogenannten »Brautkauf« war keine Rede. Nachdem sich die beiden schon kennen und über ihre Zukunft verständigt hatten, überreichte der junge Mann seiner Braut einen selbstgeschnitzten Bogen, jedoch nur halb so groß wie ein echter Jagdbogen. Das geschah in Gegenwart der Eltern und der sonstigen Verwandtschaft. Wenn das junge Mädchen den Bogen mit den Pfeilen annahm, war alles klar. Ein Festschmaus für alle Mitglieder der Sippe und der Familie schloß sich an, wobei sich jeder den Bauch bis zum Platzen füllen konnte. Ein Saufgelage jedoch gab es nicht, weil die Feuerländer vor Ankunft des weißen Mannes keine Art von Alkohol kannten.

Mšémens, so berichtet Gusinde, war bei seiner Jugendfeier der Medizinmann und Leiter aller notwendigen Prüfungen. Er war es auch, der seinen jungen Männern die »unsichtbare Welt« enthüllte. Leider war auch er bei den Jaghanen der letzte seiner Art. Weil es Gusinde verstanden hatte, sein volles Vertrauen zu erwerben, ging er einen Schritt weiter und bat um die Teilnahme bei der Männerweihe, der geheimsten aller Zeremonien im alten Feuerland. Aber der dreiköpfige Rat der Ältesten lehnte diese Zumutung ab.

Wer von Zufall spricht, beleidigt Gott, hat ein großer Gelehrter unserer Tage, hat schon viel früher der heilige Augustinus gesagt. So kann es kein Zufall gewesen sein, daß gerade in diesen Tagen der beim Gehen behinderte Temensék auf der Navarino-Insel erschien. Für ihn ein langer, beschwerlicher Weg vom Fagnano-See zur Nordküste von Navarino.

Er verschwand im Toldo seines Kollegen Mŝémens und sprach lange mit ihm, redete auch mit den drei Mitgliedern des Ältestenrates, mit dem verblüffenden Ergebnis, daß sie nun Martin Gusinde die Männerweihe erlaubten. Als Begründung dafür diente, daß er ja auch bei den Ona dafür zugelassen war, allerdings erst im kommenden Winter.

Ein Fehlschlag

Viel hatte Gusinde erreicht, aber noch immer gab es viel zu tun. Nur die Feuerländer selbst konnten ihm dabei helfen, ihn aufklären über die unsichtbare Welt, in der sie mit ihrem Geist, ihrer Seele zu Hause waren. Niemand ahnte davon außer einigen wenigen Missionaren.

Gusinde aber war viel weiter gekommen, war tiefer ins Geistesleben, tiefer in den Glauben der Feuerländer eingedrungen als jeder andere Geistliche zuvor. Dennoch, seine Feldforschung bei den Alakalufen hatte noch nicht begonnen, und die Männerweihe bei den Ona stand ihm noch bevor. Er reiste zurück nach Santiago, und wieder fand er volles Verständnis für seine weiteren Vorhaben. Man stellte ihm für die Suche nach den nördlichen Wassernomaden ein Patrouillenboot der Marine zur Verfügung. Leider aber, so ergab es sich, hatten auch zwei chilenische Forscher deutscher Abstammung das gleiche Privileg erhalten, Dr. F. Reicher und Dr. C. Hicken. Sie hatten den Auftrag, bisher noch unbekannte Gebiete der südwestlichen Anden zu erforschen. Weil in der zerklüfteten Küstenregion Patagoniens, in den zahlreichen Fjorden und im Gewirr so vieler dicht bewaldeter Inseln noch mit Alakalufen zu rechnen war, glaubte Gusinde, er könne seine Aufgaben mit denen der beiden Forscher vereinen. Aber die Alakalufen waren von »Robelos« verdrängt worden.

Diese Leute, vorwiegend Robbenschläger und Pelzjäger, kamen meistens von der großen, fruchtbaren und relativ volkreichen Insel Chiloé. Sie waren teilweise Nachkommen spanischer Siedler, wenn auch mit einem starken Anteil indianischen Blutes, dank der Vermischung mit den Chonon weiter nördlich und auch mit den Alakalufen. Ihre Jagdmethode und ihre Lebensweise hatten sie weitgehend von den alten Wassernomaden übernommen, verwendeten aber andere Boote, mit zwei Rudern, Segeln und einem Dieselmotor. Dadurch waren sie für die noch nach der alten Art fischenden Alakalufen eine äußerst schädliche Konkurrenz.

So kam es, daß Pater Gusinde nur wenige Alakalufen entdeckte. Allein schon der Anblick des fremden Bootes erschreckte die Leute so sehr, daß sie schleunigst die Flucht ergriffen. All seine Bemühungen, Kontakt mit den scheuen Menschen aufzunehmen, waren umsonst. So blieb ihm nichts anderes übrig, als die beiden Deutschchilenen hoch hinauf in die Berge zu begleiten. Gusinde half beim Schleppen der schweren Ausrüstung, er machte sich nützlich als Fotograf und Naturbeobachter.

Als schließlich die Expedition zu Ende war, begab sich Gusinde tief enttäuscht auf den Rückweg nach Santiago. Wie es der Zufall oder eine Fügung wollte, lag der deutsche Luxudampfer »Cap Polonio« auf der Reede von Puerto Montt. Damals, im Jahre 1923, gab es noch nicht viele Kreuzfahrschiffe nach Art der »Cap Polonio«. Sie war ein schwimmendes Hotel der besten Qualität, mit jedem nur denkbaren Komfort der damaligen Zeit ausgestattet. Weil gerade eine Kabine frei geworden war, entschloß sich der Kapitän, seinen deutschen Landsmann, den abgemagerten und ruhebedürftigen Martin Gusinde, zur Mitfahrt bis nach Ushuaia einzuladen. Dessen erster Gedanke war die Männerweihe bei den Ona, und deshalb kam ihm die Mitreise auf der »Cap Polonio« sehr gelegen.

So bestieg er ein Schiff, wie er es noch nie gesehen hatte. Seine elegante Kabine mit eigenem Bad, der glänzende Speisesaal, die lautlos funktionierenden Aufzüge und der solide Luxus in den Gesellschaftsräumen, alles erschien dem an große Strapazen gewöhnten Martin Gusinde wie ein Wunderland. Er hielt einen Vortrag über Menschen des Feuerlandes, wurde hochgeehrt und mit großer Achtung behandelt.

Ich kenne die »Cap Polonio« aus eigener Anschauung. Das war, als mir noch fünf bis sechs Schuljahre bevorstanden. Meine Eltern, die eine Nordlandreise auf dem Schiff gebucht hatten, nahmen mich mit bis nach Cuxhaven, wo mir mein Vater das Schiff zeigte. Sogar das Abendessen durfte ich mitmachen, am Tisch des Kapitäns. Dann allerdings hatte ich zu verschwinden.

So kann ich gut verstehen, wie dem Pater Gusinde zumute war, als man ihm zuliebe die Bucht von Puerto Remolino anlief, um seinem Gast die Landung unmittelbar bei seinen Freunden, der Familie Lawrence, zu ermöglichen. Sie schickten ein paar Jaghanen mit ihren Rindenkanus zur Gangway der »Cap Polonio«. Gusinde hat später berichtet, wie unglaublich der Kontrast zwischen der sagenhaften Bequemlichkeit auf dem fein gepflegten Luxusschiff und der qualvollen Enge im von Schmutz starrenden, fingerdünnen Rindenkanu war, das leicht auf dem bewegten Wasser schaukelte.

Lange konnte sich Gusinde nicht aufhalten bei seinen Freunden. Die Männerweihe stand ihm bevor, die Teilnahme an den geheimsten Zeremonien der Ona. Und fast schien es so, daß auch Temensék nicht länger warten wollte, daß auch bei ihm keine Zeit zu verlieren war. So fest hatte er mit der Wiederkehr seines Freundes gerechnet, und zwar gerade in diesen Tagen, daß schon alle recht umständlichen Vorbereitungen getroffen waren.

Der letzte Schamane des Ona-Volkes

Wenn Gusinde geglaubt hatte, die Männerweihe werde in der Hauptsache eine Vertiefung der schon bei der Jugendweihe gewonnenen Eindrücke sein, so wurde er auf willkommene Weise enttäuscht. Schon das Äußere war anders, denn ein so großer Windschirm war gebaut und mit Fellen bedeckt worden, daß fast alle erwachsenen Ona darin Platz fanden, ungefähr zwölf, zeitweise 20 Personen. Es dürften fast alle Ona der »alten Schule« gewesen sein, die es noch gab.

Jeder trug eine Gesichtsmaske oder war auf andere Weise vermummt. Tiermasken gab es, Masken aus Vogelfedern und auch solche, die an Fische und Robben erinnerten. Kein Teilnehmer war zu erkennen, auch wenn Gusinde nach und nach an den Stimmen hörte, welcher seiner Freunde sich darunter verbarg. Bitter kalt war es draußen, tiefer Schnee umgab die dünnwandige Hütte. Vom Rücken her und aus dem Boden heraus griff zunehmend die Kälte an. Aber in der Mitte flackerte und knisterte das unvermeidliche Feuer. Bläulicher Rauch umhüllte die Gruppe, ihren Atem und ihren schlechten Geruch.

Temensék führte, jeder andere lauschte seinen feierlich vorgetragenen Worten, und alle seine Bewegungen wurden nachgeahmt. Der alte Schamane sprach über die Traumzeit. Er schilderte die Schöpfungsgeschichte nicht allein der Ona, sondern auch der anderen feuerländischen Völker und führte alle Teilnehmer in die letzten Geheimnisse dieser Welt ein.

Eine unwirkliche Atmosphäre herrschte im Kreise der Teilnehmer, die vom aufsteigenden Rauch des herunterbrennenden Feuers benebelt wurden. Temensék, der letzte Medizinmann aus dem Volk der Landnomaden, befand sich in einem Zustand der Trance. Es konnte auch sein, daß er den gesamten Kreis hypnotisierte. Bei denen, die ihm zuhörten, konnte gewiß Autosuggestion mit im Spiele sein.

Hatte Temensék einen Vortrag beendet, übernahm ein anderer der älteren Ona das Wort. Er berichtete von Heldensagen, trug nur für die Männerweihe bestimmte Legenden vor und erzählte Märchen aus uralter Zeit. In jedem steckte ein Gleichnis. Alle sollten Vorbild und Anleitung sein für ein sittliches Verhalten, wie es vom Höchsten Wesen gewünscht wurde. Insgesamt diente die Männerweihe der Vorbereitung aufs Familienleben und auf verantwortliches Verhalten innerhalb der Gemeinschaft. Es war ein Sittenkodex für jede Lebenslage.

Auch höchst merkwürdige Zeremonien gehörten zu dem geheimnisvollen Fest. Die Männer erhoben sich und tanzten mit gravitätischen Schritten ums flackernde Feuer. Ohne daß eine besondere Reihenfolge zu erkennen war, wiederholten sie bestimmte Gebote und Regeln, die in unseren Ohren an den christlichen Religionsunterricht erinnern, wie zum Beispiel: Hilf den alten Leuten; sei der beste Freund deiner Eltern; versorge die Waisenkinder; mache dir niemanden zum Feind; sage immer die Wahrheit; teile deine Beute mit denen, die erfolglos waren.

Zwei Wochen lang ging das so fort. Nur wenig wurde gegessen und nur geringe Mengen Flüssigkeit wurden getrunken. Der Schlaf und die Ruhepausen waren nur kurz bemessen. Zwischendurch mußte Gusinde noch versuchen, das Gehörte und Erlebte aufzuschreiben, zumindest in Stichworten. Was er tat und wie er das machte, hat sein Freund Temensék nicht nur verstanden, sondern auch gebilligt. Ihm war es recht, ihm selber lag daran, den Seelengeist der Ona im Gedächtnis der Menschen zu erhalten, damit nicht alles, was sie wußten und glaubten, mit dem letzten Ona ins Grab sank. Pater Gusinde hat mit unendlicher Geduld das ganze Geschehen gesammelt. Der Raum für die von ihm aufgezeichneten Mythen der Tierra del Fuego nimmt in seinem sechsbändigen Werk viele hundert Seiten ein.

Er war am Ende so erschöpft, daß seine Kräfte rapide nachließen. Nur die rasche Rückkehr in die zivilisierte Welt konnte ihn noch retten. Aber es herrschte strenger Winter mit tiefem Schnee, und schwere Stürme brausten über Feuerland dahin. Dennoch bestand er auf seiner raschen Abreise. Alle Ona waren entsetzt bei diesem Gedanken, und Temensék beschwor ihn zu bleiben. Aber Gusinde konnte zwei kräftige Männer als Begleiter für seinen Gewaltmarsch gewinnen. Einer von ihnen war Toin, Temenséks Sohn.

Wie jeder Ona wußte, war es ein Abschied für immer. Die alten Männer vergossen Tränen, die Frauen heulten noch mehr, und die Kinder hängten sich an Gusindes Rock. Der Schamane, Gusindes bester Freund, verschwand in seinem Windschirm und starrte reglos ins knisternde Feuer.

Das war die letzte Männerweihe, hatte er zuvor noch zu Gusinde gesagt, und du wirst der letzte vollwertige Ona sein, der auf Erden übrigbleibt, bis unser lieber Vater dich ruft. Schon im folgenden Jahr fand die Grippe ihren Weg an den Fagnano-See. Temensék starb und mit ihm zwei Drittel aller Erwachsenen.

Einem Wunder kam es gleich, daß Pater Gusinde mit seinen beiden Begleitern den Weg bis zur Farm Harberton schaffte. Die drei hatten bei Schneestürmen im Freien kampiert, hatten erbärmlichen Hunger gelitten und mußten riesige Schneewehen überwinden. Während der letzten Tage wurde Gusinde von den beiden Ona auf einem behelfsmäßigen Schlitten aus Baumästen durch den Schnee gezogen. Aber sie gelangten nach Harberton, heute von Ushuaia aus in einer halben Stunde zu erreichen. Der schwedische Verwalter der Schafzucht, der südlichsten Farm auf dem Globus, betreute den Schwerkranken so gut wie möglich und organisierte auch seinen Transport nach Ushuaia. Ein Schiff lief gerade aus, zehn Tage später war Pater Gusinde in der Hauptstadt Santiago, wo er im deutschen Krankenhaus gesund gepflegt wurde.

Ayajema sieht durch seine Sternenaugen

Kaum hatte sich Pater Gusinde, nun 38 Jahre alt, von den Strapazen bei den Ona erholt, begab er sich wieder auf die Suche nach den Alakalufen. Es war die letzte seiner Aufgaben bei den Urmenschen des Feuerlandes und die wichtigste, weil die Zeit dafür zu Ende ging. Bevor die Weißen kamen, dürfte die Zahl der Alakalufen zwischen 2000 und 3000 betragen haben. Seinerzeit befanden sich ihre Fischgründe beiderseits der Magellan-Straße und bis zum Trinidad-Golf nach Norden, ja bis über die heutige Hafenstadt Puerto Montt hinaus. Jetzt aber, zu Beginn des Jahres 1923, zählten sie nicht mehr als bestenfalls 200 Köpfe, und von diesen lebte kaum noch ein Drittel nach der alten Art. Das Verbreitungsgebiet war auf ein Zehntel geschrumpft, und selbst dort mußten sich die Alakalufen im Labyrinth der Wasserwege vor ihren Peinigern verbergen.

Der Feldforscher begann seine Suche in Punta Arenas, wo er Fühlung aufnahm mit alten Leuten, die noch Kenntnis hatten von Wassernomaden. Er sprach mit den Patres des Salesianerordens, mit Offizieren und Matrosen der Marine und auch mit Fischern, mit Schafhirten und selbst mit rauhbeinigen Robelos. Er hörte dies und hörte das, erhielt aber keine zuverlässige Auskunft über die Plätze, wo sich gelegentlich ein Dutzend oder mehr Alakalufen versammelten. Aber immerhin, wo zumindest gewisse Aussicht bestand, einzelnen Familien zu begegnen, konnte Gusinde herausfinden.

Wieder war die chilenische Marine so freundlich, dem Forscher eines ihrer Patrouillenboote zur Verfügung zu stellen. Es dürfte das kleinste und älteste gewesen sein, das sich finden ließ. Dafür aber konnte Gusinde, ohne daß man ihm eine bestimmte Frist gesetzt hatte, die Nußschale verwenden, wie er wollte.

Als erster unternahm er eine Fahrt in den Norden durch enge Fjorde in die weite Bucht von Otway ohne Ergebnis. Er folgte dann den Wasserwegen in der Umgebung des Smith-Kanals und hat so weit wie möglich die in viele Teile zerrissene Halbinsel Munoz Gamero umfahren. So viele verschiedene Fjorde und Meerengen gibt es dort, daß sie meines Wissens bis zum heutigen Tag noch nicht alle ausreichend vermessen wurden. Weniger kalt wie drunten im eigentlichen Feuerland ist es dort, sonst aber wird das Klima von derart schlechtem Wetter beherrscht, daß Gusinde seine Arbeit, überhaupt seine Lebensweise als überaus beschwerlich bezeichnet: »Das unerträgliche Regenwetter war permanent, viele Tage lang versank die gesamte Umgebung in dichtem Nebel. Die Berghänge, auch all die vollkommen bewaldeten Inseln triefen von Feuchtigkeit. Von jedem Zweig fallen pausenlos dicke Tropfen. Auch im Boot selbst war alles naß, keine Möglichkeit gab es, die Kleider, die Stiefel und Bettlaken zu trocknen.«

Trotz vieler Enttäuschungen konnte Pater Gusinde schließlich ein paar Alakalufen entdecken, teils in ihren Toldos an verborgenen Plätzen, gelegentlich auch in Rindenkanus mit einer kleinen Familie nebst Hunden an Bord. Er rief sie an in ihrer Sprache, so daß sie nicht gleich davoneilten. Ein weißer Mann, ein Koliót, der sich mit ihnen verständigen konnte, das hatten sie noch nie erlebt. »Aber leider waren diese Leute«, wie er berichtet, »nicht mehr von der gleichen Art. Bei ihnen hatte die sittliche Verkommenheit ebenso wie die körperliche Verseuchung schlimme Fortschritte gemacht, alles eine Folge ihres Kontaktes mit dem zuchtlosen Gesindel, wie es sich selbst in diesen abgelegenen Gewässern herumtrieb.«

Dennoch war es schon ein gewisser Erfolg, daß sie ihm zumindest Andeutungen darüber machen konnten, wann und wo er vielleicht echten Alakalufen begegnen konnte. Gusinde suchte weiter und fand, was er suchte. So kam es, daß er am Ende fast ein ganzes Jahr bei den Alakalufen verbrachte, an verschiedenen Stellen und mit verschiedenen Familien. Aus seinem Bericht geht nicht hervor, wo und wie viele echte Alakalufen damals noch existiert haben. Immerhin konnte er ein bis zwei Dutzend der Überlebenden dazu bringen, daß sie noch eine kombinierte Jugend- und Männerweihe organisierten.

Die Kloketen mußten mehrere Stunden lang reglos im kalten Wasser stehen, mußten meilenweit schweres Treibholz schleppen und noch alle möglichen andere Prüfungen ihrer Ausdauer überstehen. Auch beim Schleudern der Harpune war Gusinde dabei, spannte den Bogen und schoß mit Pfeilen auf kleine Ziele, und natürlich warf er auch den Speer. Er tauchte zwischen Felsspalten und stieg mit den Alakalufen zu Vogelnestern empor. Das war die eine, die physische Seite des traditionellen Vorgangs.

Dann saßen sie beisammen, um tief und noch tiefer in den Seelengeist einzudringen. Vieles, was Gusinde erlebte, entsprach ähnlichen Riten der Jaghanen, vieles war vollkommen anders. Sehr eindrucksvoll waren die sanften, in überzeugendem Ton gebotenen Vorträge der Wissenden. Von Kopf bis Fuß weißbemalte Wächter mit ihrem Kopfputz aus Vogelfedern wachten draußen darüber, daß sich kein weibliches Wesen auf Sichtweite, ja nur auf Hörweite nähern konnte. Die Prüflinge selbst wurden von den Versammelten mit Geheul und lautem Gekreisch begrüßt. Mit Masken vor dem Gesicht und Farben auf dem Körper wollten die älteren Männer bestimmte Geister darstellen. Die Kloketen taten so, als würden sie das glauben, oder glaubten es wirklich. Sie gerieten in Schweiß, zitterten am ganzen Körper und sanken in hockender Stellung zusammen. Den Kopf gesenkt, die Schultern vorgebeugt, mußten sie so lange unbeweglich aushalten, bis wieder ein Vortrag zu Ende war.

Bei der Vorbereitung auf ihre kommende Verantwortung als vollwertige Stammesmitglieder und Familienväter wurde den jungen Männern Enthaltsamkeit bis zur Heirat gepredigt. Pater Gusinde drückte es folgendermaßen aus: »Bei Eintritt ins Reifealter, wenn es im jugendlichen Körper gärt und wühlt, wenn der junge Mann nach Entfaltung drängt, ist die Beherrschung seines Körpers besonders wichtig . . . seine Wünsche werden eingeklemmt.« Demgemäß soll es zwischen den jungen Alakalufen vor der Heirat keinen Sex gegeben haben.

Während der Jugend- und Männerweihe fanden ähnliche Übungen und Unterweisungen für die jungen Mädchen statt. Ältere und erfahrene Frauen waren die »Wissenden«. Sobald sich bei den Mädchen die

Pubertät zeigt, »werden sie abgesondert und von verständigen Frauen in all ihren weiblichen Pflichten unterrichtet«. Das allerdings hat Pater Gusinde, wie sich denken läßt, nicht mitgemacht. Bei der Niederkunft haben die »erfahrenen Frauen« als Hebammen mitgewirkt, dann aber gleich die junge Mutter ins kalte Wasser geführt, wo auch der frisch geborene Winzling die harte Umwelt seiner Heimat gründlich kennenlernte. Die Nabelschnur ließ man noch eine Weile an dem kleinen Körper, bis sie getrocknet war und von selbst abfiel. Dann wurde sie dem stolzen Vater als Zeichen seiner Würde um den Hals gehängt.

Bemerkenswert, daß Feuerländer, insbesondere die Alakalufen, das »Männerkindbett« kannten, das auch in unserem Erdteil bis vor wenigen Jahrzehnten in entlegenen Gebieten verbreitet war, so zum Beispiel auf der Insel Sardinien. Während die Frau gleich wieder ihre Tagesarbeit aufnahm, auch zum Fischfang hinausfuhr, legte sich der Vater zusammen mit dem Neugeborenen gemütlich auf seine Ruhestatt neben dem Feuer in sein Toldo. Damit wollte der brave Mann jene bösen Geister ablenken, deren Spezialität es war, junge Mütter krank zu machen.

Zu den vielen Geboten von Anstand und Sitte gehörten auch einige, denen Pater Gusinde weder bei den Ona noch bei den Jaghanen begegnet war: »Frage nicht, was andere über dich reden; schimpfe nicht mit, wenn andere über irgend jemand schimpfen; du rede gut über den Beschimpften; sei unauffällig im Kreise anderer Menschen; sage kein schlechtes Wort über deine Frau, denn sie ist ein Teil von dir; wer die Tochter seines Schwiegervaters schlägt, dem wird sie weggenommen; zeige jedem freimütig die Plätze, wo du reiche Beute gemacht hast, fordere niemanden auf, dir zu helfen, sondern frage, mit was du ihm helfen kannst; wenn andere streiten, so tue alles, um Frieden zu stiften; sei stets lieb und hilfreich zu den Kindern von anderen Leuten; erzähle nicht gleich in deinem Toldo, was du eben in einem anderen gehört hast; spare mit Worten; wenn du eingeladen wirst, verzehre weniger als deine Gastgeber; alle Anweisungen, die von den Wissenden an dich gegeben werden, stammen vom Höchsten Wesen; der Herrscher über alle Dinge betrachtet durch seine Sternenaugen, was du machst; weil es sehr viel mehr Sterne gibt als Menschen auf Erden, kann ihm nichts entgehen.«

Die großen Feiern der Alakalufen bestanden nicht nur aus körperlichen Anstrengungen und der ewig wachen Bereitschaft zur geistigen Aufnahme all dessen, was die Wissenden verkündeten, es wurde dazwischen auch Kurzweil geboten. Zur Entspannung und Zerstreuung gehörten mimische Tänze, scherzhafte Geschichten, kurz, ein bühnenreifes Programm. Den Abschluß bildete ein Festessen. Alles, was Wasser und Land zu bieten hatten, wurde angeboten. Es herrschte Hochstimmung, auch wenn kein Tropfen Alkohol anheizte. Ein geschlossener Kreis von guten Freunden umgab den weißen Mann, der nun auch noch zum Alakalufen geworden war.

Dann aber geschah wieder, was Gusinde schon am Ende seines Aufenthaltes bei den Ona erlebt hatte, er wurde krank und fühlte seine Kräfte schwinden. Diesmal hat er auch gesagt, was ihn sehr wahrscheinlich geplagt hat: fortschreitender Skorbut aufgrund einseitiger Ernährung, dazu noch Anämie und heftige Gliederschmerzen.

Glücklicherweise kam gerade in diesen Tagen seine Nußschale, das Patrouillenboot der chilenischen Marine, von anderen Aufgaben zurück und konnte ihn gleich zu dem aus Deutschland stammenden Schafzüchter bringen, den schon erwähnten Hermann Eberhard. Dort hatte er sich niedergelassen, wo heute die Hafenstadt Puerto Natales steht. Bei Eberhard genoß der total erschöpfte Pater denkbar beste Pflege. Dann vermittelte ihm Eberhard noch die Rückreise nach Santiago de Chile.

Ende des Jahres 1924 reiste Pater Martin Gusinde nach Europa und kehrte heim ins Mutterhaus seines Ordens St. Augustin im Saarland. Er hat sich dort mit der Niederschrift seiner Forschungsergebnisse beschäftigt, Vorträge gehalten und weitere Studien betrieben. Alsdann war er wieder unterwegs als Feldforscher in entlegener Wildnis, auch bei indianischen Völkerschaften in bisher wenig erforschten Gebieten Nordamerikas. Trotz aller überstandenen Gefahren und Strapazen hat Pater Martin Gusinde ein hohes Alter erreicht. Von Mitgliedern seines Ordens habe ich gehört, daß er, wenn das Gespräch auf seine dreijährige Forschungsarbeit bei den Feuerländern kam, zu sagen pflegte: Die Operation sei ihm gelungen, aber der Patient leider verstorben.

Ich folge den Spuren

Der weite Weg nach Ushuaia

Als mein Freund Heinz Laprell nach seiner Pensionierung als Chefarzt in Tegernsee unbegrenzte Zeit fürs Reisen hatte, kaufte er sich ein geländegängiges Auto, und damit gedachte er die gesamte Panamericana abzufahren, von Anfang bis Ende. Sogar noch mehr als nur die Panamericana, er wollte die Fernfahrt in Point Eureka beginnen, dem damals (1976) nördlichsten, auf einer Straße zu erreichenden Punkt in Alaska. Erst in Ushuaia, der südlichsten Stadt auf unserem Globus, wollte er wenden. Um dorthin zu gelangen, in den großen Zeh von Südamerika, mußte er die Magellan-Straße überqueren, und das war nur auf einem Fährschiff möglich.

So rief er das Generalkonsulat von Chile an, wo er zunächst einer Sekretärin die Frage stellte, wo und wie die Überfahrt möglich sei. Daraufhin griff der Vizekonsul zum Hörer, der aber auch seiner Sache nicht sicher war. So reichte er die Frage weiter an den Konsul, und der meinte, da wäre wohl am besten sein Chef, der Generalkonsul, zu befragen. »Ich wollte nur wissen, wie man über die Magellan-Straße fährt?« erkundigte sich der pensionierte Chirurg. Irgendwie schien der Generalkonsul von der Frage irritiert. »Sie fahren sehr gut«, antwortete er, »alle unsere Straßen sind asphaltiert, natürlich auch die Magellan-Straße.«

Auch im Lande selbst wissen im allgemeinen die Südamerikaner und gerade auch die Chilenen nur wenig über ihr Land, über Leute und Verkehrsverhältnisse. Leider gehören dazu auch jene, die es aus beruflichen Gründen wissen sollten. Andererseits lassen sie es nicht an Höflichkeit fehlen, sondern antworten auf jede Frage, überreichen auch gerne Fahrpläne und füllen Flugscheine aus. Nur entsprechen diese in vielen Fällen nicht der Wirklichkeit.

Von München über Frankfurt nach Buenos Aires ging alles glatt, denn wie gewöhnlich hat mich die Lufthansa dorthin befördert. Doch auf dem Weiterflug nach Feuerland begannen die Schwierigkeiten. Vorgesehen war ein Direktflug von Buenos Aires nach Rio Gallegos im südlichen Patagonien, von dort in einem bequemen Autobus zur Magellan-Straße und an Bord einer Fähre hinüber ins eigentliche Feuerland. Binnen zwölf Stunden, wurde mir versichert, erreiche sodann der Bus die kleine Stadt Ushuaia, von der man sagt, sie sei die südlichste Stadt der Welt, zudem noch die Hauptstadt der argentinischen Hälfte des Feuerlandes.

Doch am Flugplatz war ein viel späterer Start vorgesehen als auf meinem Ticket – immerhin besser als umgekehrt. In Comodoro Rivadavia, einem Ölverladehafen an der patagonischen Ostküste, stiegen die Passagiere um in eine kleinere Maschine, was gut ein Stündchen in Anspruch nahm. Mit nur noch 18 Personen an Bord erreichten wir Rio Gallegos, wo im kleinen Flughafen Tee gereicht wurde. Man legte Wert auf vorbildlichen Service, kostenlos wurde uns eine Rundfahrt durch die aufblühende Stadt angeboten. Seine Entwicklung verdankt Rio Gallegos den schon im Jahre 1913 von einem deutschen Emigranten entdeckten Erdöl. Erst seit rund 20 Jahren wird es intensiv gefördert und exportiert. Selten hat der Weltreisende Gelegenheit, eine so häßliche, völlig verdrahtete, fast nur aus Wellblech, rostigen Schuppen, Autowracks und Abfallhügeln bestehende Ortschaft zu besichtigen.

Immerhin kam es dabei zu ersten Kontakten mit jenen großenteils sehr interessanten und freundlichen Menschen, die nur deshalb nach Ushuaia strebten, um dort das kleine, aber feine und schnittige, für Eis ausgerüstete Schiff »Lindblad Explorer« zu besteigen. Weil es uns, einem Kreis von etwa fünf Dutzend Globetrottern, ungefähr sechs Wochen lang durch die antarktischen Gewässer tragen sollte, inklusive der lückenlosen Umrundung des Sechsten Kontinents, begann sich schon hier im Bus eine gewisse Gemeinsamkeit zu entwikkeln.

Eine andere, bemerkenswerte Gesellschaft hatte sich indessen am Flughafen auf einem Gebirge von Kisten, Koffern und Kasten niedergelassen, nämlich die für Feuerland zuständige Gewerkschaft der Schafscherer, braungebrannte, robuste und meist dunkelhaarige Gestalten, die sich auf einige Großfarmen begeben wollten, um dort insgesamt eine halbe Million oder noch mehr Schafe von ihrer Wolle zu befreien. Sie winkten freundlich und riefen uns Worte zu, die für Damenohren nicht gerade gut klangen.

Bei Anbruch der Dunkelheit erschienen die beiden Busse, einer für die allgemeinen Passagiere, ein anderer für die Schurbrigade, dann noch zwei andere für uns von der »Lindblad Explorer«. Gut sahen beide Fahrzeuge aus, aber sie rumpelten gehörig, als wir die asphaltierten Straßen von Rio Gallegos verließen. Bald war die patagonische Landschaft nicht mehr zu sehen. Sie blieb versunken in tiefer Nacht, und weil nirgendwo Licht brannte, mußte wohl die Gegend nur dünn oder gar nicht bewohnt sein. Alles war Pampas, wie mir der Fahrer erklärte, ein endlos weit nach Westen ausgedehntes Grasmeer, wo es anstelle von Straßen bestenfalls einige Fahrspuren gab.

Nach ungefähr fünf Stunden und gut 200 Kilometern, es mochte Mitternacht sein, erreichten unsere Busse die Magellan-Straße. Sie wurde nur mäßig von westlichen Winden und der eigenen Strömung bewegt. Weil der Himmel bedeckt war und jeder Schimmer von Mond und Sternen fehlte, habe ich bei dieser Gelegenheit nichts von der weltberühmten Straße gesehen. Ebenso unsichtbar blieben die Grenzbeamten, als wir durch die Zollschranken rollten, von Argentinien hinein in die chilenische Republik. Sonst aber waren gerade zu jener Zeit (1978) die Kontrollen von Paß und Gepäck sehr penibel. Da stritten sich die beiden Regierungen noch um die Besitzrechte an drei winzigen menschenleeren Felseninseln, Lennox, Picton und Nueva mit Namen.

Gerade als es mir gelungen war, trotz der heftigen Stöße des Vehikels in eine Art von Schlaf zu sinken, wurde ich von kreischenden Bremsen geweckt. Die Spurstange sei gebrochen, die Kolben hätten sich festgefressen, die Wasserpumpe mache nicht mehr mit, diese und andere Erklärungen wurden ausgestreut. Nach längerem Palaver der Landstraßenkapitäne untereinander sollte der noch fahrtüchtige Bus bis zu einem Telefon vorauseilen. Sobald die Buszentrale in Ushuaia über die keineswegs seltene Panne informiert war, würde sie sofort einen anderen Bus schicken, um uns abzuholen. Nur keine

Aufregung, alles in bester Ordnung, die »Lindblad Explorer« würde ohne uns bestimmt nicht in See stechen.

Gleich ein Feuer anzünden, das entsprach der alten feuerländischen Gewohnheit. Eine sandige Mulde, nicht weit vom stehenden Bus entfernt, erlaubte mir die Fortsetzung des so unruhig begonnenen Schlafs.

Bei Morgengrauen gab es heißen Tee in Plastikbechern mit Strohhalm. Dann hatten wir einige Stunden Zeit genug, die Landschaft zu durchstreifen. Es lohnte sich, über die Höhenzüge zu wandern, durch die sandigen, steinigen, nur mit kniehohem Gestrüpp bewachsenen Wellentäler. Allenthalben lagen auf dem Boden und erhoben sich etwa ein bis anderthalb Meter hoch die bleichen Gerippe des toten Waldes, vernichtet von Menschenhand, um Weideland für Schafe zu schaffen. Vorgänger der heutigen Schafzüchter hatten dafür gesorgt. Der Wald mußte weg, damit an seine Stelle Steppengras für die Schafe gedieh. Hier in der Gegend, habe ich später gelesen, braucht man pro Schaf bis zu einem ganzen Hektar und darüber, um das Tier zu ernähren. Dennoch, es lohnte sich, besonders in den ersten Jahrzehnten der Schafzucht, weil die Kosten gering waren und die Wolle hochbegehrt, besonders im alten Rußland. Da konnte der einheimische, graugrüne Wald nur stören. Da liegt er nun. In unvorstellbaren Mengen bedecken die Baumleichen weite Gebiete der Tierra del Fuego. Weil der pausenlose Wind, der Mangel an Holzwürmern und andere Gründe die Auflösung des toten Waldes verhindern, sind alle Stämme, die Äste und das Wurzelwerk ausgebleicht und noch härter geworden als während ihrer Lebenszeit.

Tatsächlich ließ uns der Touristikmanager in Ushuaia nicht verkommen. Ein anderer, ganz neuer und noch größerer Bus rollte an, in enorme Staubwolken gehüllt und in rasanter Geschwindigkeit. Der Fahrer bremste ruckartig und öffnete seine Tür. Der bisherige Fahrer mit seinem Bus blieb zurück. Ein bedauernswerter Mensch in unseren Augen, aber an solche Vorgänge war er gewöhnt und gut versorgt mit allem, was er zum Weiterleben brauchte.

Die Gegend wurde flacher, und die vorherrschende Farbe wechselte von Grau zu Grün. Wir sahen weniger Waldgerippe als zuvor, statt dessen Schafe in zunehmender Zahl. Allerdings weideten sie weit zerstreut, sie hielten nicht zusammen wie bei uns. Sie erschienen als weiße Punkte bis an den Rand des Horizontes verteilt. Wer Peones (oder Gauchos) zu Pferde erwartet hatte, die mit Hilfe braver Hunde über all diese Wollträger wachten, sah sich enttäuscht. Sie waren in alten Zeiten notwendig gewesen, als man es noch mit eingeborenen Viehdieben zu tun hatte, mit den bedauernswerten Urmenschen des Feuerlandes.

Nun aber waren längst alle Estanzias von schafsicheren Drahtzäunen umgeben. Auch innerhalb der großen, bis zu 30000 Hektar ausgedehnten Farmen gab es solche Grenzen aus Draht. Erst wenn die Zeit der Schur herankam, das wichtigste Ereignis im Verlauf des ganzen Jahres, traten die Peones in Aktion. Sie trieben nach und nach alle Schafe zusammen, nicht nur, um ihnen die Wolle abzunehmen, sondern auch fürs jährliche Bad im chemisch angereicherten Wasser, auch für die Kastration von etwa 95 Prozent der Böcke, was gleichbedeutend ist mit der Auswahl der Zuchtböcke. Ein Teil des älteren Bestandes wird seinem Ende in die Schlachthäuser entgegengeführt, und die Neugeborenen erhalten das Zeichen jener Farm, der sie gehören.

So wunderbar wild viele Teile von Feuerland sind, so bewundernswert die Gletscher und die vereisten Berggipfel des Hochgebirges, so sagenhaft romantisch die Fjorde, die Steilküsten des Inselgewimmels sein können, das weitaus größte Areal des Binnenlandes ist überaus langweilig, ja trostlos. Eben deshalb, weil die Weideflächen für Schafe ziemlich gleich aussehen. Auch der Mittelpunkt, die Ansammlung der Gebäude einer Farm, das Wohnhaus des Eigentümers oder Verwalters bieten alle den mehr oder weniger gleichen Anblick. Wellblechhäuser, Wellblechschuppen, Abfallgebirge, doch in den meisten Fällen umgeben von einem Waldstück, das vor heftigen Winden schützen soll.

Eine frohe Nachricht durcheilte den Bus. Für uns alle war ein gutes Essen vorbereitet in der Punta Caleta, der einzigen Zwischenstation auf dem so staubigen Weg von der Magellan-Straße bis nach Ushuaia. Jeder von uns heftig durchgerüttelt, aber trotzdem von Hunger beherrscht, sah dem Ereignis gerne entgegen. Um ein Hotel sollte es sich handeln, und dessen Küche sei weltberühmt. Es lag droben auf einem ziemlich steilen Hang über der Bahía Inútil und war von einem Restbestand des alten Waldes umgeben.

Nun ja, Caleta ließ sich sehen. In schönem Grün eingebettet, von nur wenigen Abfallhügeln umgeben, dazu mit freiem Blick über das dunkelgraue Meer, das freute uns sehr. Und bei meiner ersten Fahrt nach Ushuaia hatte ich noch nicht die Erfahrung gemacht, daß vor dem Essen eine Wartezeit von einer bis anderthalb Stunden zu überwinden ist. Erst dann erhält man eine lauwarme Mahlzeit, so schlecht und gewürzlos zubereitet wie sonst nur selten auf der Welt.

Ushuaia, mit ungefähr 6500 Einwohnern die Hauptstadt des argentinischen Teils der Feuerland-Inseln, möchte ich nicht geschenkt haben. Aber zwei Besonderheiten verleihen der meist unter Regenwolken liegenden Ortschaft einen besonderen Reiz. Sie ist die südlichste Stadt der Welt. Zweitens wird gesagt, daß kein motorisiertes Fahrzeug weiter rollen könne als bis Ushuaia. So ganz stimmt das jedoch nicht. Puerto Williams, eine neue chilenische Marinestation auf der Insel Navarino schräg gegenüber von Ushuaia, wo rund 300 Menschen wohnen, liegt noch rund 20 Kilometer südlicher. Weil es dort eine Kirche, eine Flugpiste und sogar einen Supermarkt gibt, darf Puerto Williams als Kleinstadt gelten. Was den südlichsten Punkt des amerikanischen Kontinents betrifft, bis zu dem man sich im Auto bewegen kann, so ist es die bedeutungslose, schon relativ alte Farm Harberton. Erst dahinter ist die befahrbare Welt wirklich zu Ende.

Wer sich entschließt, nach Ushuaia zu kommen, der wird dortselbst einige der seltsamsten Fahrzeuge sehen, die er sich nur vorstellen kann. Sie werden gesteuert, getrampelt, geschoben oder auch gezogen von seltsamen Menschen, die für gewöhnlich meinen, sie seien die allerersten mit ihrer Art von Beförderungsmitteln, die den schrecklich weiten Weg vom nördlichen Alaska bis hinunter zum großen Zeh von Südamerika geschafft haben.

Sie kommen mit ganz kleinen, mit uralten, auch mit selbst umgebauten Autos. Sie rollen in Reisemobilen, in pensionierten Taxis, in Sanitätswagen ohne Sanitäter oder mit schwankenden Anhängern. Auch präsentieren sich auf der Plaza mitunter Kräder, Mopeds und sonstige Roller. Wieder andere haben es mit drei Rädern geschafft, haben es in einem stark mitgenommenen Beiwagen ausgehalten, und natürlich können auch Fahrräder nicht fehlen, sogar auf Tandems und Tridems strampeln weitgereiste Leute heran. Auch mit Schubkarren haben es einige geschafft und dabei die Nächte im Fahrzeug verbracht. Da gab es solche, die ein zweirädriges Wägelchen vor sich herschoben, und andere, die es nachzogen. In manchen Fällen wurde dabei die stärkste Kraft von einem braven Hund aufgewandt.

Wohl die meisten dieser Ankommenden waren bei der gewaltigen Reise des guten Glaubens, sie hätten sich damit die Aufnahme ins Guiness-Buch der Rekorde verdient. Weit gefehlt, reichen doch die Anfänge solcher Fernfahrten länger als 100 Jahre zurück. Da nämlich erschien zu Pferde, mit einem erschöpften Handpferd hinter sich, ein pensionierter Major der amerikanischen Armee. Droben in Alaska hatte er den etwa 20000 Kilometer langen Ritt begonnen und war nach drei oder vier Jahren in Ushuaia eingetroffen.

Beim letzten Ona

»Haben Sie denn keine Indianer hier?« frage ich die freundliche Frau im Souvenirladen. »Ein paar von den Ureinwohnern muß es wohl noch geben.«

Die lächelnde, von der eigenen Küche gut genährte Frau senkte den Kopf und ließ die Schultern fallen. Sie sei sehr traurig, es sei eine Schande für alle Beteiligten, aber wirklich und wahrhaftig seien die Ureinwohner ausgestorben.

»Die Lola Kiepja, ein altes Weib droben am Rio Grande, ist die letzte der Ona gewesen, jedenfalls die letzte, die als junge Frau noch das alte Leben ihrer Leute gekannt hat. Irgendwo gibt's noch ungefähr ein Dutzend Wassernomaden, aber die sind nur schwer zu finden.«

So war es denn an mir, den Kopf zu senken und tief zu trauern. Schweigend leerten wir eine zweite und eine dritte Kaffeetasse, da nahm die Frau plötzlich den Kopf wieder hoch und lächelte: »Doch, es gibt noch einen, den sie Nulato nennen, fällt mir gerade ein. Aber sie müssen sich eilen, wenn Sie ihn noch sehen wollen. Lang kann er's nicht mehr machen!«

Der letzte seines Volkes befand sich ganz in der Nähe von Ushuaia. In Polizeigewahrsam wurde der Greis vor neugierigen Journalisten und leichtsinnigen Reiseschriftstellern geschützt. In einer gutgewärmten Bretterbude hatte man den kaum noch gehfähigen Greis untergebracht.

Die Verkäuferin sprach gleich mit einem Capitan Mendez, dem Chef der Polizei, der sich als äußerst liebenswürdig erwies. In einer halben Stunde wollte er mich abholen und hinausbringen ins Camp der Polizei. Gefragt, was ich mitbringen sollte, um dem alten Ona eine Freude zu machen, war die Antwort: »Nur Schokolade, ganz süße Milchschokolade, das hat er am liebsten. Und kein Blitzlicht! Das könnte den Greis zu Tode erschrecken.«

Der Capitan hatte einen Schnauzbart und überaus breite Augenbrauen, er steckte in einer gepflegten Uniform mit blanken Knöpfen. Als erstes wollte er wissen, ob ich während des Zweiten Weltkrieges an der Front gewesen sei. Auf mein Ja hin drückt er mir die Hand so fest, als wären wir in der vordersten Linie gute Kameraden gewesen.

»Den Ona haben wir bei den Nachkommen eines schon lange verstorbenen Missionars aufgelesen. Dort haben in der schlechten alten Zeit ein paar Dutzend Ona und Jaghanen Zuflucht gesucht vor den Nachstellungen gewissenloser Schafzüchter. Mit Gelegenheitsarbeiten haben sich diese Leute bei ihrem Wohltäter revanchiert, aber die meisten wurden von Krankheiten dahingerafft. Unser guter alter Nulato, oder wie er heißt, ist der letzte.«

Er selber habe seinen Namen vergessen, gab mir der Polizei-Kapitän zu verstehen, und natürlich wisse er auch sein Alter nicht. Jene Mission der Anglikaner, die fromme Leute aus London um die Mitte des vorigen Jahrhunders gegründet hatten, war schon vor langer Zeit geschlossen worden. Dies aus dem einfachen, gewiß sehr bedauerlichen Grund, daß es in Feuerland keine Eingeborenen mehr gab, denen sich die Gottesmänner widmen konnten. Im übrigen war es ihnen nicht gelungen, die Ona, Jaghanen und Alakalufen in echte Christen zu verwandeln. Zwar hatten sich einige taufen lassen, ihren Wohltätern zuliebe, waren aber im Grunde geblieben, was sie immer waren, Menschenkinder des Höchsten Wesens, das in der sogenannten Traumzeit die Welt geschaffen hatte.

In Punta Arenas, im sehenswerten Museum des Salesianer-Ordens, wird ein vergilbtes Foto aufbewahrt, das angeblich den »Kaziken Nulato« zeigt, in anderen Quellen auch »Mulato« genannt. Da

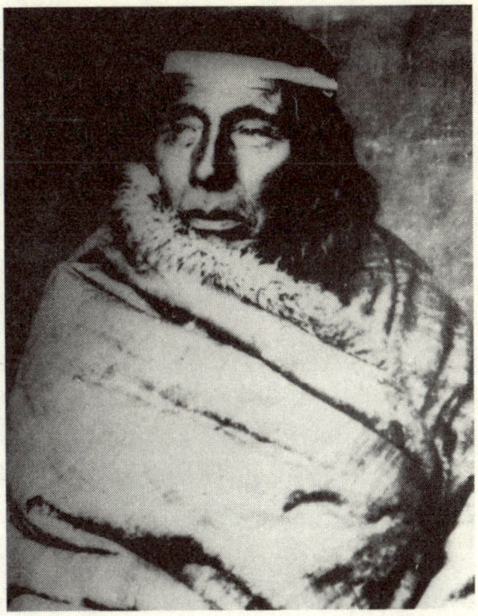

Links: Lola Kiepja, die letzte Frau der Ona und letzte Feuerländerin, die während ihrer Jugend noch ganz nach der alten Art der Urmenschen gelebt hat. Diese Aufnahme der Forscherin Anna Chapman entstand um 1920. Lola Kiepja verstarb 1929, ihr geschätztes Alter über 90 Jahre.
Rechts: Familienchef aus dem Ona-Volk, der angeblich Mulato oder Nulato hieß. Er könnte der letzte Ona-Mann gewesen sein, der bis 1978 unter behördlicher Fürsorge in der Nähe von Ushuaia gelebt hat. Der Verfasser hat den letzten männlichen Ona, einen hinfälligen, spindeldürren Greis, noch kurz vor dessen Tod besucht.

war er noch ein kräftiger, energisch blickender, gut aussehender Mann mittleren Alters gewesen. Mendez aber bezweifelte sehr, ob es sich dabei um seinen Schützling handelte. Kaziken, Häuptlinge, hat es bei den Urmenschen Feuerlands nicht gegeben, sie kannten keinerlei Hierarchie, keine Vorgesetzten. Er selber, der sogenannte Nulato, hatte sich, als man ihm das Foto zeigte, darauf nicht erkannt.

Vorbei an Häusern aus Wellblech, an schiefen Schuppen und schadhaften Zäunen. Die vertikalen Straßen in der quadratisch angelegten Stadt Ushuaia steigen vom breiten Strand langsam auf, die horizontalen halten sich auf gleicher Höhe am Hang. Wie mir Capitan

Mendez erklärte, war Ushuaia schon ums Jahr 1860 entstanden, aus der schon erwähnten anglikanischen Mission. Danach waren Goldgräber erschienen und wieder abgezogen, sodann breiteten sich Schafzüchter in der nahen und auch weiten Umgebung aus. So war schon bald Ushuaia ein Hafenplatz für ihre Aus- und Einfuhren geworden. Zeitweise hatte die argentinische Regierung den entlegenen, feuchtkalten Platz um eine Strafkolonie bereichert, was natürlich den Siedlern gar nicht gefiel. Viel wichtiger war zur Zeit und wohl auch für kommende Zeiten das Geschäft mit Touristen.

Wir rollten auf schlechten Wegen aus der Stadt, um schon bald das Campo der Polizei zu erreichen. Weil in den hohen Drahtzäunen große Lücken klafften, machte die Anlage einen ganz zivilen, freundlichen Eindruck. Lässig salutierten die Posten, ein paar bewaffnete Fahrzeuge standen herum. Unser Jeep hielt an, der Capitan stieg aus und bat mich, ihm zu folgen. Eine aus Brettern zusammengefügte Bude mit zwei kleinen Fenstern war die letzte Behausung des letzten Ona. Nur zögernd, um den Greis nicht zu erschrecken, öffnete mein Begleiter die angelehnte Tür. Drinnen war es warm, sogar zu warm für meinen Geschmack. Für so viel Hitze sorgte ein rostiger Kanonenofen, neben dem sich ein Gebirge von Brennholz erhob. Das könne er noch, meinte Senor Mendez, nämlich frisches Holz in den Ofen schieben, bevor die glimmende Glut erlosch. Feuer war ja immer für die Feuerländer das wichtigste Bedürfnis gewesen. Alle zwei bis drei Stunden kam die Frau eines Sergeanten, um nach dem Alten zu sehen. Sie brachte ihm das Essen, ergänzte das Feuerholz und setzte ihn zu bestimmten Zeiten auf den Topf. Hier konnte man wirklich sagen: Die Polizei, dein Freund und Helfer!

Zuerst konnte ich den Greis nicht erkennen. In Wolldecken eingehüllt lag er auf einer mit Stroh bedeckten Pritsche. Nur der Kopf, die rechte Schulter und der Arm waren frei, er mußte ja das Feuer im Ofen bedienen. Das haarlose Haupt sah einem Totenschädel ähnlich. Auch sonst nur Haut und Knochen. Unter den Wolldecken lag ein Gerippe. Als Capitan Mendez ihn leicht berührte, schaute der Uralte auf, verzog die dünnen Lippen zu einem Lächeln und murmelte ein Wort der Begrüßung. Er sah auch mich und ließ seine glanzlosen, tief eingefallenen Augen über mein Gesicht gleiten.

»Geben Sie ihm jetzt die Schokolade«, meinte Mendez. Ich wollte sie auspacken, um ihm den Inhalt stückchenweise zu reichen. Aber sein Betreuer wußte es besser. Nur die äußerste Hülle sollte ich abstreifen, aber das Silberpapier nicht entfernen. Das hatte nämlich der Ona sehr gern. Es war gewissermaßen seine Vorfreude auf den kommenden Genuß. Die spindeldürren Finger bewegten sich nur langsam, unendlich langsam. Wohl ein dutzendmal oder noch öfter streichelte er das glatte glitzernde Papier. Weil der einzig noch lebende Ona keinen Zahn mehr besaß, mußte er alles im Munde zergehen lassen. Hin und wieder blickte er auf, grüßte mit den Augen und wollte etwas sagen. Ich glaube, daß wir ungefähr eine halbe Stunde bei ihm geblieben sind. Kaum hatte er die Tafel verspeist, legte er sich zurück und schloß die Augen.

Als ich mit der »Lindblad Explorer« wiederkam, nach sechs Wochen, nach der langen, oft abenteuerlichen Fahrt um den antarktischen Kontinent herum, da war der uralte Ona, der letzte seines Volkes, in Stille gestorben.

Nur ein Rindenkanu gibt es noch

Es ging mir gut beim zweiten Besuch in Punta Arenas. Was die Frage nach vielleicht noch lebenden Ureinwohnern betraf, so konnte ich Fortschritte erzielen. Sie waren in erster Linie dem Museo Regional Salesiano zu verdanken, das sich in der Avenida Bulnes befindet. Vom Zentrum, das heißt von der Plaza Magellan geht man in etwa einer halben Stunde dorthin. Die beiden Türme des Santuario de Maria Auxiladora sieht man von weitem. Bereits 1893 haben die beiden Patres Mayorino Borgatello und Alberto Agostini begonnen, die Sammlung anzulegen, als noch ein paar hundert Ona, Jaghanen und Alakalufen nach der Art ihrer Vorfahren lebten, fischten und jagten.

Jahrelang war das Museum für Besucher geschlossen gewesen, aus gutem Grunde. Man hat es wesentlich vergrößert, modernisiert und den Umfang der Exponate nahezu verdoppelt. Diesmal kann ich endlich die umfangreiche Sammlung technisch hervorragender Fotografien betrachten, die vor mehr als 70 Jahren dem Pater Agostini gelungen sind. Der sportliche Priester muß einer der besten Alpinisten der Jahrhundertwende gewesen sein. Auf vielen Gipfeln, Gletschern und eisgepanzerten Bergrücken ist Agostini der erste gewesen. Dabei hat der durchtrainierte Pater die schwere fotografische Ausrüstung mitgeschleppt, um die Welt mit den ersten Aufnahmen vom feuerländischen Hochgebirge zu überraschen.

Mich interessierten vor allem die Urmenschen. Da falle ich von einer Überraschung in die andere, wie nun plötzlich die Ona, Jaghanen und Alakalufen in voller Größe vor mir stehen. Gewiß, es sind nur Wachsfiguren, aber erstklassig ausgeführt. Die Urmenschen sehen so aus, als würden sie leben. Guanako-Felle hängen von ihren Schultern, sie tragen Bogen, Pfeile und Speere mit Knochenspitzen. Sie lagern vor ihrem leichtgebauten Toldo ums qualmende, wärmende Feuer. Andere paddeln ihr federleichtes Kanu durch die von Gletscherbergen eingefaßten Fjorde, wieder andere schleichen sich durchs Dorngebüsch an die erhoffte Jagdbeute heran. Man sieht die einstigen Feuerländer im Kreis ihrer Frauen, Kinder und Hunde. Man steht und staunt vor Dioramen, wie ich sie nirgendwo anders besser gesehen habe.

Sensationell, könnte man wirklich sagen, wirkt das Rindenkanu der Alakalufen, besonders wenn man als Wassersportler eigene Erfahrungen und sich vielleicht selber gar mit Bootsbau beschäftigt hat. Es ist das einzige, heute noch existierende Boot dieser Art. Auf fast wunderbare Weise blieb es in durchaus gutem Zustand erhalten. Kein Schaden kann das Wunderwerk bedrohen, denn es ruht nun in einer riesigen, gut ausgeleuchteten Glasvitrine. Unsereins kann sich kaum vorstellen, daß in diesem winzigen, leicht zerbrechlichen Ding mit kaum fingerstarken Wänden eine ganze Familie, von ihren Hunden begleitet, Platz gefunden hat.

Wie jeder weiß, gehört die amphibische Landschaft beiderseits des Endes von Südamerika zu den schlimmsten, zu den gefährlichsten der Welt. Dort haben die Alakalufen und Jaghanen ihren Lebensunterhalt aus dem feuchten Element geholt. Dennoch waren sie Urmenschen, die noch kaum die Kulturstufe der Steinzeit erreicht hatten.

Mit Hilfe des Kustoden gelang es mir, Pater Vicento Lucchelli, den Konservator des Museums, in seinem Studierzimmer zu sprechen, ein schon recht alter Herr, die Liebenswürdigkeit in Person.

Was die Ona betrifft, so habe ich zweifellos den letzten Mann des ausgestorbenen Volkes gesehen. Aber auch Pater Lucchelli weiß nicht, wer tatsächlich der im Sterben gelegene Greis gewesen war. Alle ihre spanisch klingenden Namen wurden den Feuerländern von irgendeiner Behörde zugeteilt, oder sie selber haben sich so genannt, wenn sie es mit Nichtfeuerländern zu tun hatten. Ihre eigenen indianischen Namen kannte kein Außenstehender.

»Mein Ona« konnte ebenso gut der sogenannte Kazike Nulato oder Mulato gewesen sein wie auch Sebastian Ychton. Es kann durchaus sein, daß es damals nicht nur diesen Überlebenden, sondern noch andere gegeben hat.

Weit besser bekannt und belegt ist Lola Kiepja, die letzte, echte Ona-Frau. Um sie hat sich eine französische Professorin der Ethnologie, Madame Anna Chapman, bemüht. Sie hat mehrere Jahre immer wieder in Gesellschaft der Lola Kiepja verbracht. Lola war zu der Zeit von 1960 bis 1965 die einzige Ona-Frau, die während ihrer jungen Jahre noch ganz nach der alten Weise ihres Volkes gelebt hatte. So konnte Lola, deren Frühzeitgedächtnis hervorragend gewesen sein muß, noch in Einzelheiten davon berichten, wie sie mit ihrer Familie die Tage verbracht hatte, bevor die weißen Männer in die Jagdgründe ihrer Sippe einbrachen. Am Ende ihres Zusammenlebens mit Frau Chapman war Lola Kiepja vermutlich 90 Jahre alt, möglicherweise auch um ein paar Jahre jünger oder älter.

Zweimal hatte Lola geheiratet und insgesamt 14 Kinder zur Welt gebracht. Alle waren vor ihr gestorben, als Opfer der von Bleichgesichtern ins Feuerland eingeschleppten Krankheiten. Dem schlimmsten Mörder, Julio Popper, war sie mit knapper Not entkommen, und als junges Mädchen war Lola Zeuge gewesen, wie man ihren Großvater Anika umgebracht hatte, den bekanntesten Schamanen der Ona. Von ihrem Großvater hatte sie in relativ jungen Jahren die geheimnisvollen Fähigkeiten eines Xchon übernommen. Über Nacht war der Geist in sie gefahren und hatte auch sie zum Schamanen gemacht. Lola glaubte daran, ihren Angaben zufolge waren alle verstorbenen Stammesgenossen von ihren übernatürlichen Kräften überzeugt gewesen. Angeblich konnte sie ihre Mitmenschen von Schmerzen befreien, konnte bestimmte Krankheiten vertreiben, das Wetter vorausbestimmen und wichtige Ereignisse vorhersagen. Sie wußte noch den

Text und die Melodie jener Jahrtausende alten Gesänge, mit denen die Schamanen der Ona die Naturgeister beschworen und das höchste Wesen der gesamten Schöpfung angerufen hatten. Madame Anna Chapman brachte Tonbandgeräte mit, sie hat weit über 100 Gesänge der Lola aufgenommen und damit für alle Zukunft bewahrt. Lola fand Gefallen an dieser für sie recht anstrengenden Arbeit, wollte hinterher jedes Tonband abhören und bestand, wenn sie nicht damit zufrieden war, auf einer Neuaufnahme.

Lola Kiepja lebte unter Obhut der Salesianerinnen in der Mission nicht weit vom Rio Grande entfernt. Ein Farmer, dessen Mutter aus ihrem Volk stammte, sorgte gleichermaßen für sie und war am Ende der einzige, mit dem sie noch in ihrer Muttersprache reden konnte. Zwar hatte der Farmer für sie eine relativ bequeme Hütte gebaut, aber während der milden Jahreszeit saß die alte Frau lieber hinter einem selbstgebauten Wandschirm nach alter Art. Ein flatterndes Dach aus Guanako-Fellen hatte sie darüber gebreitet, und das kleine, stets flakkernde Feuer durfte nicht fehlen. Lola Kiepja, deren Antlitz zuletzt nur noch aus tiefen Falten bestand, dämmerte im Dezember 1968 in die Ewigkeit hinüber.

»Auch wenn Sie noch ein paar Jaghanen und Alakalufen finden«, meinte Pater Lucchini, »solche wie Lola Kiepja sind das nicht mehr. Sie wissen nur noch wenig von der Lebensweise ihrer Vorfahren, der alten Feuerländer. Selbst haben sie das nicht mehr erlebt.«

Aber auch er, der Konservator des Salesianer-Museums, konnte mir nicht sagen, wo sich noch echte Urmenschen aufhielten. Es wäre wohl das beste, darüber mit Dr. Mateo Martinic zu sprechen, dem Chef des »Patagonischen Instituts«. Pater Lucchini war so freundlich, mich telefonisch bei ihm anzumelden. Das Institut hatte ich schon besucht, aber nur ein Mädchen angetroffen, das sich mit einem neuerdings entdeckten Käfer beschäftigt hatte, dessen wissenschaftlichen Namen auch sie nicht aussprechen konnte. Diesmal hatte ich Glück und saß dem kenntnisreichen, hilfsbereiten Chef des Hauses gegenüber.

Als wir beim Kernpunkt anlangten, nämlich bei den allerletzten Feuerländern, hat sein Kopfnicken viele der Enttäuschungen ausgeglichen, die bisher meinen Fragen gefolgt waren: »Ja, es gibt noch einige. Wenn Sie Geduld haben und beharrlich sind, können Sie sie finden.«

Am einfachsten war das mit den Jaghanen. Zwei Schwestern, die mit angenommenen Namen Calderon hießen, seien noch relativ munter und wohnten in Ukike, einer nur aus wenigen Familien bestehenden Ortschaft bei Puerto Williams auf der zu Chile gehörenden Insel Navarino.

Puerto Williams kannte ich schon dem Namen nach. Die Marinestation war erst vor wenigen Jahren entstanden. Die Einwohnerzahl wurde als »militärisches Geheimnis« gehandelt, die Schätzungen schwankten zwischen 200 und 600 Personen. Vorher hatte dort nur eine Mission der Anglikaner bestanden, nach der Gattin des Begründers »Station Maria Luisa« genannt. Dort befindet sich das südlichste Postamt der Welt, die südlichste Schule, das südlichste Hotel und wohl auch das südlichste Museum auf Erden. Wie schon erwähnt, gilt Puerto Williams außerdem noch als Hauptstadt der Provinz Antarctica Chilena.

Früher, bis vor etwa 25 Jahren, existierte rund 40 Kilometer von Puerto Williams entfernt die uralte Siedlung Mejillones (auf deutsch »Muscheln«), Treffpunkt der Jaghanen und anderer Wassernomaden, mit denen die Jaghanen versippt und verschwägert waren. Die letzten hat die Regierung nach Ukike umgesiedelt, dort für jede Familie eine Bretterbude gebaut und den Leuten eine Rente bewilligt, die zwar nur winzig klein ist, aber fürs Überleben gerade genügt.

Auf meine Frage, ob sie auch »wirklich echt« seien, gab mir Dr. Martinic zur Antwort: »So weit unsere Kenntnisse reichen, könnte man das bejahen.« Die oft von Krankheiten geplagten Urmenschen wurden im Marine-Hospital behandelt, und bei dieser Gelegenheit hatten die wissensdurstigen Ärzte auch die Blutgruppen untersucht. Da waren zwei Schwestern Calderon, die allem Anschein nach einzig und allein von jaghanischen Vorfahren abstammten. Beide hatten den größten Teil ihres Lebens in Mejillones verbracht. Sie kannten die alten Familiennamen ihrer Eltern und Großeltern, und das waren zweifellos jaghanische Namen. Vor der Großelternzeit hatte es bei den Wassernomaden keine Kinder gemischten Blutes gegeben, es sei denn von Alakalufen. So weit, so gut, für mich die erste einigermaßen zuverlässige Auskunft.

Mit den Alakalufen sei das ganz einfach, lächelte der gelehrte Herr und reichte mir eine von ihm herausgegebene Dreimonatsschrift »Anales del Instituto de La Patagonia«. Darin befand sich ein Beitrag von Christos Clair Vasiliaides über die Alakalufen. Verblüffend der Inhalt, weil er für die »Echtheit der letzten Alakalufen« Beweise von überzeugender Art lieferte. Da waren Feldforscher am Werk gewesen, die keine Mühe gescheut hatten, noch wirklich Alakalufen zu finden. Vor allem Prof. Dr. A. Lipschütz und seine Kollegin, Frau Grete Mosty, die sich in der winzigen Siedlung Puerto Eden auf der Wellington-Insel sowie in angrenzenden Buchten aufgehalten hatten, um festzustellen, wie viele Alakalufen noch existierten.

Zu jener Zeit kamen die Reste des Volkes für ihre Männerfeiern noch regelmäßig zusammen, und all jene, die nicht mehr ohne Bleibe existieren wollten, hatte die Regierung die Insel Wellington zur Verfügung gestellt. Dort sollten sie betreut und notfalls versorgt werden, eine Aufgabe, die man einem Korporal der Luftwaffe zugeteilt hatte. Dort in Puerto Eden kannte jeder jeden und damit auch dessen Abstammung.

Diese Kenntnis erleichterte es den Anthropologen, den Weizen von der Spreu zu trennen. Nach gründlicher Prüfung und längerem Verweilen glaubte man mit »an Sicherheit grenzender Wahrscheinlichkeit«, daß ums Jahr 1946 noch 50 reine Alakalufen vorhanden waren, 28 Männer und 18 Frauen. Dabei wurden nur Kinder bis zu etwa 14 Jahren mitgezählt, aus welchen Gründen auch immer. Für höchst wahrscheinlich unvermischt hielten Prof. Lipschütz und Frau Mosty noch weitere Personen. Aber weil zu jener Zeit noch eine beträchtliche Anzahl von Eingeborenen den Fang von Fischen, Krebsen und anderem Getier nach Art der Wassernomaden betrieben, bis zu 150 Kilometer von Puerto Eden entfernt, konnten sie nur einen Teil der überlebenden Urmenschen überprüfen.

Damit nicht genug, hatten die Wissenschaftler alle von ihnen anerkannten Alakalufen in eine Liste aufgenommen, auch die kleinen Kinder, mit Namen, mit ihrem mutmaßlichen Alter, hatten auch die zusammenlebenden Paare und deren verwandtschaftliche Verbindung zu anderen Alakalufen registriert.

25 Jahre danach wurde diese Liste von anderen Spezialisten überprüft und die Namen der inzwischen Verstorbenen gestrichen. Wieder zwölf Jahre später, also während meiner Reise, dürfte die Zahl der Überlebenden noch geringer geworden sein. Zwar verfügte Dr. Martinic über keine direkte Verbindung nach Puerto Eden, aber Besucher hatten ihm von einer Frau berichtet, der Senorita Margeritha Molinari, 65 bis 70 Jahre alt. Ihr Name war schon auf der ersten Lipschütz-Liste erschienen mit verschiedenen Anmerkungen. Andere Bewohner Puerto Edens hatten dem Professor versichert, sie sei die Chefin, Kazika, aller noch lebenden Alakalufen. Sie selber habe das allerdings verneint. Da war auch eine Notiz, daß die Frau in Bigamie gelebt habe, mit José Lopez und Alberto Acakaz. Einige Kinder wurden gleichfalls genannt, dazu die Namen ihrer Väter, was mich etwas wunderte. Sowohl die beiden Lebensgefährten wie die Kinder existierten nicht mehr, statt dessen eine Nichte namens Augustina Molinari, die Tochter eines gewissen Louis Molinari. Prof. Lipschütz hatte ihren Vater als echten Alakalufen anerkannt. Maria war als Waisenkind bei ihrer Tante Margeritha Molinari aufgewachsen. Sie müßte jetzt über 50 Jahre alt sein.

Es könnten noch zwei bis drei andere Alakalufen vorhanden sein, meinte Direktor Martinic. Ein ganz alter Mann, der angeblich die Sprache der Urmenschen verstehe, sei leider geistesgestört. Andere wieder seien für lange Zeit irgendwo unterwegs oder leisteten vielleicht ihren Militärdienst in einer weitentfernten Garnison, andere wieder fuhren für ihren Fischfang bis nach San Pedro, wo die Gewässer sehr fischreich sind. Natürlich müßten das keine Alakalufen sein, aber der eine oder andere könnte es sein.

Damit seien leider nicht alle Probleme gelöst, warnte mich Dr. Martinic. Wie man hinkomme nach Puerto Eden, sei mein Problem. Am besten wohl mit einem Viehtransporter. Aber der hielte nur eine halbe Stunde, wenn überhaupt, vor der Insel. Ich könnte nicht an Land, aber die meisten Leute paddelten zum Schiff. Vielleicht auch Margeritha Molinari.

Bei den überlebenden Jaghanen auf Navarino

Zwei jaghanische Damen bitten zum Tee

Wer viel fragt, bekommt viele Antworten. Beim Versuch zu erfahren, wo noch feuerländische Urmenschen zu finden sind, fallen die Antworten sehr verschieden aus.

Jeder hatte irgendwo, irgendwann von diesen Völkern gehört oder gelesen, jeder konnte über sie etwas sagen oder kannte jemanden, der gut über sie Bescheid wußte. Mancher besaß einen Freund, der bei den Urvölkern gewesen war, vielleicht jahrelang in Feuerland gelebt hatte. So füllte ich denn meinen Block mit Notizen, die sobald kein Ende nahmen. Zu den kenntnisreichen Leuten gehörten Beamte, Offiziere bis hinauf zum General und Admiral. Ich sammelte die Namen von Ärzten, sogar von Chefärzten deutscher Abstammung. Es wurden mir bestimmte Schafzüchter empfohlen, desgleichen Sportsegler, Jäger und passionierte Fotografen. Selbstverständlich fehlten auch nicht erfahrene Bergsteiger, ausdauernde Waldläufer, Skiläufer und andere, die sich aus beruflichen oder privaten Gründen für länger oder kürzer durchs Labyrinth der Inselwelt bewegt hatten.

Bevor ich meinen bisher letzten Vorstoß in den großen Zeh Südamerikas unternahm, hatte ich schon von München viel, ja sogar sehr viel unternommen, um mir einigermaßen Gewißheit über die letzten Feuerländer zu verschaffen. Mit kräftiger Unterstützung meiner Frau und meiner langjährigen Sekretärin, die beide schon allerhand gewohnt sind, was solche Recherchen betrifft, war gründliche Vorarbeit geleistet worden. Die beiden Damen, mit schon oft bewährtem Spürsinn begabt, schleppten aus Bibliotheken, Buchläden, aus Pressearchiven, selbst aus den Beständen Anthropologischer Institute so gut wie alles herbei, was sich finden ließ über die fast oder schon ganz ausgestorbenen Ureinwohner. Dennoch war diese Mühe nicht von Erfolg gekrönt.

Davon abgesehen wimmelt es auch in wissenschaftlichen Abhandlungen von schroffen Widersprüchen. Unzuverlässig die Zahlenangaben, ebenso die historischen Daten, jeweils verschieden geschrieben sind die Namen von Personen, Orten und anderes mehr. Bewertung und Schlußfolgerung klaffen weit auseinander. Drei bis vier Namen für den gleichen Ort, das war die Regel und ist es noch immer. Was Feuerland betrifft, die Provinz Magallanes und das südliche Patagonien, auf nichts kann sich der Interessent verlassen.

Da liest man in einer der größten Zeitungen unseres Landes, daß Darwin an Bord der »Beagle« im Jahre 1860 lange Zeit in Feuerland geforscht habe. Es war in den Jahren 1831/32. Im Buch von Lawrence Langart »Vom Sinn und Unsinn der Kleidung« wird ganzseitig eine Familie der Ona abgebildet, die auf der Insel Tahiti leben. Wie der Leser seit langem weiß, lebten die Ona in Feuerland. Der in Prag lebende Völkerkundler Miloslaw Stingl erklärt in seinem Buch »Indianer ohne Tomahawks« über die Ona: »Sie bauten sich kleine Dörfer.« Tatsächlich hatten die Ona als stets umherziehendes Nomadenvolk keine Bleibe gekannt und niemals Hütten gebaut, erst recht nicht in »Dörfern« gelebt. In seinem Buch »Im Faltboot um Kap Horn« schreibt der Verfasser von dem »chilenischen Forscher Martin Gusinde, der 1919 Feuerland besucht hat«. In Wirklichkeit aber hat Prof. Dr. Dr. Martin Gusinde aus Breslau in Schlesien, dort geboren am 29. 10. 1886, Feuerland in den Jahren 1913 bis 1924 bereist. Bände könnte man füllen – sollte es aber lieber nicht – mit solchen und ähnlichen Beispielen. Die auf meinem Schreibtisch ruhende Sammlung von Widersprüchen, falschen Berichten und leichtsinnigem Schwindel würden dafür reiches Material bieten.

Auch die Mehrzahl der persönlichen Kontakte im Lande selbst führten zu nichts oder tief hinein in Sackgassen, manchmal auch so weit zurück in die Vergangenheit, daß nichts mehr damit anzufangen war.

Mit anderen Worten führten alle Kenntnisse und Erfahrungen, die mir angeboten wurden, in eine andere, in die vergangene Welt. Wo heute noch ein paar Urmenschen lebten, wer sollte das wissen?

Da wurde mir, als ich schon in Chile war, aus München ein Leserbrief nachgeschickt von einem gewissen Karlos Hennecke, Generalvertreter der weltumspannenden Bayer-Chemie für Chile. In dem Schreiben fragte er an, ob er mir bei seinem Heimaturlaub einen Besuch in München machen könne. Das wäre zu machen, sagte ich am Telefon zu Frau Hennecke. Im Juli oder August fragte die Dame zurück, denn sie müßten ihren Terminplan danach richten. Nein, schon heute abend, wenn es ihr beliebte, könnten wir uns zusammensetzen. So kam es, daß ich von dem ernsthaft interessierten Ehepaar binnen kurzem einen Stapel von Presseberichten neuester Zeit erhielt, allesamt die Ona, die Jaghanen und die Alakalufen betreffend. Gewiß ging auch in diesen Beiträgen vieles durcheinander, es fehlten nicht sachliche Widersprüche und verschiedene Schreibweisen, und manche der Autoren waren sehr wahrscheinlich nicht vor Ort gewesen. Andere jedoch, die wirklich Bescheid wußten, brachten mich auf vielversprechende Spuren.

Wieder in Punta Arenas, versuchte ich von dort nach Puerto Williams auf der Insel Navarino zu kommen. Zuerst hieß es, die dreimal wöchentlich verkehrende Maschine sei bis auf weiteres ausgebucht, aber ich bekam dann doch einen Platz. Es waren auch andere Plätze plötzlich frei. Auch in diesem Fall war in dem Ticket eine Startzeit genannt, die absolut nicht stimmte, außerdem hatte ich Mühe, den relativ kleinen Vogel, acht Sitze ohne WC – auf dem Flugfeld zu finden. Jedoch Ende gut, alles gut, ich konnte einsteigen und hatte meinen Platz gleich hinter dem Piloten.

Die Landschaft drunten erwies sich bei wechselndem Wetter als so sagenhaft, so einmalig wild und herrlich, wie ich ähnliches nur ganz selten erlebt hatte. Unsere Twin-Otter schwebte von der Hoste-Insel über die Meerenge von Yagashaya hinüber zur Isla Halaganus. Dies war der alte, indianische Name der Insel, auf der heute die Hauptstadt von Chilenisch-Antarctica liegt. Zuerst hieß sie Puerto Maria nach der Frau eines Missionars, der die Wassernomaden christianisieren sollte. Puerto Williams ist der heutige Name. Laihuaia wurde jene Bucht genannt, die heute Puerto Williams als Hafen dient.

Wir sehen unter der Wolkenschicht schon die Rollbahn des bescheidenen Flughafens. Vor der Baracke stehen etwa ein Dutzend Menschen, die vermutlich zur Ankunft oder zum Abflug einer jeden

Maschine erscheinen, weil sonst nicht viel zu sehen ist. Alle tragen einen weiten, dunklen Poncho, der im Winde weht, und einen breitkrempigen Sombrero, den sie mit einer Hand festhalten müssen, sonst würde er über Land und Meer davonfliegen.

Kaum ist unsere Maschine ausgerollt und das Treppchen hinabgelassen, kommt mir schon ein wohlbeleibter Mann entgegen, streckt die Hand aus und stellt sich vor als Manager des Wala-Hotels. Gewiß, bei ihm habe ich mir ein Zimmer bestellt. Zwar hat er die Anmeldung nicht erhalten, aber er kommt zu jeder Maschine und hat noch ein paar Räume frei.

In seinem Jeep rollen wir an der langen, engen Bucht vorbei, wo ein uraltes Dampfschiff meine Aufmerksamkeit erregt.

»Das kommt Ihnen wohl bekannt vor?« meint der Hotelchef. »Es ist früher mal, als in Deutschland noch ein Kaiser regierte, den Rhein heruntergefahren.«

Die »Micalva«, fuhr es mir durch den Sinn, wenn ich auch den ursprünglichen deutschen Namen vergessen hatte. In jedem älteren Bericht über Feuerland spielt die »Micalva« eine bedeutende Rolle. Fast 40 Jahre lang diente sie der chilenischen Marine als Versorgungsschiff entlegener Stationen und unerreichbarer Siedlungen im feuerländischen Archipel. Unter anderem hat das Schiff auch so manchen Schiffbrüchigen gerettet und den Wassernomaden alle mögliche Hilfe geleistet. Der ehemalige Rheindampfer hat sich wunderbar bewährt. Überaus tüchtig müssen die chilenischen Kapitäne und Piloten gewesen sein, denn sonst wäre es kaum gelungen, alle die schauerlichen Unwetter zu überstehen. Weil das brave Schiff den Feuerländern so viele Jahre hindurch treu gedient hatte, wurde die »Micalva« am Ende ihrer Tage nicht verschrottet, sondern erhielt in dieser sturmgeschützten Bucht bei Puerto Williams ihren Ruheplatz. Regelmäßig wird sie neu gestrichen.

Aus welchem Grund man seinerzeit den schon betagten Rheindampfer mit einer Ladung von Gebrauchtklavieren auf den langen Seeweg ins südliche Eismeer schickte, geriet in Vergessenheit, aber nicht die Antwort des Schiffseigners, als er vom Hafenkommandanten in Puerto Montt gefragt wurde, wohin denn nun und mit welcher Ladung die »Micalva« ihre Heimfahrt antreten sollte: »Betrachten Sie das Schiff als Verpackungsmaterial für die nach Chile geschickte Ladung«, lautete die Antwort. »Wenn Sie die ›Micalva‹ haben wollen, gehört sie Ihnen.«

Ich gehe übers Deck, schaue in die Räume und steige auf die Kommandobrücke. Natürlich ist alles verstaubt und verblaßt. Aber wenn man bedenkt, daß vielleicht noch meine Großeltern auf diesem Schiff den Rhein befuhren und an passender Stelle das Lied von der Loreley anstimmten, kommt es mir vor wie ein Märchen.

Das Wala-Hotel, erst vor drei Jahren entstanden, gefällt mir auf den ersten Blick. Seine Lage ist bewundernswert, oberhalb eines gurgelnden Flusses liegt es, der sich schon bald in die weite, breite Bucht ergießt. Große Wiesen, windzerzauste Büsche und mächtige Bäume, die schon bald in Urwald übergehen, umschließen die niederen Gebäude. Unmittelbar daneben bewegen sich wildlebende Pferde, Esel, Schafe und auch eine Menge Hühner. Wie sich herausstellt, bin ich der einzige Gast, abgesehen von einem Dutzend laut spielender Kinder. Ihre Eltern, sagt mir der Chef des Hauses, sind bei der Marine, und weil der chilenischen Marine das Hotel gehört, wie übrigens auch die gesamte Ortschaft Puerto Williams, so dürfen eben die Marinekinder das von der Marine erbaute Hotel als Spielplatz benützen. Das Wala ist großzügig ausgestattet und weitläufig angelegt, vermutlich für Kongresse und Konferenzen. In dem großen Kamin aus Bruchsteinen prasselt ein behagliches Feuer. In der Halle ein hoteleigener Laden mit allen möglichen Geschenkartikeln. Das Mädchen in der Rezeption ist gleichzeitig Verkäuferin im Laden. Mein Zimmer ist schön, ruhig, sauber, und ich genieße von dort aus einen schönen Blick hinunter auf den Fluß.

»Die jaghanischen Schwestern gibt es noch, Cristina und Carlotta Calderon«, erklärt mir der Chef des Hauses. »Alle beide laufen auf gesunden Beinen herum, und bestimmt bleiben sie noch lange am Leben, denn es geht ihnen ganz gut. Ich gebe Ihnen gerne Wagen und einen Fahrer, der Bescheid weiß, und vergessen Sie nicht ein paar Päckchen Zigaretten für die Damen und eine Pulle, so süß und hochprozentig wie nur möglich, mitzunehmen. Alles und noch mehr bekommen Sie hier in meinem Laden zu mäßigen Preisen.«

Aber gerade das möchte ich vermeiden. Tabak, Schnaps und bares Geld verteile ich, wenn das irgend möglich ist, nur ungern. Kleine Geschenke erhalten die Freundschaft, ist ein alter, zutreffender

Spruch, aber viel persönlicher ist die Wirkung, wenn der Schenker die Sachen selbst aussucht. So erwarb ich für die Damen Calderon zwei kunstseidene Kopftücher und zwei buntgemalte Dosen und ließ sie mit Pralinen füllen. Weil überall Kinder sind, war ich hoch erfreut, in dem hauseigenen Laden noch eine Reihe lustiger Spielzeuge zu entdecken.

Ein recht alter Wagen mit jungem Fahrer rollte heran und bewegte sich auf einem weiten Bogen um Puerto Williams herum. Weil aber die Entfernung bis nach Ukike nur knapp sieben Kilometer betrug, waren wir schon bald dort angelangt.

Aus zehn bis zwölf gelbgestrichenen Bretterhütten besteht die nahe dem Meer gelegene Siedlung Ukike. Hinter und vor jeder Behausung häufte sich der Abfall zu Hügeln, dazwischen waren Leinen gespannt, an denen die Wäsche flatterte. Hölzerne, meterhohe Zäune umgaben jede Hütte. Manche Bewohner hatten sich einen Gemüsegarten angelegt, einige waren sogar um Blumen bemüht. Hier und dort lagen Fischerboote, die aber längst nicht mehr benützt wurden.

Ein paar in Pfützen planschende Kinder zeigten mir die beiden nebeneinander liegenden Bretterbuden der jaghanischen Schwestern. Doch leider waren die alten Damen nicht zugegen, sondern zu Besuch bei Verwandten. Weil die Kinder so nett waren, ließ ich einen der mechanischen Frösche vor ihren Augen springen. Da er in der nächsten Pfütze landete, war der Erfolg über alle Maßen verblüffend. Das Schreckensgeschrei und die Jubelrufe der Kleinen waren meilenweit zu hören. Aus allen Hütten liefen Leute herbei, was mich veranlaßte, auch eine mechanische Maus loszulassen. Selten erlebt man bei uns mit Spielzeug so große Erfolge.

Eins der Mädchen, nach meiner Schätzung sechs bis sieben Jahre alt, war bildhübsch und lachte am lustigsten, sauber angezogen mit großer roter Schleife im Haar. Echt indianisch die Gesichtszüge, aber das brauchte noch nicht auf jaghanische Herkunft hinzudeuten. Die Mutter eilte herbei, eine wohlgeformte Erscheinung, und ich erfuhr, daß die junge Frau im Kasino der Marine als Bardame beschäftigt war. Sie begleitete mich zum nahe gelegenen Friedhof, um mir dort die Grabstelle der sagenhaften Abuela Rosa zu zeigen, auf der man noch heute lesen kann, sie sei die letzte der echten Jaghanen gewesen.

Nur etwa die Hälfte der rund 60 in Ukike lebenden Menschen kann sich noch auf echte Wassernomaden unter ihren Vorfahren berufen. Die meisten haben nur einen jaghanischen Großvater oder eine Großmutter. Schon vor 40 bis 50 Jahren haben sich die Wassernomaden mit Chilenen vermischt, mit Chonos-Indianern, mit Araukanern und Alakalufen. Die Mutter des hübschen Mädchens war mit einem chilenischen Matrosen verheiratet. Wirklich echt, versicherte sie mir, seien nur noch ihre Mutter und ihre Tante, nämlich Cristina und Carlotta Calderon. Auf diese Weise war nun meine Verbindung zu den jaghanischen Schwestern hergestellt.

Plötzlich tauchten auch die beiden Damen auf, sie schienen nicht älter als 60 Jahre zu sein, doch habe ich später erfahren, daß sie gut und gerne die 70 überschritten hatten. Ich wurde in die Hütte der Senora Carlotta Calderon gebeten. Die Behausung erschien von innen größer als von draußen. Zur linken Hand befand sich ein Schlafzimmer in einfacher Ausstattung. Die etwas größere Kammer, in die wir eintraten, diente als Küche, Eßzimmer, Wohnraum, ausgestattet mit Fernseher, zwei bequemen Sesseln und mehreren Hockern. Nachdem wir uns gegenseitig ein paar Komplimente gemacht hatten, erlaubte ich mir, die Mitbringsel auszubreiten. Zuerst waren die beiden erstaunt, daß ich kein Geld und keine Zigaretten anbot, danach erschienen sie ehrlich erfreut, daß es nicht so war. Schon hatte die Hausfrau den Wasserkessel auf den Bullerofen gestellt, und Cristina hatte den Tisch gedeckt.

Es ginge ihnen soweit recht gut. Beide hielten sich für hinreichend gesund. Sobald ihnen etwas fehle, eilten sie ins Marinehospital, wo sie kostenfrei behandelt würden. Nette Leute dort, der Arzt und die Krankenschwestern, betonten die Calderons. Doch ist die medizinische Betreuung nicht das einzige Entgegenkommen der chilenischen Regierung. Sie erhalten, sofern ihre Abstammung einigermaßen gesichert erscheint, eine winzige Pension. Die Bretterbuden sind Fertighäuser, in Teilen aus Puerto Montt nach Puerto Williams geschickt und hier von Marinesoldaten aufgebaut. Wenn eines Tages wieder einmal der Regen durchs Dach tropft und die ursprünglich gelbe Farbe von den Wänden platzt, kommen ein paar Männer von der Marinestation und bringen alles wieder in Ordnung. Miete wird nicht verlangt.

Oben: Ufer des zuerst von deutschen Einwanderern erschlossenen Llanquihue-See. Im Hintergrund der Vulkan Osorno. *Unten:* Vereiste Gipfel der Anden-Kette spiegeln sich in einem der vielen Fjorde der südpatagonischen Küste.

Oben links: Die Plaza Mayor, das Zentrum der Stadt Punta Arenas, die auch Hauptstadt der Provinz Magallanes ist. *Oben rechts:* Das prunkvolle Grabmahl eines Schafbarons auf dem Friedhof von Punta Arenas. *Unten:* Austern in Hülle und Fülle!

Gegenüber: zwischen Punta Arenas und Puerto Williams.

Oben: Constantino Kochifas, Kapitän und Eigner der »Skorpios« an der Bar des Speiseraumes. *Unten:* Bis zu vierzig Meter hoch steigt die Front des San-Rafael-Gletschers in den nebeltrüben Himmel.

Leider werden Cristina und Carlotta ziemlich oft von Touristen belästigt, weil der Manager des Wala-Hotels ein Geschäft daraus macht, den Fremden einen Besuch bei den letzten Jaghanen warm zu empfehlen. Was auch seine guten Seiten hat, weil die Schwestern Calderon gelernt haben, aus Schilf und Grashalmen Spielzeugboote anzufertigen, Handtaschen, Beutel und ähnliches mehr. Nichts Besonderes, ganz einfache Sachen, aber die Touristen zahlen dafür etwa 3 US-Dollar pro Stück. Natürlich tue auch ich das, was die gute Stimmung weiter fördert.

Ich solle doch ein Weilchen bleiben und eine Tasse heißen, sehr dunklen Tee mit ihnen trinken. Dazu servierte Carlotta Calderon selbstgebackene Kekse, die recht fade schmeckten und eine Prise Sandkörner enthielten. Aber es war gut gemeint. Ich brauchte nicht viel zu fragen, die Schwestern erzählten von selbst und oft zur gleichen Zeit. Bis vor zehn, zwölf, vielleicht auch 20 Jahren, so genau wissen sie es nicht, haben alle noch existierenden Jaghanen mit ihren nicht-jaghanischen Verwandten in Mejillones gewohnt, am Rande einer südwestlich gelegenen Bucht, rund 40 Kilometer von Puerto Williams entfernt. Mit dem Nomadenleben, mit dem Tauchen nach Muscheln, mit dem Fischfang und dem Sammeln von Vogeleiern war es auch damals schon vorbei. Die Zahl der Bewohner kann 100 oder 150 betragen haben, meinte Cristina. Zwar bestand die Ernährung nach wie vor aus Fischen, Vögeln, Säugetieren des Meeres, aus Muscheln und anderen Schalentieren. Aber nach der alten, echt jaghanischen Art hat sich in Mejillones kaum mehr eine der Familien die Nahrung beschafft. Selbst in ihren jungen Jahren haben die Schwestern Calderon das nicht mehr erlebt.

Doch in Mejillones besaßen die Jaghanen den Mittelpunkt ihres Lebens und kehrten auch nach langer Abwesenheit immer gerne dorthin zurück. Nahe der Ortschaft gab es eine schon recht alte Kapelle, um die herum der Friedhof angelegt war. Von Zeit zu Zeit kamen noch die Angehörigen, um die Gräber zu pflegen, auch um sich beim Picknick der Verstorbenen zu erinnern. Schon zu den Zeiten, als der Rest in Mejillones lebte, wurde er von der Regierung betreut. Man schaffte die Kranken und Uralten ins Hospital nach Puerto Williams, wo seinerzeit nur ein Arzt und zwei Schwestern arbeiteten.

»Da haben sie uns den Kopf gemessen und aus den Fingern und

Armen Blut gesaugt und genau untersucht, was nicht immer mit unserer Zustimmung geschah. Wir mußten auf einer Waage stehen, mußten Wässerchen abliefern und noch mehr. Dadurch fand der Doktor heraus, ob wir echte Jaghanen waren oder nicht. Unsere Namen wurden in Listen eingetragen, und dort werden sie noch heute zu finden sein.«

Es könnte aber auch sein, daß außerhalb von Navarino noch der eine oder andere Jaghane existiere, ohne zu wissen, daß kein fremdes Blut durch seine Adern rollte. Es waren eine ganze Reihe von Verwandten in die ferne Inselwelt, nach Patagonien und vielleicht ins nördliche Chile ausgewandert, die nie mehr hatten von sich hören lassen. Damals sei es geschehen, daß die chilenische Regierung die Umsiedlung aller in Mejillones lebenden Menschen nach Ukike durchgeführt hatte. Dabei war es nicht so wichtig gewesen, um welche indianischen Völker es sich handelte. Man wollte eben nur die alte Siedlung verlegen, wollte sie mit Puerto Williams vereinen.

Gewiß, betonen die Schwestern, es sei viel besser hier, die kostenlose Versorgung im Hospital, die kleine, aber sichere Rente und die mietfreie Behausung. Sogar die Antenne auf dem Dach hatten sie umsonst bekommen, und selbstverständlich zahlten sie keine Fernsehgebühren. Von Steuern hatte in Ukike noch niemand gehört. Das Fernsehen war ihre große Freude. Allerdings arbeitete der Sender von Puerto Williams nur wenige Stunden am Tag. Eine der Schwestern hatte sieben Kinder in die Welt gesetzt, die andere nur fünf. Eine von ihnen hatte zweimal geheiratet, die andere nur einmal. Schon lange waren die Männer gestorben. Keiner von diesen Ehemännern waren echte Jaghanen gewesen. Von den Kindern hatte nur ungefähr die Hälfte das Alter der Erwachsenen erreicht. Wo sich die noch lebenden Nachkommen befanden, was sie taten, wie viele Kinder sie ihrerseits hatten, darüber mußten die Mütter erst eine Weile nachdenken.

Wie es sich unter Freunden gehört, erkundigten sich die Frauen nach meiner Familie und betrachteten mit großem Interesse die entsprechenden Fotos. Sogar den Namen unseres braven Hundes wollten sie wissen. Indessen öffnete sich mehrfach die Türe, um verschiedene Kinder, Hunde und gackernde Hühner einzulassen. Eigene Enkel waren unter den Kindern, aber auch anderer Leute Kinder. Die Bewohner von Ukike sind alle miteinander verwandt.

Die Schwestern Calderon machten sich keine trüben Gedanken über das Erlöschen ihrer Rasse. Sie baten mich, am nächsten Tag wiederzukommen, dann würden noch mehr ihrer Enkel, Nichten und Neffen anwesend sein. Ich sagte zu, dachte mir noch ein paar Mitbringsel aus und wurde beim zweiten Besuch ebenso freundlich empfangen.

Muschelschalen dienen der Archäologie

Ein paar Stunden des folgenden Tages habe ich der Besichtigung von Puerto Williams gewidmet. Sehenswert vor allem das Martin-Gusinde-Museum. Gut ist es eingerichtet, aber schlecht beleuchtet die Exponate. Weil die Wassernomaden nur wenig Geräte, Jagdwaffen, Fischnetze und ähnliches besaßen und auch keine festen Wohnplätze hatten, konnte von ihren Sachen nicht viel übrigbleiben. Holz ist ein vergänglicher Stoff, ebenso alles, was aus Knochen gemacht wird. Immerhin gab es Schaber, Faustkeile und Pfeilspitzen aus Stein, dazu zahlreiche, relativ klare Fotos der Urmenschen, obwohl die Bilder schon 60 Jahre und noch älter waren. Einige Frauen mit langen, aufgelösten Haaren griffen unter Wasser nach Weichtieren, lösten Muscheln vom Gestein und holten Wasserpflanzen aus der Tiefe. Wer immer diese Aufnahmen gemacht hatte, er war erstklassig gewesen.

Vor dem Museum steht die flüchtige Nachbildung eines jaghanischen Toldos, einer schiefen Laubhütte mit Fetzen von Guanako-Fellen darüber. Ein großer, tonnenschwerer Einbaum war noch im wesentlichen erhalten, aber ohne Schutzdach darüber, das ihn vor Wetter und Wind bewahren konnte. Das schwere Fahrzeug hatte gewiß nur zum Fischfang in den Seen gedient.

Ein Überbleibsel ganz anderer Art erinnert jeden Kenner der antarktischen Seegeschichte an einen großen Forscher. Es ist der etwa vier Meter hohe Bug des chilenischen Patrouillenbootes »Yelcho«. Nachdem es im Jahre 1912 dem überaus tapferen Ernst Shackleton, einem Kapitän der britischen Marine, gelungen war, aus seinem vom Eise erdrückten Expeditionsschiff, der »Endeavour«, nicht nur die

Mannschaft, sondern auch Vorräte und einige Rettungsboote vor dem Versinken zu bewahren, erreichte er mit den Schiffbrüchigen nach unvorstellbaren Strapazen die unbewohnte Elephant-Insel am Rande der Antarktis, wo man ein behelfsmäßiges Lager aufschlug. Shackleton selbst begab sich mit drei Begleitern im kleinsten der Boote aufs stürmische Meer, um irgendwo einen Vorposten der Zivilisation zu erreichen. Das schier Unmögliche machte er möglich, und als man in Punta Arenas vom Mißgeschick der Briten erfuhr, machte sich der unerschütterliche Pilot Pardo an Bord seiner kleinen »Yelcho« auf den Weg, wobei er sehr wohl wußte, daß die Schiffbrüchigen ohne rasche Rettung den kommenden Winter nicht überleben würden. Erst beim sechsten oder siebenten Versuch gelang es den Chilenen, durch Treibeis, Schneesturm und eine große Anzahl gefährlicher Klippen an die Elephant-Insel heranzukommen. Bei diesem gesamten Rettungswerk verlor kein Mann das Leben.

Als einige Jahre später die »Yelcho« nicht mehr zu verwenden war, hat man unter Mitwirkung der Briten in der neuen Marinestation von Puerto Williams wenigstens den Bug des alten Patrouillenbootes aufgebaut, um ihn für die Nachwelt zu erhalten. Der Neubau des nächsten und stärkeren Bootes wurde zu Ehren des Leiters jener tollkühnen Rettung »Piloto Pardo« genannt. Zweimal ist dieses neue Schiff, die »Piloto Pardo«, im Südlichen Eismeer dem schon öfters erwähnten Expeditions-Passagierschiff »Lindblad Explorer« zu Hilfe gekommen, das eine Mal, als es im Eis festgefahren, das andere Mal, als es auf eine Klippe gelaufen war. Beide Male konnte das Patrouillenboot sämtliche Passagiere und Mannschaften in Sicherheit bringen. In beiden Fällen wurde bald darauf die »Explorer« freigeschleppt und in einem Trockendock wiederhergestellt.

Bewundernswert ist die Kühnheit, eine so winzige Ortschaft »Hauptstadt der chilenischen Antarktis« zu nennen. Damit soll der Besitzanspruch Chiles auf einen bestimmten, riesengroßen Abschnitt im Südlichen Eismeer und auf dem Sechsten Kontinent selber verdeutlicht werden. Zwar gibt es in Puerto Williams eine Kirche, aber ohne ständigen Priester. Belebter wirkt die Schule mit ihren Sportanlagen, und es fehlt auch nicht ein Kino neben dem Einkaufszentrum. In der Nähe, etwa 15 Fahrminuten vom Wala-Hotel entfernt, rauscht in romantischer Wildheit eine Kaskade aus dem waldbedeckten Gebirge über drei schäumende Stufen hinunter in jene Bucht, die sich schon bald zum freien Meer hin öffnet.

Schon früh am folgenden Morgen fährt mich der Manager des Hauses etwa eine halbe Stunde weit ins Gelände, um mir Biberburgen zu zeigen. Nur ein paar 100 Meter weit gingen wir zu Fuß, schon lag vor uns einer von zahlreichen Waldseen. Ohne jede Scheu vor uns Menschen waren fünf oder sechs der fleißigen Nager damit beschäftigt, ihre Dämme zu reparieren oder zu erhöhen. Sie trugen Zweige und Äste zu den Baustellen, wobei sie ihre langen gelben Zähne entblößten. Sie tauchten ab, kamen wieder hoch, klatschten mit ihren flachen Schwänzen aufs Wasser und erledigten ihre Arbeit mit einer Geschwindigkeit, daß es eine Freude war, sie zu beobachten. Sie seien nicht gefährdet, sagte mir mein Begleiter. Jeder Bewohner Navarinos könne ihnen nachstellen, aber niemand täte es, weil die beiden Lehrer der Schule immer wieder für den Biberschutz eintraten.

Einen Tag später fuhr ich nach Mejillones, schon um acht Uhr morgens, denn ich wollte mir beiderseits der Schotterstraße die Gegend ansehen und kleinere Fußmärsche in den Wald unternehmen. Den betagten Wagen fuhr ein Junge, der noch nicht lange seine Schulzeit hinter sich hatte. Schon bald nachdem wir an den letzten Häusern von Puerto Williams vorbei waren, umgab uns totale Wildnis, wo noch kein Mensch das geringste verändert hatte. Kein Holz war hier geschlagen, kein Urwald war in eine Viehweide verwandelt worden. Stürme, Schnee und Waldbrände hatten in das Dickicht mehr oder minder breite Schneisen geschlagen. Da lagen vermoderte oder verkohlte Stämme, zahlreiche Wurzelballen waren aus dem Boden gerissen. Farnkraut und Jungwuchs erhoben sich aus den Baumleichen, stehende und fließende Gewässer erfüllten die graugrüne Wildnis mit Feuchtigkeit.

Aus Vorsicht wollte ich nicht eindringen in dieses schwammige, übelriechende und grundlose Labyrinth. Es schien so, als habe noch niemals ein Mensch den Versuch gemacht, von der Straße aus das Ende des Urwalds zu erreichen. In Richtung des Landesinneren erhoben sich allenthalben immer höher ansteigende Berge. Zunächst waren sie noch von Wald bedeckt, dann nur noch von Gebüsch und Gestrüpp, das sich allmählich auflöste. Noch höher hinauf bedeckte ewiger Schnee die kahlen Hänge, darüber erhob sich die scheinbar unendliche Kette von eisgepanzerten Gipfeln mit Gletscherströmen. Nur zur Seeseite hin, wo gelegentlich freies Wasser durch Dickicht schimmerte, konnte ich hier und dort etwa 100 Meter weit bis ans Ufer vordringen. Bei solchen Gelegenheiten stieß ich des öfteren auf neue Farmen.

Jeder Chilene, dem der Sinn danach steht, kann ein relativ großes Stück Land von der Regierung bekommen. Allerdings erwartet man von ihm, daß er seine gesammelten Kräfte bemüht, um das Gelände landwirtschaftlich zu nutzen. Den Wald muß man roden, Sümpfe trockenlegen, Zäune ziehen und nützliche Haustiere züchten. Ist es so weit und kann er sich und die Seinen schließlich vom Lohn seiner Arbeit ernähren, wird das Land auf seinen Namen eingetragen, gegen eine nur geringe Gebühr.

Obwohl die Arbeitsleistungen enorm sind und lange Zeit bis zu den ersten Erfolgen vergeht, finden sich immer aufs neue hartgesottene Pioniere, die den Kampf ums Dasein beginnen und in vielen Fällen gewinnen. Aber was die Navarino-Insel betrifft, versprechen nur wenige Stellen, meist zwischen der Küste und der Schotterstraße gelegen, ein relativ gutes Ergebnis. Weil manche der Farmer aufgeben mußten und deshalb ihre Tiere laufen ließen, hört der Besucher des öfteren Pferdegetrappel im Wald, sieht freilebende Rinder und nicht wenige Schafe. Selbst Hühner und anderes Federvieh haben sich selbständig gemacht und meiden den Menschen. So sind die Nachkommen einstiger Haustiere zum Jagdwild geworden, und jeder, der möchte, kann sie erlegen.

Hinauf und hinunter durch weite und durch enge Kurven rollt der Wagen auf der poltrigen Straße in Richtung Mejillones. Viele Löcher hat der Regen ausgewaschen, und so manche tiefe Rinne durchquert die Straße. Kein Fahrzeug kommt uns entgegen oder überholt uns. Weil ich glaube, daß wir einen Plattfuß haben, fordere ich den Mann am Steuer zum Halten auf. Wir steigen aus, und schon verrät ein pfeifendes Geräusch aus dem Reifen links, daß soeben die restliche Luft entweicht. Also her mit Wagenheber und Reserverad, das werden wir gleich haben! Aber leider ist der Kofferraum vollkommen leer. Kein Reserverad, kein Wagenheber, kein Schraubenschlüssel, absolut gar nichts. So ist der Fahrer nicht imstande, mehr zu machen als ein dummes Gesicht.

Es gibt schlimmeres im Leben, lautet in solchen Fällen meine Devise. Weil mir der junge Mensch versichert, wir würden zu Fuß nach Mejillones fünf bis sechs Stunden brauchen, schlage ich vor, er solle ins Wala-Hotel laufen, um dort für ein Fahrzeug zu sorgen, das unseren liegengebliebenen Wagen entweder reparieren oder abschleppen kann. Wohl oder übel macht sich der Fahrer zu Fuß auf den Weg.

Ich erkunde unterdessen, so weit wie möglich, die feuchte Nachbarschaft und mache es mir sodann im Fond des Wagens bequem. Aber nach einer halben Stunde höre ich spanische Stimmen, und neben mir hält ein Versorgungswagen der chilenischen Marine. Ein Leutnant und ein Obermaat fragen, ob sie mir vielleicht helfen können. Sie können es, sie haben einen passenden Reifen dabei. So ist nun mal das Leben, voller Überraschungen. Ich greife zum Steuer, gebe vorsichtig Gas, und schon bin ich unterwegs zum Wala-Hotel. Lange zuvor habe ich den Fahrer eingeholt, und gemeinsam rollen wir ins Hotel.

Der Manager entschuldigt sich und verspricht mir für morgen einen erstklassigen Wagen mit besonders tüchtigem Fahrer. Ich solle mir auf keinen Fall Mejillones entgehen lassen.

So kann ich ohne weiteren Zwischenfall Mejillones besuchen und habe Zeit genug, mich umzusehen. Am besten erhalten ist der Friedhof mit teilweise noch gepflegten Gräbern. Ich sehe die alte Kapelle und trete ein, wobei die Gefahr besteht, daß mir Balken auf den Kopf fallen. Von den ehemaligen Behausungen sind nur geringe Reste übriggeblieben. Allgemein bietet Mejillones ein trostloses, sogar trauriges Bild. Wie gesagt, bedeutet der Name »Muscheln«. Gewiß ein passender Name, denn noch immer sind etwa meterhohe Wälle zu erkennen, die einzig und allein aus fortgeworfenen Muschelschalen bestehen. Zwar sind die Wälle überwachsen, aber schon beim Herumstochern mit der Schuhspitze rollen die Mejillones hinaus. Anhand solcher »Kökkenmödiger«, ein dänisches Wort für Abfallhaufen, haben skandinavische Spezialisten eine Archäologie der Wikinger entwickelt. Wenn auch hier bestimmt keine Wikinger gewesen sind, lebten doch hier lange Zeit hindurch echte Wassernomaden. Die Untersuchung ihrer Abfallhaufen, dieser meterhohen und meterbreiten Kökkenmödiger, haben Bestandteile ihrer Nahrung deutlich gemacht, nämlich zu 90 bis 95 Prozent Fische, Muscheln, Krebse und anderes

Getier wie auch eßbare Vegetation aus dem Meer. Als ich zur rauschenden Brandung gehe, sehe ich dort zwei Männer, vermutlich einen Vater mit seinem Sohn. Natürlich kommen wir gleich ins Gespräch und reden über die Gegend. Die beiden sind weder Jaghanen noch überhaupt Indianer. Aber fast jede Woche kommen sie hierher, in die unmittelbare Nähe von Mejillones, weil die Fischgründe hier so ergiebig sind. Während wir noch sprechen, haben sie in jeder Minute einen stattlichen Fisch an der Angel. Den holen sie aus der Brandung, schlagen dem Opfer kräftig auf den Kopf und werfen ihn auf einen schon beachtlichen Haufen glitzernder Fischleiber.

Wir hatten etwa die Hälfte der 40 Kilometer Rückweg hinter uns, als der Fahrer aufs Armaturenbrett deutet, wo sich der Zeiger rasch der Nullgrenze nähert. Erstens hat Steinschlag die Zuleitung vom Tank zum Motor zertrümmert, außerdem verweigert die Benzinpumpe den Dienst. Aber, wie schon gesagt, es kann schlimmeres geben. Wir brauchen weiter nichts zu tun, als den Rest des Weges auf jene Weise zu bewältigen, wie es die Ona, die Landnomaden, für gewöhnlich getan haben. Weil ich dem Fahrer nicht zumuten möchte, meine ziemlich schwere Fototasche zu tragen, hänge ich sie mir selbst um, dann schreiten wir munter voran. Als Alpenjäger bin ich tüchtige Bewegung gewöhnt, und so kommen wir gut vorwärts. Fünf Stunden marschieren wir großenteils durch totale Dunkelheit, bis endlich die noch fernen Lichter von Puerto Williams auftauchen.

Noch hat niemand unser Ausbleiben bemerkt, was mich nicht mehr stören kann. Freundliche Begrüßung in der Lobby des Hauses, und erneut versichert mir der Manager, daß er mir auch für die zweite Fahrt nach Mejillones einen Sonderpreis einräumen werde. Einen Preis mit Pfeffer und Salz, wie sich am Ende herausstellte.

Der Hotelchef fuhr mich schließlich noch zum Flugfeld. Was er mir dort vermittelte, kostete ihn selber keine Pesete, brachte aber mir reichen Gewinn. Gerade war die Maschine aus Punta Arenas eingetroffen, und wie das so üblich ist, begrüßte mein Begleiter alle Leute. Da war auch eine Frau auf der sonnigen Seite der 60, gut gekleidet, mit einem Wolltuch auf dem Kopf und einer Tragetasche in der Hand. Auch ich wurde vorgestellt, wobei der Hausherr des Wala-Hotels nebenbei erläuterte: »Die Senora ist eine Alakalufe, und von diesen Leuten gibt's nur noch zwei oder drei, die reinrassig sind.«

Sie wollte Verwandte in Ukike besuchen, darunter zwei Kusinen, Cristina und Carlotta Calderon.

Worauf ich wissen wollte, ob sie in Puerto Eden lebe und auf der Insel Wellington Frau Margeritha Molinari kenne.

»Gewiß kenne ich sie, nur mit ihr und ihrer Nichte kann ich noch in meiner Sprache reden. Aber ich selbst habe keinen festen Wohnsitz, ich bin immer auf Besuch bei Freunden und Verwandten. Ich war lange Zeit Krankenschwester und bekomme eine gute Pension, die erleichtert mir das Reisen.«

»Bitte sagen Sie mir doch, wie komme ich am besten nach Puerto Eden?«

Aber dafür ist es schon zu spät, der Pilot ruft zum zweiten oder dritten Mal, wir sollten endlich einsteigen, ein Unwetter ziehe auf, das uns keinesfalls einholen dürfe. Nur noch einen Blick werfe ich auf die Alakalufin, die Senora Enriqueta Castelmundi.

Stets ist sie auf Besuch bei Freunden und Verwandten. In einer Twinotter segelt die Alakalufin durch die Luft. Ihre Großmutter mußte sich statt dessen mit einem federleichten Rindenkanu begnügen.

Den Alakalufen einen letzten Gruß

Warten im Hotel Eberhard

»Aber wie Sie's fertigbringen, ein Ticket zu kaufen, das müssen Sie selber herausfinden. Ebenso problematisch wird es sein, näheres über den Fahrplan des Schiffes zu erfahren.«

Den Bemühungen des deutschen Honorarkonsuls hatte ich es zu verdanken, daß ich endlich mein ausgefertigtes Billett erhielt. Der Preis, immerhin vier Tage auf hoher See, war so verblüffend niedrig, wie man es in Südamerika nur selten erlebt. Allerdings mußte ich so primitiv und bescheiden reisen, wie es noch primitiver kaum möglich war. Schon seit langem waren alle besseren Kabinen restlos vergeben. So blieb mir gar nichts anderes übrig, als mit einem Dutzend einheimischer Lkw-Fahrer den gleichen Raum im Zwischendeck zu teilen: »Alle sind gewiß brav und anständig, aber natürlich etwas laut, und nicht immer sauber«, wurde ich gewarnt. »Gewiß trinken sie über den Durst und singen bis ziemlich weit in die Nacht hinein. Wer im gleichen Raum schläft, kann nicht auf die gewohnte Ruhe rechnen.«

Aber es gibt schlimmeres im Leben. Im Krieg habe ich auf eisgefrorenem Boden unter dem Panzer geschlafen, und bei mancher Gamsjagd im eigenen Revier genügte der Schlafsack unter einer nur körperlangen Zeltplane. Immer reise ich mit Oropax und einer dunklen Augenbinde. Im übrigen würde ich unter die Bettdecke eine Flasche Rotwein mitnehmen, und die konnte mich trösten.

Am kommenden Mittwoch sollte die »Evangelista« von Puerto Natales aus in See stechen. Auch wenn die Uhrzeit nicht genannt war, so würde das kaum vor Mittag geschehen, weil die meisten Mitglieder der Besatzung in Natales lebten und vor ihrer nächsten Reise nach

Puerto Montt, hin und zurück immerhin zehn Tage, erst einmal richtig ausschlafen wollten.

Mit dem ersten Bus von Punta Arenas nach Puerto Natales rollte ich davon und hatte es recht gut an Bord, ein nagelneues Fahrzeug aus dem bekannten Stuttgarter Haus, mit bequemen Liegesesseln und gepflegter Naßzelle. Nicht einmal die Hälfte aller Sitze waren belegt. Alle Mitreisenden verhielten sich ruhig und haben vermutlich die ereignislose Fahrt verschlafen. Bereits nach vier Stunden hatten wir die langweilige Hafenstadt erreicht.

Weil ich wegen meines Gepäcks nicht zu Fuß den Liegeplatz der »Evangelista« erreichen konnte, nahm ich mir ein Taxi. Dank ihrer hohen Aufbauten war die »Evangelista« nicht zu übersehen. Betreten aber durfte ich den vor vielen Jahren in Deutschland erbauten Viehtransporter vorerst nicht. Da war eine Sperre und neben der Sperre ein Büro der zuständigen Reederei. Den dort anwesenden Herren zeigte ich meinen rosaroten Fahrschein. Alle drei betrachteten und prüften sorgfältig das Papier von beiden Seiten, so, als hätten sie ähnliches bisher nicht erblickt. Ja, das gehe in Ordnung, darin stimmten sie überein. Mein Name befand sich auf einer Liste, daran bestand kein Zweifel. Aber erst gegen neun Uhr abends dürften Passagiere das Schiff betreten. Vielleicht hätte ich Glück und könnte dann noch am Abendessen teilnehmen.

Aber wo sollte ich bis dahin bleiben? Also steige ich wieder ins Taxi und frage den Fahrer, ob das mir empfohlene Hotel Eberhard das beste Haus am Platze sei? Ich hatte es während meines Ausflugs in den Paine-Nationalpark schon gesehen. Das recht große Haus erhob sich an der Strandpromenade und bot von den seewärts gelegenen Zimmern einen herrlichen Blick auf die Bucht und die weißbekrönten Berge. Weil nach dem seinerzeit hochberühmten, wohlverdienten Kapitän Eberhard genannt, konnte es womöglich Nachkommen dieses Ehrenmannes gehören.

Weit und breit niemand zu sehen. Ich hüstelte so laut wie möglich, rief dreimal hallo und suchte dann nach der Küche. Auch da befand sich niemand. Statt dessen entdeckte ich drei Personen in einem am Ende des Flures gelegenen Büro. Eine Frau mittleren Alters mit graurotem Haar ließ strenge Blicke von oben bis unten über mich gleiten.

Ich wollte ein Tageszimmer, denn erst gegen neun Uhr könne ich mein Schiff betreten. Ohne zu überlegen, hatte ich Deutsch gesprochen, weil die Frau so deutsch aussah. Die beiden anderen weiblichen Wesen kicherten. Mit strenger Miene wurden sie von der Chefin zur Ordnung gewiesen. Dann sagte sie: »Tageszimmer führe ich nicht, aber wenn sie auf ein Bad verzichten, erhalten Sie 20 Prozent Rabatt und natürlich essen Sie hier.«

Es kam mir vor, als hinge der Haussegen schief. Alle Schlüssel waren am Haken. Mein Zimmer lag nach hinten heraus, mit Blick auf den Abfall einiger Wochen, und besaß keinen Vorhang. Es war so klein, daß man den einzigen Stuhl verschieben mußte, um die Tür nur halb zu öffnen. Irgendwo lärmte ein Motor, im Schrank gab es keinen Aufhänger, und der Leselampe war kein Licht zu entlocken. Aber, wie schon bekannt, es gibt schlimmeres im Leben. Ich mußte irgendwie die Zeit bis neun Uhr abends totschlagen.

Dank der wohltuenden Hilfe von Oropax und meiner schwarzen Augenbinde verbrachte ich die nächsten Stunden und erhob mich dann in der Hoffnung, ein verspätetes Mittagessen zu erhalten. Schließlich war das ja hier, zumindest dem Namen nach, ein deutsches Haus, und so mußte jemand vorhanden sein, der einigermaßen die Kochkunst beherrschte. Als einziger Gast betrat ich den Speiseraum. Nach geraumer Zeit und häufigem Rufen erschien ein pummeliges Wesen und erklärte, man habe nur Steaks im Hause. Weil ich jedoch oft die Erfahrung gemacht hatte, daß hierzulande Fleisch die Härte von Stahlbolzen erreicht, bat ich um Congrio, um den von mir hochgeschätzten Bratfisch.

Der müsse erst besorgt werden, was eine Weile dauern werde. Relativ schnell wurde mein Congrio mit allen möglichen Zutaten serviert. Das Gericht war eßbar, nur die betont unfreundliche Bedienung verbitterte den Geschmack. Sogleich erhielt ich auch die Rechnung über Kost und Logis. Im Münchener Hilton wäre es billiger gewesen.

Weil ich die restlichen Stunden nicht in meinem Bett liegen wollte, begann ich die schachbrettartig angelegte Stadt zu durchwandern. Sehr weit nach allen Seiten hin dehnt sich Puerto Natales aus, ohne aber irgendwo und irgendwie sein Gesicht zu verändern. Als ich zurückgehen wollte, mußte ich mehrere Leute fragen, bis ich am Ende das »Eberhard« erreichte. Gleich und gleich sieht alles aus.

Wenn es auch noch zu früh ist für die »Evangelista«, so möchte ich es doch versuchen. Weil niemand da ist, der ein Taxi rufen könnte, stelle ich mich neben meinen Koffern an den Straßenrand. Zeit habe ich ja genug. Da kommt mir nichts dir nichts ein Taxi um die Ecke, gleich sieht mich der Fahrer und hält an.

Das Hafentor steht offen, niemand befindet sich in der Agentur, kein Mensch will mein Ticket sehen. Der Fahrer bringt mich vor eine weite Luke, die als Einfahrt in den Viehtransporter dient. Da kommt mir aus dem Schiffsbauch ein blaugekleideter Seemann mit drei goldenen Streifen am Ärmel entgegen. Er gibt mir Bescheid, bis aufs vierte Deck zu steigen. Dort sei für mich die Kabine Nr. 6 vorgesehen. Er hat wirklich »Kabine« gesagt, so als handle es sich um die Erste Klasse. Das Hinaufsteigen ist jedoch nicht einfach, denn die Gittertreppe ist sehr schmal und überaus steil. Endlich gelange ich in einen hellblauen Flur, der mit Teppichen ausgelegt ist. Ein junger Mann erscheint, der nach Art richtiger Stewards eine weiße Jacke trägt, lächelt höflich und nimmt mir einen Teil meines Gepäcks ab. Dabei spricht er Englisch, als würden wir uns auf internationalem Boden bewegen: »Welcome on board, Sir, if you will please follow me to your cabin.«

Wie ein Traumwandler folge ich dem Steward, glaube aber selbstverständlich, es müsse sich hier um einen Irrtum handeln. Allein schon der Fahrpreis paßt nicht in die feine Abteilung des Schiffes, auch wenn es sich dabei nur um einen Viehtransporter handelt.

Nummer 6 steht auf der Tür, und sie wird von meinem Begleiter dienstbereit geöffnet. So trete ich ein und weiß mich vor Staunen kaum zu fassen. Eine Kabine für mich allein, außer dem Bett noch eine Sitzecke mit Sofa und zwei Sesseln, dazu der breite Schrank, die Kofferbank, der tiefe Teppich und ein angenehm großes Fenster. Es ist wie auf einem Kreuzfahrtschiff. Was fehlt, ist ein Waschbecken, außerdem das sonst in der Ersten Klasse übliche private WC mit Dusche und Bad. Aber welcher Viehtransporter ist schon damit ausgestattet und das in südamerikanischen Gewässern?

Die Notwendigkeiten befänden sich gleich nebenan, allerdings nicht getrennt nach Herren und Damen. Er werde mich gegen neun Uhr zum Dinner abholen, verständigt mich der Steward. Da wir nur so wenige Passagiere in der Ersten sind, fügt er noch hinzu, essen wir am Tisch des Kapitäns. Zu seinen Gästen gehöre noch ein chilenisches Ehepaar und zwei Damen aus Neuseeland. Alle sonstigen Kabinen seien leer geblieben.

Ein hübscher Speiseraum, der nur für den Kapitän und seine Offiziere bestimmt ist. Aber wenn man die Stühle ein wenig zusammenrückte, konnten auch das chilenische Ehepaar, die beiden neuseeländischen Damen und ich Platz nehmen. Der etwa fünfzigjährige Kapitän, ehemals Offizier der chilenischen Marine, stellte uns vor. Er besaß Manieren, beherrschte außer der spanischen und französischen auch weitgehend die deutsche Sprache, und so leitete er die Konversation. Suppe und Vorspeise gab es, Fleisch oder Fisch nach Wahl, hinterher Eis, Kaffee und sogar Likör. Flaschen mit rotem und weißem Wein standen auf dem Tisch. Die beiden Neuseeländerinnen, jugendlich und gepflegt, waren Bibliothekarinnen an der Universität von Churchill auf der neuseeländischen Südinsel. Beide gebildet und interessant. Sie hatten auch schon weite Reisen gemacht. Das chilenische Ehepaar verhielt sich zurückhaltend, wurde mir aber von einem Tag zum anderen immer sympathischer.

Es wurde schon hell in meiner Kabine, als ich erwachte. Erst als der Steward klopfte, weil das Frühstück gleich serviert werde, begannen die beiden Maschinen der »Evangelista« zu stampfen. Der Nebel lichtete sich, und als ich aufs Oberdeck kam, lag vor mir das unsagbar schöne, wilde Balmaceda-Gebirge.

An verschiedenen Türen und Niedergängen sah ich verblaßte und verkratzte Hinweise in deutscher Sprache: »Kein Zugang«, »Nicht anfassen«, »Leitung unter Spannung«, »Herren«, »Rauchen verboten«. Die »Evangelista« war vor rund 50 Jahren in Rostock gebaut worden, und als Fährschiff hatte sie in der Ostsee gedient. Nach dem Verkauf an Chile war sie zum Viehtransporter umgebaut worden. Doch blieb die lebende Fracht auf ihren Lastern, bis wieder die Beförderung auf Straßen möglich war. Die Laster fuhren in das Schiff hinein und am Ende der Fahrt wieder hinaus. Auf die mitgeführten Lebewesen wurde nur insofern Rücksicht genommen, als man sie nach Möglichkeit lebend abliefern wollte. Tote Tiere wurden nicht bezahlt.

Ein Blick hinunter aufs oberste der beiden Wagendecks ließ mich schaudern. Dort standen drei Reihen von jeweils vier Lkws mit Anhängern im Freien. Die einen waren angefüllt mit 14 Pferden pro Wagen, die anderen mit 62 Schafen (ich habe sie gezählt!), etwa ein Dutzend Rinder befanden sich im Zugwagen wie auch auf den Anhängern der übrigen Lkws. Die Schafe standen in zwei oder drei Etagen übereinander. Im darunter liegenden Deck standen etwa ebenso viele Fahrzeuge mit vermutlich derselben Anzahl von Tieren. Dann gab es auch noch im Vorschiff, das ich vom Oberdeck nicht einsehen konnte, weitere Transporter mit Pferden, Schafen und Rindern. Sowie das Schiff schwankte, schwankten auch die eng beisammen stehenden Tiere in ihrem schmalen Gefängnis mit.

Von Futter weit und breit nichts zu sehen, aber später versicherte mir der Kapitän, daß die Lkw-Fahrer an ungefähr jedem zweiten Tag eine ziemlich große Menge Heu mit großen Gabeln auf den Rücken der Tiere würfen. Ich habe nicht gesehen, daß sie getränkt wurden. Angeblich soll das bei Schafen nicht nötig sein. Auch wenn sie nach acht Tagen beim Empfänger eintreffen, sind fast alle Tiere noch am Leben. Der Kapitän wollte uns nicht sagen, was dann mit den Pferden, den Rindern und den Schafen geschehe. Dem Anschein nach waren sie für den Schlachthof bestimmt.

Ich vergesse nie ein kläglich blökendes Schaf, das mit gebrochenen Beinen neben einem der Lastwagen lag. Von seinen Leiden wurde es deshalb nicht erlöst, weil man es für die Küche brauchte. Es sollte frisch sein.

Bei Tisch sagte ich dem Kommandanten, wie sehr mir daran läge, auf der Wellington-Insel, in Puerto Eden, den noch übrigen Alakalufen zu begegnen.

»Da brauchen sie gar nicht hin, die kommen an Bord. Die Margeritha Molinari mit ihrer Nichte verkaufen Souvernirs, selbstgemachte Körbchen, Taschen und Kleinboote aus Schilfgeflecht.«

Das sei schön und gut, aber ich wolle die alakalufischen Frauen lieber auf der Insel besuchen, in ihrer eigenen Behausung.

Erstens habe man dafür keine Zeit, gab der Kommandant zurück, weil die »Evangelista« nur wenig Fracht aufnehme und fast gar nichts abgebe. Das geschehe alles mit Hilfe von Booten. Zweitens, und das wollte ich zunächst nicht glauben, könnten sich weder Fremde noch

Einheimische auf dieser feuchten und morastigen Insel bewegen. Da gab es weder Weg noch Pfad. Weil jede Familie dicht am Ufer lebte, mit einem Bootssteg, benützten alle Inselbewohner nur ihre Boote, mit oder ohne Motor, zum Besuch ihrer Freunde, der Ladengeschäfte, der Schule und der Post: »Eine Stunde nur, mehr haben wir nicht für Puerto Eden. Das ist Zeit genug, um mit ihrer Senora Molinari zu schwätzen, und wenn sie ihr ein paar Sachen abkaufen, läßt sich die Frau von allen Seiten fotografieren und natürlich auch die Nichte.«

Ich bat ihn, so bald wie möglich die Bekanntschaft herzustellen. »Nicht nötig, die Molinari erkennt mit Adlerblick den zahlungsfähigen Kunden, und geradewegs werden die Damen auf Sie zusteuern.«

Margeritha Molinari

Es regnet, und kühl weht der Wind. Hier könne das Wetter nicht anders sein, versichert mir der Kapitän, sonst wäre es eine Sensation. Wassertropfen rinnen am Fenster hinab, nur langsam lösen sich die Nebelschwaden aus den Fjorden. Sie geben bewaldete Inseln frei, Halbinseln, Abhänge und bucklige Berge. Von Menschen oder ihren Werken nicht die geringste Spur. Wir, in unserem übervölkerten Mitteleuropa, wünschen uns oft ungestörte Natur, Stille und Einsamkeit. Aber so einsam wie hier sollte es doch nicht sein. Ein Dachfirst zwischen den Bäumen, eine Rauchfahne, ein paar Fischernetze am Ufer der Buchten, ein Boot in der Nähe, das mußte schon sein. Hier ist absolut nichts, was auf Menschen hinweist. Nirgendwo haben sie auch nur die geringste Spur hinterlassen. Alles ist so, als schwebten wir durch einen zeitlosen Raum.

Selbst jene Fischer, die gelegentlich auftauchen, um reiche Fänge aus der Tiefe zu holen, lassen sich hier nicht nieder. Die finden sich nur, und zwar mitten in menschenleerer Einöde, auf der Insel Wellington. Ungefähr 150 Menschen in einer trostlosen Ortschaft, die sich Puerto Eden nennt, »Paradieshafen« auf deutsch, was ganz und gar nicht den Tatsachen entspricht. Unmittelbar gegenüber am Westufer der patagonischen Küste befindet sich eine bescheiden ausgestattete Station der chilenischen Marine. Drei bis vier Patrouillenboote werden dort versorgt, und wenn die ständige Garnison aus etwa einem Dutzend Marineangehörigen besteht, ist es viel.

Aber ohne diesen Stützpunkt könnte Puerto Eden nicht existieren. Was sollten die Bewohner des »Paradieshafens« mit ihren Ziegenlämmern, mit ihren Fischen, mit ihren besonders großen Langusten und auch mit dem Ertrag ihrer Gemüsegärten anfangen, hätten sie nicht die Marine als Abnehmer. Weil es nirgendwo ein Flugfeld gibt, könnte ohne unsere »Evangelista« kein Brief die isolierten Menschen auf der Wellington-Insel erreichen. Das allein ist Grund genug, weshalb der Viehtransporter zweimal monatlich Puerto Eden anläuft. Ein Befehl von oben sei das, erklärt uns der Kommandant, und dafür erhalte die Reederei eine Subvention. Schließlich fühlt sich jede ordentliche Regierung verpflichtet, alle Ortschaften des Landes postalisch zu bedienen.

»Aber was wir mitbringen, müssen sich die Leute selber holen. Wir wollen keine Minute länger verlieren als unbedingt notwendig. Weil sonst in Puerto Eden nichts passiert, ist unser Besuch jedesmal ein besonderes Ereignis. Da kommen sie allesamt an Bord. Sie werden das heute selber sehen.«

Auf dem Oberdeck stehe ich, dicht eingehüllt ertrage ich den Nieselregen und den pausenlos wehenden Wind. Im Glas suche ich die Ränder aller Inseln ab, weil ich auf keinen Fall die ersten Anzeichen menschlicher Gegenwart verpassen möchte. Endlich erscheint vor uns in der Ferne ein senkrechter Strich über dem Horizont, grau und dünn. Das muß der Rauch aus einem Kamin sein, die Andeutung eines Küchenherdes. Nachdem unser Schiff einen Bogen geschlagen hat, erscheint eine ziemlich lange, niedrige Insel. Das soll Puerto Eden sein, der Paradieshafen in der endlos weiten Wasserwildnis. Die Bewohner haben sich einige Mühe gegeben, ihre Ortschaft zu verschönern. Alle Häuser und Hütten sind unlängst frisch bemalt worden, entweder hellrot oder grün, blau oder grauweiß gesprenkelt. Wie uns der Käpten richtig gesagt hat, liegen alle Behausungen mit Schuppen und Ziegenställen nur wenige Schritt vom Wasser entfernt.

Zur linken Hand, im nebligen Dunst kaum zu sehen, die Marinestation mit himmelhoher Antenne, nahe dem Ufer ein Fahnenmast mit der Nationalflagge. Ein Motorboot löst sich von dort, offenbar in der Absicht, mit unserem Schiff Fühlung aufzunehmen. Indessen hat die »Evangelista« ihren Ankerplatz erreicht, und mit Donnergepolter rauschen die Ketten ins Wasser. Sofort entsteht auf der Insel lebhafte Bewegung. Es können ein halbes Hundert Boote sein, die meisten mit Außenbordern, manche gerudert, die sich gleich einem aufgestörten Bienenschwarm der »Evangelista« nähern. Unsere Leute haben schon die riesige, sechs bis sieben Meter breite Heckluke bis fast auf die Wasseroberfläche niedergelassen. Die solide Stahlkonstruktion, über die sonst schwere Laster rollen, wird für eine halbe oder ganze Stunde als Marktplatz von Puerto Eden dienen, Mittelpunkt lebhaften Handels, wo man seine Post abholt und Pakete aufgibt. Weil bestimmt keiner auf der Insel zurückgeblieben ist, sind jetzt alle Boote bei uns eingetroffen. In erster Linie geht es um riesengroße, noch lebende Langusten, die relativ rasch den Besitzer wechseln, bargeldlos, wie sich von selbst versteht, ein echter Tauschhandel nach der alten Art. Schnaps für ein Netz voller Fische, Rotwein in Flaschen für eine Kiste mit Austern oder anderen Muscheln, eine Stange Zigaretten für zwei unvergleichlich große Langusten.

»Souvenirs, Senor, handgemacht von Alakaluf«, sagt eine breitgebaute Frau mit geschäftstüchtigem Lächeln. Sie hält ein bleistiftgroßes Spielboot vor meine Augen, und an ihrem linken Arm hängen Taschen, Beutel und sonstiger Krimskrams aus biegsamen Weidenzweigen oder ähnlichem Flechtmaterial hergestellt. Auch Kinderfinger hätten das gekonnt, nichts Besonderes. Hier ist das anders, das Flechtwerk stammt von Margeritha Molinari, und sie ist eine große Seltenheit unter ihren Mitmenschen. Ich nehme und zahle, ohne zu handeln.

Da steht vor mir auch die schon erwähnte Nichte. Sie hat helle Augen, ein recht angenehmes, kreisrundes Gesicht und ein wirklich nettes Lachen. Die Hautfarbe beider Damen läßt sich als hellbraun beschreiben, tiefschwarz sind die Haare, und es macht Mühe, sie in Ordnung zu halten. Auffallend breit sind die Backenknochen und platt die Nasen. Die Mongolenfalte im Augenwinkel, auch sie gehört dazu. Im übrigen sind die Molinaris sauber und ordentlich gekleidet, ihre Röcke reichen fast auf den Boden. Weil sie offenbar gut genug verdient haben, an mir und an den neuseeländischen Damen, beachten sie kaum noch das geschäftige Treiben. Weshalb ich Geschenke aus meiner Tasche hole, zwei grellbunte, kunstseidene Kopftücher und zwei Paar wollene Handschuhe. Kleine Schleifen sind daran befestigt, was die Tante und ihre Nichte besonders freut. Sie denken, ich wollte das verkaufen, und verstehen zuerst nicht, aus welchem Grund ich den Handel ablehne. Sie seien die ersten und vermutlich die letzten Alakalufen, denen ich jemals begegnet bin, ist meine Begründung für die Geschenke. Ob ihnen das als Erklärung genügte? Sie strahlen mich jedenfalls freundschaftlich an.

Nur selten habe ich bei Menschen eine so rasche Verwandlung erlebt, wie bei diesen Nachkommen der Wassernomaden. Sie scheinen von der einen zur nächsten Minute ihr Wesen zu verändern, auch ihre Haltung macht einen Wandel durch. Sie drängen mir geradezu ihre Freundschaft auf. Wären sie jünger gewesen und nicht ganz so mollig, wir hätten uns wohl spontan umarmt. Ohne weiteres folgten sie meiner Einladung zum Drink in meine Kabine. Ich entkorke eine noch aus Punta Arenas mitgebrachte Flasche Rotwein, und zu dritt sitzen wir um den runden Tisch. Ja, sie kannte jene Senora Enriqueta Castelmundi, die gerade in Puerto Williams angekommen war, als ich nach Punta Arenas zurückfliegen wollte. Es stimmte, auch sie war eine echte Alakalufin.

In Puerto Eden gebe es noch einen Mann, der ganz dem alten Volk entstammte, er selber wisse nicht mehr sein Alter. In seinem Kopf ginge alles durcheinander, wenn man ihn nach seinem Namen frage, nenne er jedesmal einen anderen. Er habe die chilenische Sprache verlernt oder erst gar nicht gelernt. Meist stapfe er mit schweren Schritten durch den Morast, von einer bewohnten Hütte zur nächsten, wo er zu essen bekomme und sich an kalten Tagen wärmen könne. Der Greis spreche mit sich selber, in alakalufischer Sprache, weil er nichts anderes könne. Hin und wieder holten ihn chilenische Matrosen hinüber ins Hospital, wo er gründlich untersucht werde. Lange werde er bestimmt nicht mehr leben, und warum solle er das auch?

Zwar hatte die Senora Molinari zweimal »richtig« geheiratet, sonst aber nur mit diesem oder jenem Mann zusammengelebt. Gewiß, Kinder waren gekommen, aber die Hälfte davon schon in jungen Jahren gestorben. Andere waren dann fortgezogen, weil sie auf der Wellington-Insel nichts werden konnten. Einer war irgendwo beim Militär im Norden von Chile, hin und wieder kam auch einer der Söhne zu Besuch. Aber wie viele Enkel sie hatte, das wußte Frau Molinari nicht zu sagen. In der von Professor Lipschütz aufgestellten Liste »echter« Feuerländer waren gut ein Dutzend Molinaris aufgeführt. Aber so viele Jahre sind nach der ersten Untersuchung vergangen, daß man bei der letzten Durchsicht hinter fast allen Namen ein Kreuz gemacht hat, nur die Tante und Nichte Molinari haben es noch nicht.

Es könnte sein, auch die Nichte hält es für möglich, daß noch irgendwo echte Alakalufen übrig sind, drunten in Feuerland und am Ende von irgendeinem der Fjorde. Bis vor einigen Jahren noch hatten sich geringe Reste des Stammes auf ihren Fischfahrten bis zur Isla Obispa tief nach Süden bewegt und waren monatelang fortgeblieben. Aber auch sie hatten es nicht mehr verstanden, die alten, berühmten Rindenkanus herzustellen. Selbst in den neuen, viel plumperen Booten hatten die Fischer bis vor kurzem noch kleine Feuer unterhalten und sich fürs Nachtlager Toldos gebaut, ebenfalls mit kleinem Feuer darin.

Puerto Eden war, ähnlich wie Puerto Williams, eine relativ neuzeitliche Gründung, erst entstanden, als Margeritha Molinari schon ziemlich lange auf der Welt war. Wie es scheint, hatten die Behörden, allein schon nach den Berichten des Paters Gusinde, den Untergang der Alakalufen schon vor 30 bis 40 Jahren vorausgesehen, alle Überlebenden eingesammelt und auf der Wellington-Insel angesiedelt. Manche hatten sich nicht einsammeln lassen oder das Leben in einer »so großen Ortschaft« abgelehnt. Sie waren verschwunden, und von den meisten hatte man nie wieder etwas gehört. Aber denen auf Wellington lieferte die Regierung Mobiliar, Kleider und Lebensmittel, bot gesundheitliche Betreuung ohne jede Kosten und hatte die ersten Hütten auf die Insel gebracht und hier aufgestellt.

Doch die überlebenden Alakalufen reichten nicht aus, um eine ordentliche Siedlung zu unterhalten. Es kamen freiwillig noch andere indianische Familien und Chilenen aus dem Norden. Viele verdienten sich ihren Lebensunterhalt als Robbenfänger und Seehundjäger. Zwar wurde gebietsweise von Zeit zu Zeit die Jagd verboten, aber dann wieder erlaubt. Den Loberos konnte es gleichgültig sein, sie taten, was sie wollten. Die Marine war so rücksichtsvoll, nicht hinter ihnen herzuschauen. Was die Kirche betraf, war es hier wie auf der Navarino-Insel. Eine Kapelle hatte man gebaut, aber nur hin und wieder erschien ein Priester, um zu erledigen, was notwendig war: Taufe, Firmung, Eheschließung, Einsegnung der Gräber und dergleichen mehr. Wie bei den Ona und den Jaghanen gab es auch für die Alakalufen keine Hoffnung mehr auf echten Nachwuchs. Es fehlten junge Männer und Frauen.

Die Sirene heulte dreimal hintereinander. Alle Besucher mußten von Bord.

Danach habe ich vom Oberdeck aus durch mein Fernglas noch lange den beiden nachgeschaut, bis sie von Dunst und Nebel eingehüllt wurden. Solange ich sie noch sehen konnte, haben die Tante und ihre Nichte gewinkt.

Dann waren die letzten Urmenschen des Feuerlandes verschwunden. Die zehn Jahrtausende ihrer Existenz sind vorüber. Gerade noch den letzten bin ich begegnet.

Westpatagonien – die einsamste Küste der Welt

Die »Skorpios« macht's möglich

Ein Motorschiff, das nicht mehr als 500 Tonnen verdrängt, aber bis zu 80 Passagieren aufnehmen kann, bewegt sich alle Jahre wieder entlang der westpatagonischen Küche durch ein nahezu menschenleeres Labyrinth unzähliger Inseln. Es geschieht zu jener Zeit, die man dort unten den Sommer nennt, während wir uns im Winter befinden. Die Abfahrt erfolgt von Puerto Montt, einer bedeutenden Hafenstadt im südlichen Chile, und es geht weiter bis zur hinreißend schönen Bucht von San Rafael, in den tiefen Süden der ungefähr 4800 Kilometer langen Chilenischen Republik. Kein ständiger Bewohner lebt am Rand der sehenswerten Bucht, dafür schwimmen mehrere tausend Eisberge unterschiedlicher Größe im bitterkalten Wasser, und man sieht dahinter die zwei Kilometer breite und bis zu 60 Meter hohe Gletscherfront des San Rafael. Aus ihr brechen alle paar Minuten mit Donnergepolter gewaltige Blöcke, die alle in der Nähe herumtreibenden weißen Schollen in tanzende Bewegung versetzen.

Es ist dem Schiffsarchitekten, und das dürfte Capitan Constantino Kochifas selber gewesen sein, nach gewiß langen Überlegungen gelungen, für 39 Kabinen für je zwei Personen gerade noch knapp ausreichenden Platz in seinem Schiff zu finden. Eine reife Leistung, muß man anerkennen, denn zu jeder Minikabine gehört noch ein privater Waschraum mit Dusche und WC. Zwei von Schneewittchens sieben Zwergen könnten sich, wenn sie die Luft anhalten, gemeinsam ins Kämmerlein begeben. Weil ich aber gerne allein schlafe und in liegender Stellung lese, wenn meine Frau daheim bleibt, scheute ich die nahezu doppelte Ausgabe für eine Luxuskabine nicht. Auch dort gab es ein Oberbett über dem unteren, aber niemand durfte hinein. Doch als Ablage für den vielen Krimskrams, der sich auf einer solchen Reise nicht vermeiden läßt, war mir der Platz hochwillkommen.

Jeder sozial empfindende Mitmensch wird ohne weiteres verstehen, daß ich zum Ausgleich für so viel privaten Raum auf etwas verzichten mußte, was sonst selbstverständlich ist, auf den Blick nach draußen. Meine »single« hatte weder Fenster noch Bullauge. Also gab es in meiner Bleibe keinen Unterschied zwischen Tag und Nacht. Die andere Kabine der Luxusklasse, von denen insgesamt zwei vorhanden waren, bezog mein Freund Gerhard Kuhn.

So waren wir denn auf der »Skorpios« und machten die Bekanntschaft aller übrigen Passagiere, weil der Capitan und seine Gattin Mimi, charmante Mutter von neun Kindern, schon gleich, als sich das Schiff in Bewegung setzte, einen Begrüßungsempfang für richtig hielten. Zwei Drittel der Passagiere waren Landeskinder, Chilenen also. Einige andere stammten ebenfalls aus Südamerika, aus Brasilien, Argentinien und Paraguay. Es gefiel ihnen gut, daß Gerhard und ich Spanisch sprachen.

Indessen entfernten sich die Kais von Puerto Montt. Segler kreuzten den Weg, heimkehrende Fischerboote und zwei tiefliegende Holztransporter. Die uns gebotene, in den meisten Fällen durchaus genießbare Verpflegung stammte aus dem Meer, das wir befuhren. Mimi Kochifas, die treusorgende Hausfrau an Bord, unterstützt von der Besatzung, holte mit Netz und Angel bei knapp einstündiger Bootsfahrt um das wartende Schiff bis zu 500 Kilo Fisch aus dem Wasser. Auch wenn das unglaublich klingt, man sollte es mir glauben, ich habe es nicht nur gesehen, sondern war selber im Boot dabei. Austern konnte jeder genießen, so viel er wollte, desgleichen Langusten. Fische lernte ich kennen, die ich bisher noch nicht gekannt hatte. Am besten gefiel mir, wie schon zu Lande in den Restaurants, der Congrio, eine Schollenart.

Die Decks hatte man für die Passagiere vorgesehen. Viel Platz war jedoch angefüllt mit Baumaterial, mit Zementsäcken, Stahlträgern, Holzbalken und Dachpappe. Damit gedachte unser Kapitän ein Mineralbad zu vollenden, das sich auf einer von ihm angekauften Insel befand, wo bisher keine Menschen gelebt hatten, jedoch eine besonders heilkräftige, dampfende Quelle aus den Felsen sprang. Ein Kurzentrum mit schönen Spazierwegen sollte dort entstehen, wie es ähnliches bisher in der südchilenischen Inselwelt nicht gab.

Aber nicht nur für die Zukunft, auch für die Mitreisenden wurde viel getan. Der gute chilenische Tischwein war im Preis inbegriffen. An der sogenannten Chimico-Bar im Speisesaal wurde frei und gratis bedient. Niemand mußte einen Scheck unterschreiben oder auch nur seinen Namen nennen. Wo es dies und jenes zu sehen gab, bat uns Capitan Kochifas in ein Boot. Wo wir bei guter Laune Land betraten und durch ein Fischerdorf trampten, war entweder Kochifas persönlich oder der Reiseleiter Reinaldo mit dem neuesten Modell einer Filmkamera dabei. Bis zum Abend war die Videokassette fertig zum Vorführen. So konnten wir, kaum daß man nach dem Diener den Tisch geräumt hatte, die Ereignisse des gleichen Tages auf der Leinwand betrachten.

Vor etwa 100 Jahren hat der Hamburger Professor Michelsen nach weit ausgedehnten Reisen durch die südchilenischen Küstengewässer und die feuerländische Inselwelt wie folgt berichtet: »Jeder Kenner des Landes warnte mich vor mindestens 365 Regentagen im Jahr, aber das war weit übertrieben. Selber habe ich nur zwölf Monate strömende Regengüsse erlebt.«

Ich kann dieser Übertreibung nicht zustimmen. Es gibt dort unten auch Tage ohne Regen, ohne Hagel, Schnee und Graupel. Sogar blauen Himmel habe ich erlebt, ab und zu schien die Sonne aus völlig wolkenfreiem Himmel. Sanft und lieblich wehte der Wind, erfüllt vom würzigen Duft der Wälder und vom Gezwitscher zahlreicher Vögel.

Im Schatten der Anden

Viele Inseln gab es, aber nur wenige Menschen. Wer einen Blick auf die Karte wirft, auf die verwirrende Küstenlandschaft des südlichen Chile, von Puerto Montt hinunter bis zum Kap Horn, dem kommt wie selbstverständlich das Wort »verwirrend« über die Lippen.

In den alten Zeiten, als noch die Seeleute unter Segel fuhren, hat diese unübersichtliche Welt, jedenfalls auf dem geduldigen Pergament, zum Generalkapitanat Chile gehört, zum südlichen Abschnitt des Vizekönigreiches Peru. Da suchten die spanischen Karavellen und Galeonen lieber das freie Meer. Sie wagten sich nicht durch die Wasserwildnis in dem ungefähr 1500 Kilometer langen Archipel. Auch wenn sie draußen mit den schlimmsten Stürmen rechnen mußten, es war immer noch besser als die vielfältigen Gefahren unter Land, denn man wußte nie, wann zwischen den zahlreichen Inseln, den Klippen und Riffen eine Durchfahrt möglich war. Natürlich gibt es heute einigermaßen gute Seekarten, es sind auch Seezeichen vorhanden, Schwimmbojen und gelegentlich ein Leuchtturm. Außerdem haben wir auf der »Skorpios« Radar an Bord, Echolot und Funksprechverkehr.

Aber in dieser Gegend sieht alles gleich aus, und nur selten begegnet man einem anderen Fahrzeug. Unsere »Skorpios« ist während der ganzen Reise nur einem schäbigen Viehtransporter begegnet, sonst nur Fischerbooten. Natürlich haben die Behörden alle größeren Inseln mit Namen versehen, die auf Spezialkarten der chilenischen Marine verzeichnet sind, aber nur selten auf anderen Karten, weil dafür der Platz nicht reicht. Im übrigen haben sich nicht allein die Spanier, später dann die Chilenen um die Erforschung und Entdeckung der südamerikanischen Küste verdient gemacht, sondern auch Holländer, Briten, Franzosen und letzten Endes die Deutschen. Dabei hat jeder von ihnen sehr oft gemeint, er habe hier eine erste Entdeckung gemacht, und deshalb auch gleich die Taufe vorgenommen, mit dem Ergebnis, daß ganz verschiedene Namen überliefert wurden. Wer sich da durchfinden will, muß viel Erfahrung haben, außerdem noch Fingerspitzengefühl. Unser Kaptän hat beides, ganz bestimmt. Unter seiner Führung gleiten wir durch eine höchst eigenartige Landschaft.

Jedes Eiland und jedes Vorgebirge hat bucklige Gestalt und ist lükkenlos mit Wald bedeckt. Nur selten ragen Felstürme aus der graugrünen Vegetation. Wirkliche Gebirge erheben sich erst im Hintergrund und gehören zum Festland, wo der gleicherweise dichtbewaldete Hang der Anden beginnt. Wenn sie die Höhe von ungefähr 1000 Metern erreicht haben, dulden es die Stürme nicht länger, daß Bäume gedeihen. Es folgen darüber zerzaustes Gestrüpp und sturmgeplagte Steppe, sodann der ewige Schnee. Im Glas können wir die zerklüfteten Gebirgshänge, die schneeweißen Höhen und die Gletscher erkennen. Darüber noch eisglitzernde Gipfel, unter ihnen befinden sich auch Giganten, wie der für uns nicht sichtbare Aconcagua mit 7666 Metern, der Mercedario mit 7266 Metern und der Tupungati mit 7166 Metern. Doch die meisten sind verhüllt, helle Wolken und ziehende Nebel schweben an ihnen vorbei.

Die patagonischen Anden begleiten uns von Anfang bis Ende der Fahrt. Sie bilden die wahrhaft heroische Kulisse, die man ein Leben lang nicht vergißt. Vergessen aber ist jede Insel, sobald sie von der nächsten abgelöst wird. So ist das auf backbord wie auf steuerbord. Kein Haus, keine Hütte, kein Schornstein sind zu sehen, überhaupt keine Spur von Menschen. Nirgends Lücken im Wald, keine Stelle entlang der Küsten, die darauf schließen läßt, daß Fischer oder Jäger hier angelegt haben. All die Buckelinseln ziehen an uns vorbei, ohne daß wir ein vierbeiniges Tier erblicken.

In den Reiseprospekten werden Seehunde erwähnt, Pelzrobben und andere Meeressäuger, besonders gespannt sind viele auf die bis zu drei Tonnen schweren Meereselefanten. Aber vorerst ist nichts davon zu sehen. Zahlreiche wilde Enten und Gänse sind in mancherlei Varianten vorhanden. Zwei Ornithologen an Bord nennen die Arten und verraten uns die Namen, darunter die Dampfschiffenten, landläufig Pato vaporo genannt, etwa so groß wie unsere Teichenten. Gedeckt in den Farben und gar nicht scheu sehen sie friedfertig aus. Sie können nicht fliegen, aber mit flatternden Schwingen schnell übers Wasser laufen.

Weil wir eine längere Ruhepause einlegen, damit sich Senora Mimi Kochifas wieder einmal um die Erbeutung von Schuppen- und Schalentieren bemühen kann, ersuchen wir den Kapitän um eine Rundfahrt. Gern tut er uns den Gefallen. Aber auch dicht unter Land sehen wir nicht mehr als im Fernglas von Bord. Drei, vielleicht auch vier Inseln haben wir umrundet, doch konnten wir nirgendwo festen Boden betreten. Zu dicht geschlossen ist die Vegetation. Sie greift mit ihren Ästen und Zweigen unter herabhängenden Lianen weit übers Wasser, sie sperrt mit einem dicht geflochtenen Gitter ungebetene Besucher aus.

Die »Skorpios« fährt nur bei Tageslicht, aus gut begreiflichen Gründen. Schon bei Anbruch der Dunkelheit fallen die Anker, oder wir legen an, falls sich in der Nähe eine Ortschaft findet. Sie sind äußerst selten. Wie ungewöhnlich Besucher sind, läßt sich daran erkennen, daß die Kinder vor uns davonlaufen. Gebeugte Greise begrüßen uns und fragen, was wir wollen. Später jedoch, als man sich von unserer Harmlosigkeit überzeugt hat, bringen uns lächelnde Kinder eigenhändig gestrickte Beutelchen mit bunten Muscheln darin und sind sehr erstaunt, als wir Geld dafür geben. Wo sonst kann der Tourist noch heute dergleichen erleben?

Irgendwo begegnen wir dem schon legendären Segelschulschiff »Esmeralda« der chilenischen Marine. Auch wenn sie keine Segel gesetzt haben, bietet der Viermaster doch einen herrlichen Anblick, desgleichen die Seekadetten, von denen ein jeder beim Vorübergehen knapp und korrekt grüßt. In Aguirre könnte es gewesen sein, daß wir gleich im Hafen einen auf vier Rädern montierten Generator erblickten, bis fast zur Hälfte im Boden versunken. Die Behörden hatten ihn hergeschickt, um die Ortschaft mit Strom zu versorgen, aber leider war das Ding nicht angesprungen. Weil sich niemand sehen ließ, den Schaden zu beheben, ließ man das Aggregat stehen, wo es nun einmal stand.

Wir sahen ein Rathaus mit etwa vier Quadratmetern Grundfläche, in dem sich nur ein Dutzend Hühner aufhielten. Einige der Ortschaften ließen erkennen, daß früher weit mehr Menschen dort gelebt hatten als in unseren Tagen. Da gab es Holzkirchen, die schon lange keinen Gottesdienst mehr gehört hatten. Auch sahen wir ein windschiefes Schulhaus, daß weder von Kindern besucht noch von einem Lehrer geführt wurde.

Austern kistenweise und 30000 Jahre alter Whisky

Im hübschen Hafen von Ancud auf der großen Chiloé-Insel durfte ich in Gesellschaft eines Münchener Ehepaares das tollste Austernessen meines bisherigen Lebens genießen. Die beiden hatten, gleich neben ihrem Reisemobil, einen weißgedeckten Tisch aufgestellt und hielten daneben einen Eiskübel mit zwei bis drei Flaschen des herben chilenischen Weißweins bereit. Es war an jenem Kai des romantisch wirkenden Hafens, wo die Austernfischer mit ihrem eben eingebrachten Fang festmachten. Sie bedienten ihre Gäste mit Schaufeln, gleich vom Boot aus in einen Korb, der sich neben den Feinschmeckern befand.

»Meine Herren, machen Sie doch mit bei der Mahlzeit«, rief der Münchener mir und Freund Gerhard entgegen. »Da stehen zwei leere Kisten, wenn Sie die an den Tisch holen, kann's gleich losgehen.«

Gerhard und ich taten wie gebeten, schon häuften sich fingerlange Austern auf unseren tiefen Tellern, und sie konnten nicht frischer sein, als sie waren. Ein Nagelreiniger genügte, um die Schalentiere zu öffnen, nur ein wenig Pfeffer und Zitrone streuten wir darüber. »Greifen Sie zu«, mahnte die Dame aus München, »noch ist genug da, und gleich kommt das nächste Boot.«

Mein Freund behauptet, ich hätte 72 Austern gegessen, es könnten aber auch mehr gewesen sein. Als ich fragte, in welcher Höhe wir uns an der Rechnung beteiligen dürften, lächelte der Gastgeber. »So 'ne Kiste voll kostet nach unserem Geld gerade 18 Mark, und gut 200 Austern sind drin!«

Gerhard, ich und einige andere Passagiere fuhren in Taxen rund um die große Insel Chiloé. Sie wurde schon im 16. Jahrhundert von spanischen Landwirten besiedelt, die sich sodann mit den Araukanern, Chonos und auch den Alakalufen vermischten. Das Ergebnis scheint gut gelungen, und weitgehend ist die grüne, großenteils fruchtbare Insel landwirtschaftlich erschlossen. Aber oft bemerkt man noch ihr altes Brauchtum. So sahen wir niedrig gebaute, breitknochige Ochsen, die gemächlich einen zweirädrigen Karren hinter sich herzogen. Die Räder des plumpen Karrens bestanden aus massiven Baumscheiben, und Faßreifen waren an die Laufkanten geschmiedet. Schon die alten Römer waren weitergekommen, sogar die Griechen zur Zeit des unvergleichlichen Aristoteles besaßen zur Zeit des Perikles schon Räder mit Speichen. Hier aber, auf der Insel Chiloé, rollen noch Scheibenräder aus dem spanischen Mittelalter.

Auf den Wasserwegen südlich der Chiloé-Insel mußte sich jeder, der sich auf Deck begab, mit einem dichtgeschlossenen Regenmantel, einem Südwester, Gummistiefeln, wasserdichten Handschuhen bis zum Ellbogen und möglichst noch einer Regenbrille ausrüsten. Nur so war es möglich, dem kühl von der Seite heranwehenden Wind und dem beständig rauschenden Regen standzuhalten. Wallender Nebel zog heran und zog vorbei, gleich gefolgt von neuen Schwaden, die kein Ende nahmen.

Wir schlichen durch Kanäle, die so eng und winklig waren, daß ich zunächst glaubte, Kapitän Kochifas habe sich verirrt. Aber wider jedes Erwarten wand er seine »Skorpios« hindurch, wobei die Zweige an der Reeling entlangstreiften. Alles triefte vor Nässe, Wasserlachen bildeten sich an Deck. Wo man hinfaßte, war es feucht, glitschig, und die Füße rutschten ab.

Da kam durch den Lautsprecher die Nachricht, daß wir uns im Quitralco-Fjord befänden. Aber Namen sind hier Schall und Rauch, besser gesagt, Nebelstreifen und Regenwolken. Hier noch auf besondere Weise, weil aus dem Dickicht der vor uns liegenden Inseln grauweißes Gewölk emporsteigt, nicht von oben herabsinkt, sondern von unten kommt. Wie der Wind in unsere Richtung weht, spüre ich, daß er Wärme mitbringt, so, als käme er geradewegs aus der Südsee. Aber das scheint nur so, denn gleich erfahren wir, daß es sich um heiße Quellen handelt.

Wir haben das Mineralbad Quitralco erreicht, den privaten, 10000 Hektar großen Besitz der Familie Kochifas. Einige Jahre werden noch vergehen, bis sein Kurhotel mit allem Drum und Dran fertig wird. Als wir von unserem Schiff über eine breite Holzbrücke an Land gehen, sehen wir mit Staunen, was schon alles getan wurde. Eine Schwimmhalle von verblüffenden Ausmaßen enthält zwei Schwimmbecken, gefüllt mit heilkräftigem, leicht bewegtem und sogar angenehm prikkelndem Wasser. Die Temperatur in dem einen beträgt 28 Grad Celsius, in dem anderen 40 Grad. Umkleideräume, Massageräume, heiße wie kalte Duschen, alles ist so, wie es auch bei uns nicht besser sein könnte. Dazu gibt es noch eine Imbiß-Stube und eine Bar, die jedoch noch nicht in Betrieb sind. Es fehlt auch noch das Personal. Besonders gemütlich wirkt das flackernde Holzfeuer hinter den beiden Becken, eingefaßt von breiten Kaminen aus Naturstein.

Großzügig, wie Constantinos Kochifas ist, überläßt er den Passagieren seiner »Skorpios« die schönen Bäder gratis für den ganzen Tag. So kann er die Besatzung des Schiffes mit dem Ausladen des mitgebrachten Baumaterials beschäftigen. Gemeinsam mit zehn bis zwölf an Ort und Stelle vorhandenen Arbeitskräften schleppen sie die schwere Fracht zu den Baustellen.

Mir blieb die Schwimmhalle in unvergeßlicher Erinnerung, weil der Kontrast zwischen drinnen und draußen unerhört stark war. Da lag ich hingestreckt im wohltuend warmen, perlenden und heilkräftigen Wasser, hörte das Knistern brennenden Feuers hinter mir im Kamin und sah durch die ganz aus Glas bestehende Fensterpartie hinaus ins südchilenische Wetter. Neben mir ein Glas gefüllt mit chilenischem Rotwein und freundliche Menschen um mich herum. Vor mir aber rinnen ruhelos Regentropfen an den Fensterscheiben hinab. Wohl und warm ist mir zumute, während nur wenige Meter entfernt die feuchtkalten Winde wehen und dunkle Wolken sich mit schweifendem Nebel mischen. Um mich herum eine Oase des Wohlbehagens, davor die Landesnatur, wie sie seit Jahrtausenden besteht.

Der Tag ging vorüber, und die Nacht verbrachten wir in unseren Kabinen. Sodann setzte sich die »Skorpios« wieder in Bewegung, und bald erreichten wir die San-Rafael-Bucht. Wenn auch in keiner Weise zutraf, daß sich der zwei bis drei Kilometer breite und etwa zwölf Kilometer lange San-Rafel-Gletscher durch dichten Urwald bewegt, wenn auch keine Kolibris, Papageien oder andere schöne Vögel herumflogen, wie in allen Reiseprospekten angekündigt, so war die Bucht doch ein großartiges Erlebnis, um so mehr, weil wir gerade an diesem Tag von gutem Wetter überrascht wurden.

Keine Wolke am Himmel. Wenn die Sonne auch nicht wärmte, schien sie doch hinab auf die Bucht. Nur leicht wehte der Wind, viele Kilometer weit konnten wir sehen. Schon schwammen die Beiboote auf dem glitzernden, von Eisbrocken gesprenkeltem Wasser, und der Sicherheit halber wurde eines mit dem anderen verbunden. Die schöne chilenische Flagge flatterte über uns. Vom Ersten Offizier geführt, suchte unser Geleitzug den bestmöglichen Weg durch den Irrgarten der weißen Schollen, entlang an glitzernden Eisbergen und zusammengeballten Blöcken. Alle Schollen bewegten sich. Es schien so, als wären sie ohne Ausnahme von dem inneren Trieb erfüllt, sich hinaus ins offene Meer zu begeben. Jede Farbnuance war vertreten. Schneeweiß über Rosarot, Blaßblau und Dunkelblau bis zu tiefgrauen Schattierungen. Dazu gab es reibende Geräusche, kreischende Vögel und insbesonders ein paar überaus schrille Möwen. Im Glas erblickten wir auf flachen Schollen die dunkle Form von ruhenden Robben. Sie klatschten beim Herankommen unserer Boote sofort ins dunkle Wasser. Gewaltige Eisklötze lösten sich aus der Gletscherfront und stürzten mit Donnergepolter hinab in die halbrunde Bucht.

Eines mußte man dem geschäftstüchtigen Kochifas lassen. Er hielt Wort, daß er uns bei seiner Rundfahrt alkoholische Getränke bieten würde, die gut und gerne 30000 Jahre alt wären. So lange jedenfalls, hatten Geologen berechnet, braucht das Gletschereis von seiner Bildung hoch droben bis hinunter in die Bucht San Rafael. Weshalb nun unsere chilenischen Begleiter von treibenden Eisblöcken ein paar Stücke abschlugen, um sie in mitgebrachte Eimer zu füllen. Guter Whisky wurde hervorgeholt, dazu ziemlich große Gläser. Dort hinein schüttete man den Whisky auf eine Handvoll Gletschereis. Weil angeblich das Eis 30000 Jahre alt war, der Whisky immerhin zwölf Altersjahre erreicht hatte, wurde von Capitan Kochifas kühn behauptet, daß wir insgesamt 30012 Jahre in uns hineingössen.

Da sehen wir doch allen Ernstes ein Hotel, ziemlich weit entfernt und oberhalb des Steilhanges. Die Fenster sind mit Brettern vernagelt, und leblos wirkt der ganze Bau. Aber es ist wirklich ein Hotel gewesen. Trotz Werbung hatten sich bei der Eröffnung nur drei oder vier zahlende Gäste eingefunden. Viel zu weit entfernt lag das Nobelhotel von den Zentren des Tourismus. So wurde es gleich wieder geschlossen und verlassen. Wie aber Senor Kochifas sagt, soll es demnächst als Zentrum einer Forschungsstelle und Kontrollposten für den weit ausgedehnten Nationalpark San Rafael eine neue und gewiß nützliche Funktion übernehmen.

Im Bannkreis von Feuerland

Nur den Hund besuchen ...

Punta Arenas hat dem Besucher nicht viel zu bieten. Bevor Ushuaia entstand, hat sich Punta Arenas, die südlichste Hafenstadt der Welt, dieser extremen Lage gerühmt. Amtlich ist die heutigentages ungefähr 80 000 Menschen große Stadt (die Angaben gehen auseinander) zuerst einmal die Hauptstadt der zwölften Region der chilenischen Republik mit 132 000 Quadratkilometer, nicht mitgerechnet 1 250 000 Quadratkilometer der Antarktis. So groß ist allein das von Chile beanspruchte Gebiet im Sechsten Kontinent, auf das allerdings auch noch andere Nationen Besitzrechte erheben. Aber auf dem geduldigen Globus reicht die zwölfte Zone der Republik Chile bis zum Südpol.

Zum zweiten ist Punta Arenas die Hauptstadt der Provinz Magallanes. Diese ist aber nur eine der vier Provinzen der zwölften Region. Die anderen sind Ultima Esperanza mit der kleinen Hauptstadt Puerto Natales, das eigentliche Feuerland mit der noch kleineren Hauptstadt Porvenir und schließlich die Provinz Antarctica Chilena mit der verschwindend kleinen Hauptstadt Puerto Williams.

Die gesamte zwölfte Region, so behaupten offizielle Angaben in der nicht datierten Tourist Information, zählt 110 000 Köpfe, weniger als ein Mensch auf 100 Quadratkilometer. In der von Chile beanspruchten Eiswüste auf dem Sechsten Kontinent und auf einigen Inseln davor bestehen vier bis fünf wissenschaftliche Stationen, aber Familien leben vorerst noch nicht in dieser von tobenden Stürmen und von Eis bedeckten Einsamkeit. Nur Wissenschaftler, darunter eine nicht geringe Anzahl von Zivil tragenden Militärs, werden für ein bis zwei Jahre dorthin geschickt.

Punta Arenas hieß zeitweise Magellan. Dieser Wechsel des Namens stiftet Verwirrung beim Studium älterer Bücher, weil da manchem Leser nicht klar ist, ob es sich um ein und dieselbe Stadt handelt. Magellan, der Entdecker der Magellan-Straße, erhebt sich in Bronze auf der Plaza Magallan und schaut von dort die Rua Magallan hinunter bis zum Hafen. Wie es scheint, stützt der Seeheld seinen rechten Fuß auf ein Kanonenrohr, aber bei genauerem Hinsehen handelt es sich um das Bugsprit seines vielgeplagten Schiffes »Santa Trinidad«. Darunter befinden sich einige Indianer in Lebensgröße, die gewiß keinen Grund haben, Fernando Magellan für ihre Entdeckung zu danken. Aber dem Anschein nach jubeln sie ihm zu.

Die Plaza war, wie in fast allen spanischen Städten, Exerzierplatz (Plaza de Armas) der meist nur bescheidenen Garnison. Dieser grüne Park ist das angenehmste, was Punta Arenas zu bieten hat. Ein gut gepflegter, von Blumen und blühenden Bäumen geschmückter Platz, komplett mit Ruhebänken und recht hübschem Pavillon, wo bei passender Gelegenheit militärische Blasmusik zu hören ist. Um die Plaza herum erheben sich die schon beschriebenen herrschaftlichen Villen, die teilweise von großen Gärten umgebenen Paläste der Schafbarone.

Mein Hotel, »Cabo de Hornos« genannt, befand sich an der Südseite des Platzes. Fünf Sterne führt es und verlangt entsprechende Preise. Außerdem rühmt es sich internationaler Küche, eleganter Zimmer, schöner Bäder und verspricht ebenso aufmerksamen wie erstklassigen Service. Doch je weniger ich von der Wirklichkeit berichte, desto besser.

Was man in Punta Arenas möglicherweise an Wartetagen anfangen könnte, hat schon um die Jahrhundertwende der bereits zitierte Professor Dr. Michelsen aus Hamburg nicht herausgefunden. Er meinte, daß er niemals zuvor eine Stadt besucht habe, die so viel Langeweile zu bieten habe, die so reizlos sei, so ungepflegt, auch so grau, feucht und windig kalt. Immerhin konnte man zu seiner Zeit in der »Kap Horn Bar« frohgemute Gesellschaft finden, besonders Hamburger Seeleute verkehrten dort und trafen sich mit deutschen Einwanderern. Aber das war einmal, heute gibt es so etwas nicht mehr.

Was mich besonders interessierte, war, wie schon erwähnt, das Museum des Salesianer-Ordens. Als ich, weil kein Taxi zu bekommen war, den weiten Rückmarsch vom Museum ins Hotel zu Fuß begann, erblickte ich auf einem langgestreckten Hügel eben aus dem Nebel auftauchend eine kleine Schafherde, nicht mehr als zwölf bis 20 Tiere. Ein Peon zu Pferde begleitete sie, und ein bis zwei Hunde sorgten für die notwendige Ordnung. Wer aber beschreibt mein Erstaunen, als ich erkennen mußte, daß sich keines der Tiere bewegte und daß auch der Mensch vollkommen still hielt. Es waren Skulpturen.

Gerade will ich am Tor des Friedhofs vorbeigehen, da strömen aus einem Kleinbus nicht weniger als ein halbes Dutzend Mitpassagiere von der »Skorpios«. Ein deutschstämmiger Senior von Punta Arenas, Pagels mit Namen, hat sie vor dem Hotel »Cabo de Hornos« zu einer Stadtrundfahrt überredet. Ich solle mitkommen, sagt er, denn viel gäbe es zu sehen auf dem Campo Santo. So zum Beispiel das gut erhaltene Grab eines professionellen Indianerkillers, nicht weit davon entfernt die vielbesuchte Ruhestätte eines namenlosen Indianerjungens, der vermutlich zu den Opfern des Menschenjägers gehört hatte. Alsdann erreichen wir die riesengroßen Mausoleen, die man seinerzeit für verstorbene Schafbarone errichtet hat. In der Tat wirken die aus weißem Marmor bestehenden, mit viel Schmuck versehenen Totengebäude wie Paläste für Lebende. Dort ruhen, wie man sagt, die sterblichen Überreste jener Leute, die mitgeholfen haben, die Urmenschen auszurotten. Ein Stück weiter, ein schlichter Gedenkstein mit frischen Kränzen, der an jene deutschen Seeleute erinnert, die während der beiden Weltkriege in den benachbarten Ozeanen ihr Leben verloren haben.

Als wir den Friedhof verlassen, schwärmt der weißhaarige Pagels, der Sohn eines Seehelden aus dem Ersten Weltkrieg, von den Sehenswürdigkeiten, die wir bei einer Rundfahrt nach Puerto Natales, in dem Fjord von Ultima Esperanza und beim Anblick des Balmaceda-Gletschers genießen könnten. Gleich gehen wir darauf ein. Aber vom frühen Morgen bis späten Abend müßten wir Augen und Ohren offenhalten, mahnt er die Mitreisenden. Das Mylodon in seiner Höhle sollten wir erleben, eines der größten Geheimnisse im südlichen Amerika. Vielleicht wäre einer von uns imstande, das mit diesem prähistorischen Tier verbundene Rätsel zu lösen.

Weil man sich in einer Hafenstadt schließlich auch den Hafen ansehen soll, wandere ich durch leicht abschüssige Straßen hinab zu den

Schiffen, Schuppen und Landebrücken an der Magellan-Straße. Alles was sich dort abspielt, das Löschen und Verladen der wenigen Frachter, machte eher einen rückständigen als fortschrittlichen Eindruck.

Beim Heimweg durch eine andere Straße, leicht bergauf, passiere ich zur linken Hand ein schon ziemlich altes, aber gut gebautes Schulgebäude. Wie die Inschrift am Tor besagt, handelt es sich um eine Schule für geistig zurückgebliebene Kinder. Zum Eingang des Gebäudes gehörte ein Vorraum von knapp zwei Metern Tiefe und doppelter Breite. Dort ist man vor dem fast immer wehenden, pfeifenden Wind geschützt. In diesem Vorraum lagern gut und gerne ein Dutzend Kinder in schulpflichtigem Alter. Ihre Kleider sind teilweise schadhaft und wohl auch nicht warm genug für das unangenehme Wetter. Inmitten der Kinder ein großer, in sein warmes Fell gehüllter Hund, der sich offenbar unendlich wohl fühlt. Das brave, an der Schnauze weißhaarige Tier wurde auf das liebevollste von all den Kinderhänden gestreichelt. Selten habe ich einen Hund gesehen, der so sehr die ihm erwiesenen Wohltaten zu schätzen wußte.

Weil aber Samstag oder Sonntag war, hatte man die Türe zur Schule abgeschlossen. Wenn sich trotzdem hier die Kinder drängten, mußte es einen Grund haben. So fragte ich und das mit folgendem Ergebnis: Wo sollten sie hingehen, die behinderten Kinder? Sie hatten ja keinen Spielplatz. Hier konnten sie mit ihren Schulfreunden zusammensein, hier wurden sie vor dem kaltfeuchten Wind geschützt. Geduldig würden sie warten bis Montag früh, da durften sie wieder in die Schule gehen. Aber war das nicht langweilig auf die Dauer? Was taten sie den ganzen Tag über hier auf dem kalten Steinfußboden? Da gab mir ein etwa siebenjähriger Junge die erschöpfende Antwort: »Visitar al perro.«

Den Hund besuchen, heißt das, weiter nichts.

Schon früh am Morgen wollten wir Punta Arenas verlassen, aber wieder mußten wir endlos lange auf heißes Wasser für das Kaffeepulver warten. Aber der Fahrer unseres Busses und Pagels, der Reiseführer, kannten die Gewohnheiten der Hotels und kamen eine Stunde später als ausgemacht. Das stimmte genau, und so konnten wir gleich einsteigen.

Etwa 20 Kilometer weit fuhren wir nordwärts entlang der grauverhangenen Magellan-Straße. Links droben, erklärte uns Pagels, konnte man bei klarem Wetter den Cerro Mirador sehen, an dessen Hängen, zu gegebener Zeit, lebhafter Skibetrieb herrschte. Im Restaurant des Andino-Clubs könne man die beste chilenische Küche genießen, nicht zu vergessen die erlesenen Weine des Landes. Die Botschaft hörte ich wohl, allein mir fehlte der Glaube. Weiter folgten Fischmehl- und Fischkonservenfabriken, Schlacht- und Kühlhäuser, Molkereien, Färbereien und viele Schuppen für Wolle. Alles notwendig, aber nicht schön. Am Chabunco-Fluß sollte sich ein Vergnügungspark befinden, doch aus unbekannten Gründen hatte man ihn geschlossen. Danach die Pferderennbahn, Cabo Negro, wo zuweilen auch motorisierte Rennen stattfanden. Danach die Anlagen der ENAP, der nationalen Ölgesellschaft. Falls wir es wünschten, könnten wir die Einrichtung besichtigen, meinte Herr Pagels. Aber gerade das wünschten wir nicht. Auch die folgende Ziegelei, die Polizeistation und einen Autofriedhof ließen wir zurück. Über die vorwiegend aus Schuppen bestehende Ortschaft Konaikika verrät das Heft »Tourist Information«: »Wo man lernen kann zu wissen einen Teil der landwirtschaftlichen Pflichten«.

Keiner von uns hatte Lust auf den Lehrgang. In der gleichen Werbeschrift ist die Rede von der »reichen Fauna«, die man beiderseits der Fahrstraße erblickt. Dabei sollte es sich um die Nandu-Laufvögel, um viele Wildgansarten und andere Vögel handeln. Aber sie mußten alle gerade Urlaub haben.

Immer wieder liest man in den Reiseprospekten, wie gut es mit dem Sportfischen hierzulande bestellt sei. Aber wir sind nicht darauf eingerichtet, und solchen Anpreisungen glauben wir immer weniger.

Eine andere Frage ist, von was die zahlreichen Hunde leben, die hier mit freundlichem Schwanzwedeln durchs Gelände ziehen. An Unterkünften fehlt es ihnen nicht. Dafür haben die Familien jener Unglücklichen gesorgt, die einen Straßenunfall zum Opfer fielen. Man hat in vielen Teilen des Landes zum Andenken an die Toten am Unfallort eine kleine Kapelle errichtet, etwa einen Meter hoch mit schlichtem Kreuz und dem Namen des Verunglückten darauf. Früher waren die Kapellen bunt bemalt und mit künstlichen Blumen geschmückt. Davon ist nichts übrig. Aber schon seit langem sind die Hunde eingezogen. Dort wohnen sie geschützt vor Wind, Regen, vor Graupel und Schneegestöber. Die recht tierliebenden Chilenen haben nichts dagegen.

Weit und wellig ist die Gegend, reizlos, baumlos, karges Weideland für Schafe. Aber die Wollträger stehen nicht in geschlossenen Herden beisammen, sondern einzeln zerstreut im Gelände. Vom Bus aus sehen wir nur helle Punkte, so weit die Blicke reichen. Gut anderthalb Stunden lang wird dem Auge nichts geboten. Selbst der gute Pagels schweigt sich aus, denn was sollte er sagen.

Dann aber halten wir vor einem großen Gasthof, der von Obstbäumen und Gemüsebeeten umgeben ist. Gepflegt sieht das Anwesen aus, macht aber einen verlassenen, altertümlichen Eindruck, mit weißgedeckten Tischen, hellgestreiften Gardinen, gepolsterten Sesseln und Goldfischen in einer großen Kugel. Einladend schauen die beiden Gasträume aus. Eine ältere Frau erscheint, die offenbar nicht mit Gästen gerechnet hat. Sie könne uns gerne Tee kochen, sagt sie. Sonst sei nur Bier vorhanden, und, wenn wir warten wollten, würde sie belegte Brote bringen. Es ist so, als hätten wir uns in ein anderes Land verirrt, in eine vergangene Zeit.

Später frage ich Pagels und erfahre, daß der Gasthof wirklich noch aus anderen Zeiten stammt, aus dem Anfang des Jahrhunderts, und damals der vielbesuchte Treffpunkt aller Schafzüchter der Umgebung gewesen ist. Hier hat man Hochzeiten veranstaltet und andere Feste gefeiert. Große Geburtstage gehörten dazu und das Festessen nach einer Beisetzung. Weil damals alle Gäste zu Pferde kamen oder im pferdebespannten Wagen, war die Welt noch in Ordnung gewesen. Doch der motorisierte Verkehr brauste vorbei, und damit lag das gepflegte Anwesen in der Einöde.

Aber von was leben denn die Leute, wenn so gut wie niemand mehr hier einkehrt? Mit dem Gasthof müßten sie kein Geld mehr verdienen, sie waren beteiligt an der Schafzucht ihrer Nachbarn und hatten den Nachlaß ihrer Eltern und Großeltern gut angelegt. Der Gasthof blieb aus Gewohnheit erhalten, aus Tradition, und weil er kaum noch Mühe machte.

Rechts der helle See, demgemäß Laguna Blanca genannt, brachte Abwechslung in die Landschaft, ebenso der jenseits des Rio Penitente (Büßerfluß) höher und immer höher aus der Ebene steigende Gipfel des Monte Chico. Danach endlich lohnte es sich wieder, in die Gegend zu schauen. Grüne oder verbrannte Wälder, ansteigende Hügel und moorbraune Wasserläufe, weit im Hintergrund die schneebedeckten Berge an der Bucht von Ultima Esperanza. Vom Rio Rubens berichtet »Tourist Information«, daß hier die Sportfischer große Erfolge hätten, und abermals wird von einem Speiselokal kühn gesagt, daß es »alle Wünsche des Reisenden aufs beste erfüllt«.

Nicht lange danach erreichen wir Puerto Natales, die unscheinbare Hauptstadt der Provinz Ultima Esperanza. Eine Plaza mit Ruhebänken, mit einigen Buschinseln, aus denen später vermutlich ein Park entstehen soll, neben einer gut gebauten Kirche. Sonst gibt es nichts, was ein Tourist besichtigen könnte. Weil ich aber frage, zeigt mir jemand das Museum der Stadt. So lasse ich mich zu einem Besuch verleiten und schleppe meinen Freund Gerhard mit. Solche Museen gibt es oft in Chile. Vermutlich besteht eine Anweisung der Regierung, daß in jeder Provinzhauptstadt ein Museum einzurichten ist. Was man ausstellt, hat die Stadtverwaltung zu entscheiden, auf möglichst billige Weise, was sich von selbst versteht.

So treten wir nun in das zweigeschossige Gebäude, bei freiem Eintritt. Eine Schülerin der Oberstufe waltet dort ihres Amtes, wobei ihre Pflichten offenbar nur in ihrer Anwesenheit bestehen. Eine gute Gelegenheit demgemäß, hier in aller Ruhe die Schularbeiten zu erledigen. Warum auch nicht, es geschieht ja ohne Vergütung, gewissermaßen als Ehrenamt.

Bei den Exponaten handelt es sich in der Hauptsache um Hausrat der frühen Kolonisten, der Begründer von Puerto Natales um das Jahr 1880 und danach. Im übrigen gibt es ausgestopfte Tiere der Umgebung, abgelegte Kleider hat man aufgehängt, Stiefel nebeneinander gestellt, dazu Töpfe, Pfannen, Schaufeln und Schöpfkellen aufgehängt. Wir betrachten ein gutes Dutzend von großen Einweckgläsern, mit Alkohol gefüllt, soweit er bisher noch nicht verdunstet ist. Darin schwimmen, erschreckend anzusehen, die Embryonen von Schafen, Hunden, Katzen und noch anderem Getier. Abstoßend wirken diese Objekte, besonders, wenn sie nicht mehr ganz von der Flüssigkeit bedeckt sind.

Was mir sonst noch auffiel in Puerto Natales, bei drei Besuchen, war der ohrenbetäubende Lärm aus Lautsprechern über dem Eingang von fast jedem Laden, aufgedreht bis zur vollen Lautstärke. Die penetrante Ruhestörung beginnt bereits am frühen Morgen und hört erst auf, wenn die Nacht fortgeschritten ist. Puerto Natales ist quadratisch angelegt, eine Straße sieht aus wie die andere, so daß sich der Fremde leicht verlaufen kann. Windschiefe Zäune, vergammelte Gärten und viel Abfall darum. Die meisten der Bauten aus Wellblech und verschalten Brettern, die man vor langer Zeit bemalt hat, die aber nun abgewaschen sind. Auf der nur im Zentrum asphaltierten Fahrbahn ist wenig Verkehr.

In einem Reisebericht aus dem Jahre 1932 von Delaborde und Lofs schildern die Verfasser Puerto Natales genauso, wie ich es tue. Sie lassen lediglich gelten, daß Peones zu Pferde mit breitrandigen Sombreros und dunkelroten Ponchos etwas Leben und Farbe ins Straßenbild bringen. Sie sind nun auch verschwunden. Also gibt es wirklich keinen Grund, Puerto Natales zu besuchen, es sei denn, weil man nur über Puerto Natales an den relativ schmalen, mit dem Meer in Verbindung stehenden, überaus wildromantischen Ultima-Esperanza-Fjord gelangt. Hat man Glück mit dem Wetter, so lohnt allein schon der Anblick des Balmaceda-Gletschers und seines braungrau glitzernden Bruders Serrano den Besuch.

Die Bootsfahrt auf dem Fjord ist ein Hochgenuß. Nur ist leider in dieser Gegend der Tourismus unterentwickelt. Was man in allzu viel besuchten Ländern oft bedauert, nämlich die Überentwicklung, hier in Chile verhindert der organisatorische Mangel sehr oft die Betrachtungen und den Besuch einmaliger Landschaften. So war denn von unserem fest bestellten Motorboot nichts zu erblicken. Schließlich erschien ein anderer Unternehmer, der gleich den mehrfachen Preis dessen verlangte, was »Tourist Information« dafür angibt. Nachdem wir im voraus bezahlt hatten und noch eine gute Weile verstrichen war, konnten wir in See stechen, genauer gesagt, in den Fjord von Ultima Esperanza. Wenn sich auch das Gesicht des gewinnsüchtigen Mannes nicht aufhellte, hellten sich doch die Nebel auf. Als hätte der himmlische Regisseur selber eingegriffen, erschien die vergoldete Sonne in lieblichem Blau.

Nur wer die norwegischen Fjorde kennt, wo sie am schönsten sind, vermag zu ermessen, welch wunderbare Welt wir erlebten. Die dunklen, oft senkrechten Wände beiderseits der Wasserstraße waren für sich allein schon großartig. Droben von ihren Kanten stürzten die Wasserfälle hinunter ins Meer. Tiefe, unheimliche Schluchten mit quirlenden Wildbächen rauschten von rechts und links in den Fjord. Bei unserer Weiterfahrt stieg die auf und ab schwingende Kette der Anden höher und höher. Es glitzerten und blitzten die eisgepanzerten Gipfel, und damit noch lange nicht genug, sahen wir hingerissen auf die beiden Gletscherströme, den Serrano und Balmaceda. Wir hören das Knirschen, dann auch das Brechen der Eisblöcke aus der Gletscherfront. Schwimmendes Eis, treibende Berge, vielleicht noch schöner und vielfältiger, noch grandioser als in der Bucht von San Rafael. Auf unseren Wunsch dringt der mißmutige Führer des Motorbootes so weit wie möglich in die sagenhafte Wildnis ein, in die Wildnis aus Eis und Wasser, aus Felsen, ewigem Schnee und Gletscherströmen. Wir sehen es nicht, haben aber gelesen, daß sich die Gletscher mit der Geschwindigkeit von einem Meter pro Tag bewegen.

Mit großem Bedauern trennen wir uns von dieser Welt, fahren relativ rasch zurück nach Puerto Natales und steigen wieder in unseren Bus. Es gebe ja noch manches zu sehen, versichert Freund Pagels. Hier in der Nähe befinden sich zwei relativ alte Siedlungen, Punto Pratt und Puerto Consuelo. Diese letztere, schon um das Jahr 1875 gegründet von Hermann Eberhard, hat geradezu historische Bedeutung. Hier war es, wo als einer der ersten Kolonisten der weitblickende Eberhard ein paar 100 schottische Schafe von den Falkland-Inseln in die heutige Provinz Magallanes importiert hat.

Weil aber die Produktion von Wolle den so vielseitig interessierten Mann nicht auslasten konnte, entwickelte sich Eberhard zum Naturforscher. Als solcher stieg er in den Bergen und Tälern herum, sammelte dies und jenes und drang mit flackernder Lampe in tiefe Höhlen ein. Da geschah es im Jahre 1895, daß Eberhard auf rätselhafte Knochen stieß. Nicht allein auf Menschenknochen, sondern auf solche von vorsintflutlichen Tieren, deren prähistorische Blütezeit viele Millionen von Jahren zurückliegen mußte. Jedoch entdeckte der ehemalige Kapitän noch mehr als nur die Knochen von bisher unbekannten Vorzeitgeschöpfen. Er fand auch Hautfetzen und relativ guterhaltene Stücke von rotbraunem Fell. Teils waren sie von Sand, Geröll und herabfallendem Gestein bedeckt, manche jedoch lagen vor seinen Augen frei in Spalten und zwischen Felsblöcken. Da staunte er nicht schlecht, konnte sich aber keinen Vers darauf machen.

So nahm er die noch recht gut erhaltenen organischen Substanzen mit in sein Studierzimmer in Puerto Consuelo. Bald kam der damals in aller Welt bekannte Naturforscher Dr. Otto Nordenskjöld zu Besuch, Professor an der Universität Upsala in Schweden. Zu seinen Forschungsgebieten gehörten Alaska, Grönland, die Antarktis und die Südspitze Amerikas. Otto Nordenskjöld war auch Leiter der schwedischen Südpolexpedition gewesen.

Der große Gelehrte konnte kaum fassen, was er mit eigenen Augen sah und in Händen hielt. Gewiß handelte es sich um die Reste eines sogenannten Mylodon, von dem man bisher angenommen hatte, es sei vor unvorstellbar langer Zeit ausgestorben. Hier jedoch war der Gegenbeweis, die Reste der aus zwei Schichten bestehenden Haut und verschiedene Stücke des braunroten Felles konnten nach genauen Prüfungen nicht älter als 10000 Jahre sein. Auch das war nur dank einer bestimmten chemischen Zusammensetzung des Bodens möglich gewesen, dank der absoluten Trockenheit an den Fundstellen und anderen Faktoren. Das Mylodon hatte noch zur gleichen Zeit auf der Erde geweilt, und zwar hier im südlichen Patagonien, als dort schon Menschen existierten.

Ein relativ harmloses Tier dürfte das Mylodon gewesen sein, aufgerichtet nicht höher als etwa sechs Meter, besaß es zwar lange und scharfe Krallen, aber kein Gebiß, um größere Tiere zu zerreißen. Allem Anschein nach handelte es sich um einen harmlosen Pflanzenfresser. In der Höhle, heute Eberhard-Höhle genannt und durch ein Sondergesetz geschützt, gab es und gibt es noch die Reste einer Mauer, die zweifellos von Menschenhand geschaffen wurde, und zwar aus Steinblöcken. Weil sich in der Eberhard-Höhle auch die

Spuren von zahlreichen Feuerstellen befinden und die Reste von Mahlzeiten der Urmenschen, sind Vermutungen aufgetaucht, die außerordentlich phantastisch klingen. Manche Forscher nehmen an, daß hinter der Mauer die Mylodone festgehalten wurden, um sie erst bei Bedarf zu töten und zu verspeisen. Noch unglaublicher, aber doch nicht völlig ausgeschlossen erscheint die Annahme, daß sich die Höhlenmenschen das Mylodon als Haustiere gehalten haben!

Bald sind wir an Ort und Stelle, pilgern erst über einen ungefähr kilometerlangen Bohlensteg, unter dem sich weites Sumpfgelände ausdehnt. Dann erblicken wir den relativ niederen, aber breiten Eingang zur Höhle. Kaum sind wir, mit Taschenlampen versehen, in das Gewölbe eingedrungen, hebt sich der Felsendom zwölf bis 20 Meter hoch, und wir stehen in einem sehr breiten Raum, dessen Boden von früheren Grabungen an manchen Stellen aufgerissen ist. Mit viel Fantasie könnte man glauben, sich im Kirchenschiff eines romanischen Domes zu befinden.

Sodann prallt der Besucher zurück, sofern man ihn nicht gewarnt hat. Da steht doch ein Mylodon vor ihm und erhebt sich zu seiner vollen Größe, öffnet den Rachen und streckt die Tatzen weit voraus. Dabei sitzt das Untier auf seinem großen, buschigen Schwanz. Wer die Nachbildung geschaffen hat und nach welchem imaginären Vorbild die Gestaltung erfolgte, erfahren wir nicht.

Manche Menschen verfügen über große Fantasie. Zu ihnen gehört Andreas Thetys, der um die Mitte des 16. Jahrhunderts nach Patagonien kam und eingehend über seine Beobachtung des Mylodon berichtet hat. Nicht nur ein lebendes Tier will der kühne Forscher des öfteren gesehen haben, sondern mehrere. Viel später noch, gegen Ende des 18. Jahrhunderts, beschreibt der portugiesische Jesuit Pater Lozano das Mylodon, wenn auch unter anderem Namen. Es erschien ihm weder fabelhaft noch vorzeitlich, sondern war für ihn eines der vielen Naturgeschöpfe, denen er begegnete. Bei den Tehuelche-Indianern, den Ureinwohnern des patagonischen Steppenlandes, war noch bis zur Jahrhundertwende das Gerücht von einem etwa »rindergroßen« Tier im Umlauf, das in seiner Beschreibung dem Mylodon ähnlich gewesen sein könnte. Der Erstdurchquerer der großen Feuerlandinsel, der argentinische Hauptmann und spätere Staatssekretär Ramon Lista, behauptet, er habe auf ein großes, dunkelbraunes, ihm völlig unbekanntes Tier geschossen und es zweimal »todsicher« getroffen. Dennoch hätten seine Kugeln keine Wirkung erzielt.

Weil aber die Gerüchte über ein noch bis in unsere Tage hinein existierendes Fabelwesen nicht aufhörten, hat sowohl ein englischer wie ein französischer Zeitungskonzern je eine Expedition ausgerüstet und ins tiefste Patagonien sowie nach Feuerland entsandt. Leider habe ich nichts Näheres darüber erfahren können. Dem Vernehmen nach haben die findigen Reporter bei ihrer Heimkehr immerhin ein paar Handvoll angeblichen Dungs des Mylodon mitgebracht.

Heutzutage kann niemand mehr an ein lebendes Fabeltier glauben. Ein Geschöpf dieser Größe, und es soll ja mindestens so groß wie ein Rindvieh gewesen sein, kann sich im 20. Jahrhundert nicht mehr verbergen.

Über dem schönsten Gebirge der Welt

Die Twinotter von Punta Arenas nach Puerto Williams hatte Platz für zwölf Personen. Aber so viele wurden nicht erwartet, ganz im Gegensatz zu der mir erteilten Auskunft. Deshalb hatte man zwei geländegängige Motorräder, dazu noch ein paar Säcke und Kisten in der Kabine untergebracht. Auch mit solchen Widersprüchen muß man im großen Zeh von Südamerika rechnen. Man darf das nicht zu eng sehen.

Die beiden Motorradfahrer hatten sich mittlerweile eingefunden. Sie stammten aus der Bundesrepublik und wollten sich nicht mit der allzu oft abgefahrenen Traumstraße begnügen. Wie bereits andere vor ihnen hatten sie ihre Fernfahrt nicht erst beim nördlichsten Straßenkilometer von Alaska begonnen und den südlichsten Punkt bei Ushuaia erreicht. Ihnen reichte das noch immer nicht, noch weiter nach Süden wollten sie kommen, auf Biegen und Brechen, was wörtlich gemeint war. Sie hatten vor, als die ersten motorisierten Fahrzeuglenker die Insel Navarino zu umrunden. Gerade weil es, abgesehen von dem Schotterweg nach Mejillones, keine Straßen, ja nicht einmal Fußwege auf der Insel gibt, war ihr Vorhaben ebenso schwierig wie einmalig. Wenn es ihnen gelang, die Westküste der Windhorn-Bucht zu erreichen, waren sie tatsächlich um einen halben Breitengrad um nahezu 100 Kilometer weiter nach Süden gelangt, als das sonst irgendwo auf südamerikanischem Boden möglich ist.

Dann kam noch ein chilenischer Marineoffizier, ihm folgte eine Mutter mit zwei Kindern, und letzten Endes erschien eine ältere Frau indianischer Prägung, worauf auch der Pilot nicht länger auf sich warten ließ. Nachdem er gefragt hatte, ob wir alle vorher auf der Toilette gewesen seien, weil es eine solche in seiner Maschine nicht gab, stieg er als letzter ein. Das Cockpit war von der Kabine nicht getrennt, dennoch sprach der Flugzeugführer durchs Mikrophon. Freundlicherweise kommentierte er uns während des Fluges Land und Meer, Berge und Gletscher.

Das Panorama sei bestimmt das schönste der Welt. Eine stolze Behauptung, aber auch ich meine, daß sie den Tatsachen entspricht. Leider aber zwangen Schneetreiben und dunkle Wolken den Piloten oft zu Umwegen, mitunter weit aufs Meer hinaus oder auch zum Rückflug nach Punta Arenas. Eine Instrumentenlandung auf der relativ kurzen Piste von Puerto Williams wäre zu riskant. Plötzlich auftretende Fallböen drohen in den bis 3000 Meter aufsteigenden Gebirgen, und mit rasant heranbrausenden Stürmen ist stets zu rechnen. Nicht immer können die Wetterwarten davor warnen, denn es hat jeder Fjord, jedes Gebirge und jede Inselgruppe des Feuerlandes ihr ganz privates Wetter.

Kaum waren wir droben, hüllten uns Schleierwolken ein, und Nieselregen sprühte gegen die Scheiben. Obwohl drunten die Welt unsichtbar blieb und nur selten ein Gipfel aus dem Dunst ragte, wurden wir vom Flugzeugführer informiert: »Gerade überqueren wir die Magellan-Straße. Hätten wir besseres Wetter, könnten Sie die kleine Stadt Porvenir auf der Feuerland-Insel erkennen. Zur linken Hand dürfte schon der Monte Victoria auftauchen. Gleich kommt der Cerro Grave in Sicht. Der Hunt-Gipfel dort drüben erreicht immerhin die Höhe von 900 Metern.«

Das mochte zutreffen, aber wir sahen nichts.

»Na, wie habe ich das gemacht«, tönte von neuem der Pilot, »die Dawson-Insel will sich Ihren Blicken nicht entziehen. Nachdem alle Feuerländer dort verschwunden sind, leben nur noch knapp 30 Menschen auf Dawson in Gesellschaft von ungefähr 30000 Schafen.« Wo die Wollträger ausreichend Futter finden, konnte ich nicht ausmachen. Von hier oben gesehen schien die Insel ganz und gar mit Wald bedeckt zu sein. Nach Südosten hin dehnte sich der Whiteside-Kanal, eine enge, blaugraue Meeresstraße, die das eigentliche Feuerland von der Dawson-Insel trennt.

Als sich die Nebelwolken zur Rechten rasch und vollständig auflösten, erschien ein Bild, daß kein Sterblicher für möglich hält, die himmelstürmende Kette der Darwin-Kordilleren. Selbst die schönsten Fotos, wie sie unter anderem der Salesianer-Pater Agostini hergestellt hat, geben den unmittelbaren Eindruck solcher Herrlichkeit nicht wieder. Wenn auch die sechs höchsten Gipfel der Darwin-Kordilleren nicht über 2500 Metern in den Himmel steigen, wirkt doch jeder von ihnen wie der absolute Herrscher über sein Reich. Das ist so, weil sie fast unmittelbar aus dem Meer aufragen. Die Waldgrenze ist schon zwischen 500 und knapp 700 Meter über dem Meer erreicht, alle Hänge darüber sind vom ewigen Schnee bedeckt und die Gipfel in Panzer aus vieltausendjährigem Eis gehüllt. Von oben strömen langsam, aber unaufhaltsam die Gletscherflüsse hinab in die Fjorde, breite milchgläserne Bänder. Rauh und gespalten, in den verschiedensten Farben funkelnd, ist jeder Gletscher wie ein tiefgefrorener Fluß, der sich pausenlos bewegt, ungefähr um einen Meter pro Tag. Dort, wo die Gletscher unter die Schneegrenze gelangen, fließen sie durch grüne Wälder und werden eingerahmt von blühenden Blumen und von Sträuchern, die mit Früchten behangen sind. Noch weiter drunten sind es dichte, undurchdringliche Wälder. Nur in Feuerland gibt es das, nur im südlichen Patagonien sind die Eisströme eingebettet in üppige Vegetation. Aber zu Fuß ist es schwierig oder unmöglich, diese Ränder zu erreichen.

Weil der Pilot tief hinuntergeht, sehen wir die Gletscher kalben. Wir sehen das aufschäumende Wasser nach jedem Bruch, die langsam davonschwimmenden Brocken. Azurblau, smaragdgrün und nebelgrau erscheint das Gewässer der Fjorde, je nach dem Einfallswinkel des Lichts.

Schon liegt der eisgepanzerte Monte Sarmiento hinter uns, da sehen wir schon den Seymour, den noch höher aufragenden Col Yugan, den Pico Frances und den Monte Darwin. Rasch gleitet drunten der sagenhafte schöne Marinelli-Gletscher vorbei, den manche Kenner für den wunderbarsten Eisstrom der Welt halten.

Auf die feuerländischen Alpen deutet unser Mann, die im Süden auf der Hoste-Insel auftauchen. Er nennt die Halbinsel Hardy und Dumas, auch die weit in der Ferne schwimmende Ildefonso-Insel. Weiter im Südwesten, am Rande des Horizonts, erkenne ich nun im Glas die Wollaston-Inselgruppe, als deren äußerster Vorposten sich Kap Horn dem Antarktischen Ozean entgegenstemmt.

Wo Günther Plüschow die Schönheit gesucht und den Tod gefunden hat

»Vor 60 Jahren«, ruft der Pilot ins Mikrophon, »hat ein Deutscher als erster Mensch alle diese Berge und Gletscher von oben gesehen, Günther Plüschow, weltbekannt als der Flieger von Tsingtau.«

Plüschow, von deutschen Eltern in Rom geboren und während seiner ersten Jahre frei aufgewachsen in der damals noch wunderbaren Stadt, hat danach sieben harte Jahre in der Kadettenanstalt verbracht. Gleich danach ging er mit jugendlicher Begeisterung zur kaiserlichen Marine und brachte es in wenigen Jahren zum Oberleutnant.

Was gleich danach folgte, war höchst ungewöhnlich für das Jahr 1912. Da war Plüschow einer der ersten Flieger, die ausgebildet wurden für die Marine. Unglaublich für damalige Begriffe war sein erstes Kommando, die Versetzung als Marineflieger ins deutsche Pachtgebiet Tsingtau auf der Schangtung-Halbinsel an der ostchinesischen Küste. Dorthin schickte man den jungen Offizier mit seinem in viele Teile zerlegten Flugzeug, einer stoffbespannten, nur mit einem schwachen Motor ausgerüsteten Rumpler-Taube.

Als der Erste Weltkrieg ausbrach, am 4. August 1914, erklärte unerwartet das Kaiserreich Japan Deutschland den Krieg. So weit von der Heimat entfernt und abgeschnitten hatte das nur mit schwachen Kräften besetzte Tsingtau keine Chance, sich zu halten. Aber kurz vor dem Fall der Festung verließ Plüschow das Schutzgebiet auf dem Luftweg und landete irgendwo in China. Zunächst hielten ihn die Menschen dort für einen Drachen, der aus der Geisterwelt eingetroffen war.

Wie es dann weiterging, wie der Flieger von Tsingtau aus jener fernen Welt mitten im Ersten Weltkrieg nach fast unglaublichen Abenteuern durch alle feindlichen Sperren und Kontrollen hindurch in die Heimat gelangte, hat Plüschow selber in glänzender Sprache beschrieben. Es war ein spannendes Buch, das zwischen den beiden Weltkriegen eine ganze Generation junger Menschen begeistert hat.

Die Fliegerei ließ Plüschow nicht los. Seit er als zwölfjähriger Kadett ein reich bebildertes Buch über Feuerland gelesen hatte, wollte er unter allen Umständen dorthin. Endlich gelang es ihm, auf der Viermastbark »Parma« Kap Horn zu umrunden. Danach durchsegelte er die Inselwelt von Feuerland, wobei sich sein Wunsch verdoppelte, sie besser kennenzulernen, ja zu erforschen.

Im Jahre 1927 gelang es ihm, den Auftrag für eine Forschungsreise, für einen Landschaftsfilm und vor allem für die fliegerische Erkundung des Feuerlandes zu bekommen. Zusammen mit seinem Monteur Ernst Dreblow reiste Plüschow an Bord der »Planet« nach Punta Arenas. In zahlreichen Kisten verpackt, brachte er seine Maschine mit, ein von der Heinkelwerft bei Warnemünde gebautes Seeflugzeug D 25 mit BMW-4-Motor. Für heutige Begriffe ein technisches Spielzeug, eine stoffbespannte Serienmaschine mit offenen Sitzluken, einmotorig, ohne Funkverbindung und nur imstande, bestenfalls drei Stunden in der Luft zu bleiben. Für weitere Strecken konnte man nicht genügend Brennstoff mitnehmen. Sich mit einem so leicht zerbrechlichen Ding dem meist schauerlichen, rasch wechselnden Wetter im südlichen Patagonien und über Feuerland auszusetzen, war nicht nur tollkühn, sondern grenzte an Wahnsinn.

In seinem Buch »Silberkondor über Feuerland« hat Günther Plüschow die epochemachenden Flüge seines ersten Feuerland-Jahres geschildert. Da schreibt er über jene Gegend, die wir gerade überfliegen: »In den sehr seltenen klaren Stunden sehe ich plötzlich anstelle der sonst düsteren Wolkenschleier ein märchenhaft schönes Bild aus den blauen Fluten steigen. Da ragen aus dem Meer empor weißglitzernde Zinnen, ungeheure Steinburgen, schimmernde Gletscher, ganz von Eis bedeckte Gebirgszüge. Aber plötzlich verschwinden sie wieder, als wären sie nur ein kurzer Traum gewesen. Aufs neue beginnen Sturm und Regen, und tiefe, ja blauschwarze Wolken ziehen heran.

Eng sind wir von ungeheuren Gebirgsmassen umschlossen, die steil aus dem Meer steigen. Bis zu 700 Meter sind die dunklen Gebilde von wunderbar grünen Bäumen bedeckt, die sich zu geschlossenen Urwäldern verdichtet haben. Weiter oben kommt eine Zone nackter, kahler schwarzer Felsen, dann beginnt ewiger Schnee. Jetzt wo wir Frühling haben im Oktober und die seltene Sonne durchbricht, leuchtet alles in unerhörten Farben vom dunklen Blau zum hellen Waldgrün, zum Weiß-blau-grün der Gletscher. Schneeweiß leuchten im Meeresblau die großen schimmernden Eisbrocken. Nirgendwo ein Mensch.«

Plüschows Silberkondor ist das erste Flugzeug über Feuerland und dem südlichen Patagonien. Er bringt die erste Luftpost nach Punta Arenas, und Ernst Dreblow, sein Begleiter, filmt zum ersten Mal die wilde Welt des Feuerlandes.

Die Fallböen werfen die Maschine herum, drücken sie tief nach unten und schleudern sie über Höhenrücken hinweg. Der Sprit neigt sich dem Ende zu, und der Flieger von Tsingtau muß notlanden auf einem namenlosen See. Situationen ergeben sich, eine gefährlicher als die andere. Die helle Sonne verfinstert sich binnen wenigen Minuten. Schneestürme fauchen heran, Wolkenbrüche prasseln auf die Verspannungen. Es bildet sich Eis am Propeller, der Steuerknüppel droht einzufrieren, und die beiden Flieger glauben, sie müßten binnem kurzem erfrieren. Erst kurz vor dem Zusammenprall weichen wilde Schwäne und Albatrosse dem Silberkondor aus. Trotz allem gelingt ihnen die Heimkehr zum Stützpunkt.

»Es gleißt und schimmert, daß uns fast die Augen schmerzen, *wir sehen, was vor uns nie eines Menschen Auge sah.* Eis und wieder Eis ragt in steilen Türmen zum Himmel. Von allen Seiten rinnt es silberhell und leuchtend zu Tal ... Am schönsten und größten ist der Marinelli-Gletscher, ich beschließe, ihm noch einen Besuch zu machen. So weit mein von Schönheit trunkener Blick in die Runde und nach unten schweift, ist alles deutlich auszumachen. Ich schaue nach links über das südliche Feuerland bis zum Atlantischen Ozean, der dunkelblau heraufleuchtet. Ich sehe sogar bis zur Westausfahrt der Magellan-Straße, wo der Stille Ozean grüßt. Vor mir, unter mir liegt der langgestreckte Fagnano-See wie ein blauer Saphir. Ganz in weiter Ferne kann ich sogar Inseln erkennen, deren südlichste das berüchtigte Kap

Oben: Unsere »Skorpios« hat nach langer Fahrt durchs Labyrinth der südchilenischen Inselwelt die Gletscherbucht von San Rafael erreicht. *Unten:* Die Passagiere der »Skorpios« werden für eine ganztätige Rundfahrt durch die eisbedeckte San-Rafael-Bucht ausgebootet.
Nächste Seite: Tiefer, sumpfiger Urwald bedeckt den größten Teil der feuerländischen Inseln.

Oben: Die Küste der Navarino-Insel besteht nach wie vor aus Wildnis.
Unten: Wer in einem bisher unerschlossenen Gebiet des Feuerlands eine Farm besitzen möchte, dem stellt der Staat 20 bis 30 Hektar Wildnis zur Verfügung. Wenn schließlich der fleißige Mann nach langer harter Arbeit die Wildnis in eine Farm verwandelt hat, wird sie ihm als Eigentum überschrieben.

Oben: Auf dem Viehtransporter »Evengelista« reisen eng zusammengepfercht Pferde, Schafe und auch Rinder von Puerto Natales nach Puerto Montt. *Unten:* Puerto Eden auf der Wellington-Insel, wo die letzten Alakalufen leben. Es gibt keine Straße, nicht einmal einen Fußpfad auf der sumpfigen Insel, man bewegt sich von einem Haus zum anderen meistens mit dem Boot.

Horn trägt. Es ist ein Anblick, der alle Gefahren wettmacht. Unter dem Silberkondor eine geschlossene Wolkendecke, während wiederum der Brennstoff zu Ende geht.«

Unter den Wolken weiß Plüschow das Eisgebirge der Kordilleren. »Da gewahre ich in der Wolkendecke ein Loch, ähnlich einem grauenhaft gähnenden Schlund. Wie sich diese rettende Lücke schließt, habe ich den Motor abgestellt und sause in enger Spirale mit unheimlicher Geschwindigkeit in die Tiefe . . . unter mir liegt Ushuaia. Wir sind dort das erste Flugzeug der Welt, und damit echte Bahnbrecher. Die ganze Stadt scheint am Strand versammelt, uns wird ein Empfang zuteil, wie ich nie erwartet habe. Die Bevölkerung hat uns erst gesehen, ohne zu begreifen, was eigentlich los ist. Ich gehe mit meinem Begleiter durch die Menschenmenge. Blumen und grüne Zweige empfangen uns. Hunderte von Menschen rufen ›Viva Alemana!‹«

»Schönheit suche ich, nichts weiter als Schönheit! Ich fliege hier, was vor mir noch niemand gewagt hat, was vor mir niemand für möglich hielt. Wir schaffen eine neue Ära der Forschungsgesetze des Feuerlandes mit modernsten Mitteln . . . mit dem Flugzeug.«

»Die fantastischsten Gletscher rinnen wie ungeheuer breite Ströme durch die Täler. Sie vereinen sich, spalten sich, laufen nach allen Himmelsrichtungen davon, hie und da ins Meer oder auch sie enden mitten im Lande als Inlandsgletscher . . . dort liegt die große, die unbewohnte, von Gebirgen durchzogene Insel Hoste . . . dröhnend bricht sich die Brandung dort unten gegen Felsen. Wenn sie jetzt schon bei diesem ›ruhigen‹ Wetter so poltern, wie mag es sein, wenn die Stürme heulen . . . ich fliege jetzt keine 200 Meter hoch . . . drunten wälzen und rekeln sich Tausende von Seelöwen. Hier sind die Tiere sicher vor mordenden Menschen. Sie fühlen sich wohl in der matten, durch unheimliche Dunstschleier blickenden Sonne. Jetzt geht es ums ganze, um das äußerste Ziel meiner Flüge. Ich beiße die Zähne zusammen, lasse den Motor laufen, was er nur hergeben kann, lasse die Maschine bocken und torkeln und fege über die kahlen Felsrücken irgendeiner der Hermite-Inseln. Regen umsprüht uns, ich kann kaum noch die Tragflächen neben mir erkennen . . . ich bin noch knapp 50 Meter hoch, unter mir die unendliche Wüste unzähliger Ozeane. Um mich herum Regen, Gewölk, Nebel, Sturm, wenn jetzt der Motor aussetzt!«

»Da jagen die Wolken weg, schnell, wie das Unwetter kam, ist es vorüber. Das heißt, wir sind aus ihm herausgeflogen ... Das Kap Horn liegt plötzlich vor uns ... wie dankbar bin ich in diesem bedeutenden Augenblick meinem Schicksal, daß es ausgerechnet einem Deutschen vergönnt ist, hier zum ersten Mal zu fliegen ... der Silberkondor über Kap Horn.«

Mit seinem Begleiter Dreblow, mit der gleichen Ausbeute an Filmen und Fotos kehrt Günther Plüschow in die Heimat zurück, bleibt aber nur so lange, um fürs kommende Jahr 1929 seinen zweiten, womöglich noch längeren Aufenthalt im Feuerland vorzubereiten.

Es kam jener Tag, den alle befürchtet hatten, und wie es scheint, war auch ihm selber die Ahnung des baldigen Endes nicht fremd. Der Flieger von Tsingtau starb, wie es ihm vermutlich bestimmt war, mit ihm sein treuer Begleiter Ernst Dreblow.

Wieder und wieder habe ich herumgefragt, ob sich an der Absturzstelle ein Gedenkstein für den deutschen Flieger befindet und auf welche Art man dorthin gelangen könne. Wie so oft, wenn man im Süden Amerikas um Auskünfte bittet, erhielt ich nur widersprechende Antworten. In keinem der Nachschlagewerke wird heutigentages Günther Plüschow auch nur erwähnt.

Dann endlich, ein Jahr später, hat mich mein Jugendfreund Theo Benecke, pensionierter Ministerialdirektor und einstiger Chef des Beschaffungsamtes der Bundeswehr, heute Präsident zahlreicher Flugverbände, wie folgt informiert: Am 50. Todestag des großen Flugpioniers begab sich eine stattliche Anzahl von Mitgliedern der Kameradschaft Deutscher Marineflieger an den Lago Argentino, und zwar an jene Stelle, wo Plüschow und sein Kopilot Ernst Dreblow am 28. Januar 1931 ihr Ende gefunden hatten. Auch von den »alten Adlern«, die noch im Ersten Weltkrieg, ja sogar noch früher den Pilotenschein erworben hatten, waren einige dabei. Ebenso argentinische Admirale und Generale, insgesamt 65 Personen. Es war nicht leicht, den einsam gelegenen Punkt zu erreichen, 2200 Kilometer südlich von Buenos Aires, 400 Kilometer nordwestlich von Rio Gallegos. Bei hochgehenden Wogen mußte man den Lago Argentino überqueren, der dreimal größer ist als der Bodensee, auf allen Seiten von schroffen Gletscherbergen eingefaßt. Immerhin ein Gedenkstein befand sich schon dort, der allerdings nur noch selten besucht wird.

Die Gedanken wurden unterbrochen vom Knirschen und Krachen des Gletschereises, und schon bald wurden die niedergelegten Kränze und Blumen von heranfegenden Winden davongetragen.

Günther Plüschow hatte sein bevorstehendes Ende geahnt, ja vielleicht für diesen Tag vorausgesehen. Am gleichen Morgen, kurz vor seinem letzten Start, schrieb er ins Tagebuch: »Wir müssen hier heraus, aus diesem namenlosen Krater ... Die Fallböen sind ungewöhnlich stark, und ich befürchte, mein nur behelfsmäßig geflickter Vogel hält das nicht aus ... Wenn der Fliegertod mein Los ist, dann nicht hier!«

Aber hier geschah es. Plüschow stieg noch mit dem Fallschirm aus, blieb jedoch im Leitwerk hängen. Dreblow hatte leichtsinnigerweise seinen Fallschirm nicht angelegt, hielt sich aber am Flugzeug fest, was anfangs gutging. In etwa 50 Meter Höhe konnte er sich nicht mehr halten und stürzte in den See. Auch diesen Sturz hat er noch überlebt und wurde von Schafhirten, die auf fast wunderbare Weise in der Nähe waren, mit scheinbar heilen Gliedern aus dem Wasser gezogen. Es war der Kälteschock im Gletscherwasser, der sein Herz zum Stillstand brachte.

An der äußersten Spitze des Zehs von Amerika

Verschollen am Kap Horn

Am vorletzten Tag des Jahres 1929 erschienen droben am Verlagsgebäude der »Berlingske Tidende«, der größten Tageszeitung Dänemarks, in Leuchtschrift die wenigen Worte: »Nichts Neues von der ›Kjöbenhavn‹.«

So knapp die Meldung war, erregte sie das ganze Land. In der Redaktion klingelten pausenlos die Telefone. Wollte man die dänische Bevölkerung auf schlimmere Nachrichten vorbereiten? In Marinekreisen, bei den großen Reedereien und erst recht bei den Angehörigen der Besatzung war man schon seit Tagen besorgt, weil Nachrichten vom Schiff ausblieben. Noch kein Grund zu ernsthafter Sorge? Ein kleiner Fehler am Funkapparat konnte die Stille erklären.

Immerhin, Segelschiffe leben gefährlich, besonders auf dem verrufenen, in aller Welt gefürchteten Weg ums Kap Horn. Der Stolz des Landes war die »Kjöbenhavn«, deshalb trug sie auch den Namen der dänischen Hauptstadt. 60 Mann bildeten die Stammbesatzung, außerdem waren noch 80 Kadetten an Bord. Sie sollten unter Segeln ausgebildet werden, auf denkbar beste und härteste Weise. Alle waren, sofern sie später ihre Prüfung ablegten, bestimmt für die Offizierslaufbahn bei der Marine. Die meisten von ihnen würden, wenn alles gutging, eines Tages das Kapitänspatent erhalten.

Die »Kjöbenhavn« war ein Fünf-Mast-Rahschiff, nicht aus Holz gebaut, sondern aus bestem englischen Stahl im schottischen Leith. Schon zahlreiche Weltreisen hatte der große Segler hinter sich ohne nennenswerte Havarie. Die »Kjöbenhavn« wurde von den besten Seeoffizieren der Zeit geführt. Allgemein geschätzt wurde der Kapitän. Nichts würde er riskieren, was zu gewagt erschien. Wie sich später bei der Untersuchung durch die Admiralität herausstellte, war die »Kjöbenhavn« mit jedem Gerät ausgerüstet, das im Notfall Sicherheit garantierte und schlimmstenfalls die Rettung der Menschen ermöglichte.

Am 15. Dezember 1929 hatte das Schiff den Hafen von Montevideo verlassen, um auf südwestlichen Kurs seine Weltumseglung fortzusetzen. Mit Funkspruch vom 21. Dezember hatte der Kommandant seine Position gemeldet. Da segelte das Schiff bei südsüdwestlichem Kurs an den Falkland-Inseln vorüber. Demnach befand sich die »Kjöbenhavn« auf vorgesehenem Kurs, bei normaler Geschwindigkeit. Es wehte achterlicher Wind, und wie der Funkspruch besagte, war an Bord alles in bester Ordnung. Während der Weihnachtstage würde man Feuerland erreichen und sodann mit frischem Mut Kap Horn umsegeln. Weil die Wetterstationen achterliche Winde und sturmfreie Tage prophezeiten, hoffte der Kapitän, das gefürchtete Kap binnen fünf Tagen zu schaffen. Gewiß waren die Wetterstationen am großen Zeh von Südamerika nur dünn gesät, und nicht immer waren ihre Meldungen zuverlässig.

Seit dem Funkspruch vom 21. Dezember hat man nichts mehr von der »Kjöbenhavn« gehört, hat sie kein Mensch mehr gesehen, und auch von jenen, die sich an Bord befanden, ist keiner wieder aufgetaucht, tot oder lebendig. Nicht ein Wrackteil, nicht der geringste Rest des dänischen Schulschiffes wurde jemals gefunden. Nach der vorgeschriebenen Wartezeit, die für auf See vermißte Personen gilt, wurden die verschollenen Seemänner für tot erklärt.

Dennoch gelangten Meldungen nach Europa, man habe hier oder dort den großen Segler gesehen. Zwei Bewohner der mehrere 1000 Meilen von Kap Horn entfernten Insel St. Trinidad gaben eine detaillierte Beschreibung der geisterhaften Erscheinung. Was sie beschwören wollten, entsprach genau der »Kjöbenhavn«. Mit halbgerefften Segeln sei das Schiff den Felsen der Insel Trinidad entgegengetrieben. An Bord war kein Mensch zu sehen. Knapp 100 Meter vor den Felsenriffen wurde das Gespensterschiff von einer Strömung ergriffen, nach Backbord gedreht und verschwand bald danach im offenen Meer.

Ein Irrtum der beiden Fischer, ein verwirrender Tagtraum mußte nach Ansicht aller diese Erscheinung gewesen sein. Wie aber konnte man auf dieser, fernab des Weltverkehrs liegenden Insel genau die verschollene »Kjöbenhavn« beschreiben, inklusive des weißen Bandes an beiden Seiten des Fünfmasters? Wie war es möglich, daß die Schilderung der beiden Trinidader mit Eigenheiten der Takelage übereinstimmten, die nur auf die »Kjöbenhavn« zutraf?

Nach Weihnachten hatte nach aller Voraussicht das Schiff Kap Horn erreicht. Gerade dort herrschte vom 24. Dezember bis zum 5. Januar selten gutes Wetter. Kein Sturm fauchte über die blanke See, und meist war der blaue Himmel wolkenlos.

Wie der berühmte Erforscher der Segelschiffahrt, Kapitän Alan Vielliers, in seinem Buch »The War with Cap Horn« berichtet, befanden sich während der Jahre 1902 bis 1908 zeitweise 400 Segelschiffe in den Gewässern von Feuerland. Danach sind im Jahresdurchschnitt acht gescheitert, gesunken oder sonstwie verschwunden. Etwa 50 Kaphornern gelang es 1905 im schwer beschädigten Zustand die Falkland-Inseln zu erreichen. Im gleichen Jahre gingen knapp fünf Prozent aller britischen Segelschiffe am Kap Horn verloren.

Die Gesamtzahl der Segler betrug noch zu Beginn unseres Jahrhunderts etwa 5000. Verluste waren selbstverständlich, man hat deswegen kein großes Aufhebens gemacht.

Wie Alan Villiers ausführt, ist nicht mehr bekannt, wie groß die Zahl jener Kaphorner war, die spurlos verschwand. In einigen Fällen sind nur die Menschen verschwunden, die Schiffe selber trieben noch lange Zeit über See, teilweise in erstaunlich gutem Zustand. Irgendwann sind sie dann auf Riffe gelaufen und schließlich doch versunken. Weshalb sie, obwohl noch schwimmfähig, seinerzeit von der Mannschaft verlassen wurden, blieb ohne Erklärung. Nur so viel steht fest, daß von den Schiffbrüchigen, von den Männern, die in die Boote gingen, keiner wieder aufgetaucht ist.

Wie vor dem Ersten Weltkrieg allgemein üblich, bis zum Zweiten Weltkrieg noch häufig haben die großen Reedereien ihren Offiziersnachwuchs auf eigenen Schulschiffen durch die Welt geschickt, wozu in jedem Fall die Umseglung des Kap Horns gehörte. So hielt es auch die Hamburg-Amerika-Linie, und zu diesem Zweck erwarb sie in Finnland von der berühmten (und letzten) Segelschiff-Reederei Eriksen in Marienham eine Viermastbark namens »L'Avenir«. Das auf den Namen »Admiral Karpfanger« umgetaufte Schiff war 1908 auf der Rickmerswerft in Bremen gebaut worden. Wenn auch kein Zweifel an der absoluten Seetüchtigkeit des Seglers bestand, wurde die »Karpfanger« bei Blohm und Voss gründlich überholt und mit den modernsten und besten Aggregaten der Zeit ausgestattet. Dazu gehörten neben Funkapparaten ein sogenannter Richtungsfinder und eine Notstromanlage für alle Fälle, außerdem noch zwei getrennte Elektromotoren für Licht, für die Sicherheitsanlagen, für die Kühlboxen und die Funkkabinen. Der Germanische Lloyd, als besonders strenger Kontrolleur der Sicherheitseinrichtungen bekannt, und ebenso die für Seefahrt zuständige Gewerkschaft erteilten dem Schiff die beste Note. Sowohl Kapitän Walker wie auch die anderen Ausbilder zählten zu den besten Segelexperten der Zeit.

Beim Auslaufen der »Karpfanger« nach Australien befand sich nur Ballast in Gestalt von Sandsäcken an Bord. In Port Pirie bei Adelaide sollte das Schiff 42 000 Sack Weizen übernehmen und die relativ gut bezahlte Fracht in Hamburg abliefern. An Bord befanden sich sieben Offiziere, den Schiffsarzt und Navigator eingeschlossen, neun Mann Stammbesatzung und 44 Offiziersanwärter. Die Viermastbark mit Stahlrumpf erreichte die Größe von 2857 BRT, besaß aber keine Antriebsmaschine. Allein auf ihre Segel war die »Karpfanger« angewiesen. Für den Strom gab es einen Vierzylinder- und einen Zweizylindermotor.

Die »Admiral Karpfanger« verließ den Heimathafen bei gutem Wetter, geriet aber bald in schwere Stürme. Aber sie wurde damit fertig, ohne Schaden zu erleiden, und erreichte Port Pirie in relativ guter Zeit. Kapitän Walker entschließt sich auf der Heimreise, wegen des saisonbedingt vorherrschenden Westwindes für die Route um Tasmanien und auch zur Umseglung des Kap Horn. Bei dem guten Zustand des Schiffes, auch in Anbetracht der nun weit fortgeschrittenen Ausbildung der jungen Mannschaft herrscht an Bord die denkbar beste Stimung. Eisberge, die am Südende Amerikas häufig zu befürchten sind, wurden bisher nicht gemeldet. Vor der Ausfahrt hält der Kapitän vor versammelter Mannschaft noch eine schöne Rede. Er lobt alle Männer an Bord, die Stammbeatzung ebenso wie die Segelschüler. Sie hätten sich bewährt und auch bei starken Stürmen bewundernswerte Leistungen vollbracht.

Kurz nach Sonnenaufgang am 8. Februar 1938 verläßt die »Karpfanger« den Hafen von Port Germein. Am 11. Februar, drei Tage nach dem Auslaufen des Schiffes, erhält der Zweite Offizier Otto Piper von Radio Norddeich einen privaten Funkspruch, worin ihm die glückliche Geburt eines Sohnes gemeldet wird. Der junge Vater bestätigt und läßt mit viel lieben Worten die Mutter grüßen. Den Sohn hat er leider nie zu Gesicht bekommen. Wenige Tage später die erste Positionsmeldung während der Heimfahrt: »An Bord alles wohl, Schiff und Takelage in Ordnung, sind bei den Auckland-Inseln.« Am 4. und dann wieder am 9. Mai die nächste Funkmeldung der »Karpfanger« an die Hamburg-Amerika-Linie.

Die am 16. März fällige Positionsmeldung bleibt aus. »Admiral Karpfanger« meldet sich nicht auf Anrufe aus der Heimat. Kein anderes Schiff hat die »Karpfanger« gesichtet. Niemand kann sagen oder auch nur mit Wahrscheinlichkeit vermuten, was mit dem Segelschiff und den 60 Menschen an Bord geworden ist.

Am 17. Juni, 129 Tage nach dem Verlassen Australiens, sind vergangen, sendet die HAPAG all ihren in den dortigen Gewässern verkehrenden Schiffen die Anweisung, nach der »Karpfanger« Ausschau zu halten und sich in allen Häfen, sowohl bei den Behörden wie bei Schiffskapitänen, nach dem verschwundenen Segler zu erkundigen. Auch die Deutsche Lufthansa sucht bei ihren Überseeflügen nach dem verschollenen Segler.

Zu gleicher Zeit erhält die in einem australischen Hafen liegende »Leuna« die Anweisung, in der Umgebung des Kap Horn gründliche Nachsuche zu halten. Wenn die »Karpfanger« gestrandet oder gescheitert ist, kann es sehr wohl sein, daß sich die Besatzung oder ein Teil der Besatzung auf eine der vielen Inseln gerettet hat. Ohne Hilfe von außen können sich vermutlich die Leute dort nicht halten und auch keine Nachrichten übermitteln. Alles vergebens, nichts wird gefunden, auch keine Teile des Wracks oder sonst eine Spur, erst recht nicht die Spur eines Besatzungsmitgliedes.

Es kann doch nicht möglich sein, daß ein Schiff von fast 3000 Tonnen, ein Schiff mit Stahlplanken und stählernem Kiel vollständig verschwindet. Es kann nicht sein, daß man nicht doch irgendwo einen Rest der »Karpfanger« entdeckt!

Auch andere seefahrende Nationen beteiligen sich an der Suche.

Die argentinische und die chilenische Marine setzen ihre Schlepper in Bewegung, norwegische Frachter dringen aus eigener Initiative in die Fjorde des Feuerlandes ein. Französische, englische und auch amerikanische Schiffe machen mit.

Da endlich eine Spur! Zusammen mit zahlreichen anderen Wrackteilen hat der chilenische Marineschlepper »Galvarino« bei seiner dritten Suchreise am Strand einer der Wollaston-Inseln, zu denen auch die Kap-Horn-Insel gehört, eine große Zahl von Wrackteilen entdeckt. Weil sich an Ort und Stelle nicht erkennen läßt, ob davon irgend etwas von der »Karpfanger« stammt, sammelt die »Galvarino« alles auf und bringt sämtliche Wrackteile nach Santiago. Vertreter der HAPAG untersuchen die Stücke, wobei sie auf den Teil eines Türschildes stoßen, das womöglich von der »Karpfanger« stammen könnte. Es wird auf schnellstem Wege nach Hamburg geschickt und dort von Technikern der Werft Blohm und Voss untersucht. Da besteht kein Zweifel mehr, sowohl das relativ seltene Material wie auch die besondere Schrift am Türschild beweisen seine Herkunft von der »Admiral Karpfanger«.

Aber welches Schicksal das verschwundene Schiff getroffen hat, darüber werden nur Vermutungen aufgestellt, zur Aufklärung ist es nie gekommen. Bestimmt muß das Unglück so schnell geschehen sein, wie es sich kein Sachverständiger erklären kann. Selbst beim Scheitern an schroffen Felsen, selbst beim Zerdrücken zwischen Eismassen oder unter hereinbrechenden Wasserwogen kann nicht alles, können vor allem nicht die Holzteile, die Schwimmwesten und Boote bis auf den Meeresgrund versinken. Irgend etwas treibt meistens an die nächstliegende Küste, an eine Insel oder bis ans Ende der Fjorde. In diesem Falle jedoch wurde, abgesehen von dem kleinen Teil des Türschildes, bis zum heutigen Tage nichts gefunden von der »Karpfanger«.

Damals, am ersten Abend des Jahres 1979, erlebten wir im Pinguin-Saal unserer »Explorer« eine Umseglung des Kaps auf der Leinwand. Eine schier unglaubliche Fahrt war da zu sehen. An Bord der deutschen Viermastbark »Peking« im Jahre 1928! Einer von unseren Mitreisenden hatte dieses Abenteuer nicht nur persönlich erlebt, sondern mit all seinen Kräften geholfen, das schlimme Kap zu bezwingen. Als Captain Irving Johnson dürfte er den meisten Freunden der Seefahrt vor allem, was jahrelange Weltumseglungen betrifft, gut bekannt sein. In vielen Sprachen wurden seine Bücher übersetzt. Im übrigen hat auch seine tüchtige Frau an den meisten seiner seemännischen Abenteuer teilgenommen.

Damals, ich meine 1928, hatte sich der für die Seefahrt begeisterte Johnson in Hamburg bei der Reederei Laiesz gemeldet, um als Schiffsjunge auf einem Windjammer anzuheuern. Laiesz war seinerzeit die größte und bestgeführte Reederei, die noch Rahsegler bis nach Australien fahren ließ. Ihre Frachtsegler kreuzten ums Horn, segelten dann noch weiter an der Westküste von Chile hinauf. Der junge Mann wurde angenommen, und am Tage vor seiner Ausfahrt kaufte er sich eine gebrauchte 16-mm-Kamera. Wie es der clevere Junge fertigbrachte, die damals nicht gerade einfache Bedienung einer Filmkamera zu lernen, und wie es ihm möglich war, an Bord, bei jedem Wind und Wetter, einen hinreißenden Film zu drehen, ist kaum zu begreifen. Diesen Film zeigte uns Irving Johnson fast genau 50 Jahre später auf der Leinwand.

Abgesehen von der verblüffend guten Qualität des halbhundertjährigen Films muß man auch die turnerischen Fähigkeiten des jungen Johnson aufs höchste bewundern. (Er ist noch heute als Mittsiebziger fähig, an jeder senkrechten Stange die »Fahne« zu machen.) Bei seiner Feuerland-Reise hat Irving vom Kreuzmast, vom Besanmast und vom Bugsprit, auch vom Klüverbaum aus gefilmt. Er muß sich absolut zuverlässig festgebunden haben, um in Sturmböen und Hagelschauern die Kamera zu bedienen. Ganz droben im Mastkorb ließ sich der Jungmann von gut 45 Grad Schräge an Backbord bis nahe an 45 Grad Steuerbord herumschwingen. Er filmte Wassermassen auf

Deck, so gewaltig, daß es wie ein Wunder Gottes erscheint und wohl auch gewesen ist, daß sich dabei die »Peking« wieder aufrichten und weiterschwimmen konnte. Wir sahen Menschen in diesem Gebrodel, die sich festkrallten an Handgriffen und in den sogenannten Leichenfängern hingen, in Netzen, die man bei schwerstem Wetter an den Relingen aufspannte. Selbst Hasse Nielssen, unser sturmerprobter Kapitän, atmete tief und meinte, so etwas habe auch er nicht für möglich gehalten.

Theo Saevecke erzählt von der »Priwall«

Mein guter Freund, der heute im besonders wohlverdienten Ruhestand lebende Theo Saevecke, mit dem mich seit den Kriegsjahren vieles verbindet, hat auch allerhand mitgemacht: In seinen jungen Jahren befuhr er die ganze Welt. Als Matrose und Offiziersanwärter war er auf den Viermastbarken »Priwall« und »Padua«. Ungefähr 148 000 gesegelte Kilometer, darunter fünfmal um Kap Horn, bis ihn ein Magenleiden zur Aufgabe der Seefahrt zwang. Weil ihn aber gar nichts erschüttern konnte, holte man ihn als Kommissar zur Berliner Mordkommission, wo er eine Reihe der schwersten Jungen zur Strecke brachte. Bis zu seiner Pensionierung vertraute man dem ehemaligen Kaphornumsegler den Schutz der Regierung in Bonn an.

Als er uns neulich wieder besuchte und wie so oft unser Gespräch auf die christliche Seefahrt kam, hat meine Frau das Tonband mitlaufen lassen:

»Wenn man von der Horn redet, wenn Seeleute darüber reden, so ist damit nur zum geringsten Teil die Kap-Horn-Insel gemeint. Wenn wir vom Kap reden, meinen wir die gesamte Meeresküste beiderseits von Feuerland. All die vielen Segelschiffe, deren Schicksal dort besiegelt wurde, weil sie entweder an den Küsten oder Eisbergen zerschellten oder weil sie nach dem Brechen aller Maste hilflos untergingen, von denen sagt man, sie seien dem Kap Horn zum Opfer gefallen. Würde sich dort das Meer auftun, und könnte man auf seinen Grund schauen, würde man angesichts der unschätzbar vielen Meeresopfer kreidebleich werden. Geheimnisvoll wird bei vielen Schiffskatastrophen die Frage bleiben, wie das geschehen konnte. Es gibt nur wenige Fälle, wo viele Jahre später zufällig etwas Licht ins dunkle Rätsel ihres Verschwindens gebracht wurde.

Da war zum Beispiel die ›Juno‹, ein Bremer Vollschiff, bei dem die Stengen der drei Masten brachen und 14 Segel zerfetzt wurden, dazu noch Feuer im Schiff. Alle Mann in die Boote, befahl der Kapitän. 16 Leute wagten den Sprung ins Großboot, das ein Spielball der tobenden See war. Zwei Mann weigerten sich. Als das Schiff lichterloh brannte, mußten der Kapitän und sein Erster absetzen. Die beiden Verweigerer gingen mit dem Schiff in die Tiefe. Nach zwölf Tagen im Griff tobender Elemente, nach unvorstellbaren Strapazen gelangten beide an eine Küste und zu Menschen.

Persönlich besonders betroffen hat mich das Schicksal der ›Admiral Karpfinger‹. Mein guter Kamerad Otto Piper hat als 2. Offizier mit dem Untergang des Schiffes sein Leben verloren. Es ist ein seltsames Gefühl, wenn ein alter Freund so spurlos und für immer verschwindet.

Die ›Priwall‹«, fuhr Theo Saevecke fort, »mit der Piper und ich nach Australien gesegelt waren, war ein altes, aber starkes Schiff. Und so sah die Besatzung aus: Der Kapitän Robert Clauss hatte als Segelschiffkapitän einen bekannten Namen. Er machte, als ich unter seiner Führung segelte, seine neunte Umrundung der Horns. Zehn Kap-Horn-Reisen hatte er zuvor schon als Offizier gemacht. Sein Erster hatte Horn 14 Mal geschafft. Für die Matrosen war die Umrundung des Kaps zumindest die fünfte, für manche schon die siebente Horn-Reise. Hinzu kam, daß die Mannschaft willig, fähig und erfahren war, eine gute Kameradschaft an Bord herrschte, und die normale 86-Stunden-Woche war für solche Männer kein Problem. Alle kannten die tödlichen Gefahren aus eigenem Erleben, hatten volles Vertrauen zu ihrem Käpten, der als Hartsegler bekannt war. Auch heute noch würde man sicher junge Leute finden, die bereit wären, eine solche Schule zu durchlaufen, doch sie dürfen nicht mehr. Die Bestimmungen sind dagegen, und natürlich fehlen auch die Gelegenheiten.

Um eine schnelle Reise zu machen, hatte Kapitän Clauss seinen Kurs, von Australien kommend, weit in Richtung Südpol gewählt. So befanden wir uns am 5. Februar 1933 auf der Position Süd 59°, 28

Min. und West 166°, 47 Min. als uns im schweren Sturm die Oberbrambraß im Kreuztop brach. Wegen Eisberggefahr befanden sich Tag und Nacht vier Mann im Ausguck, das Ruder war mit drei Mann besetzt. Vor unseren Augen stand das nie gelöste Verschwinden des dänischen Schulschiffs ›Kjöbenhavn‹ im Januar 1929, das vermutlich in dieser Gegend gesunken war. Stündlich wurde das Meerwasser gemessen, weil ja das rasche Absinken der Temperatur die Nähe von Eisbergen ankündigt, ankündigen kann. Als die Temperatur plötzlich rapide sank, segelte die ›Priwall‹ nördlicher.

Am 8. Februar befanden wir uns auf S 57° 14 Min. und W 147°, 36 Min. Der Sturm hatte zugenommen, Schneegestöber und Regenböen fegten über Deck und erlaubten nur ganz kurze Sicht. Dazu ergossen sich ungeheure Wassermassen pausenlos über das schwerbeladene und daher tief im Wasser liegende Schiff. Gegen ein Überbordschwemmen waren schon lange die Leichenfänger an Vor- und Achterdeck gespannt. Es herrschte Windstärke 11 bis 12 in den Böen. Dennoch ließ der Käpten die meisten Segel stehen, er knüppelte förmlich das Schiff. Ich hörte ihn vor sich hin reden: ›Der Sturm ist ein geschlagener Feind, den man verfolgen muß.‹

Gut gesagt, aber die Eisberge! Und dann hatten wir sie! Wasser und Wind wurden eisig, die Luft glasig, man spürte das Eis im Gesicht und auf der Zunge. Die Bartstoppeln taten weh und die Augen tränten. Ich meinte, der Sturm würde mir das Gesicht zerschneiden. Dabei die rasante Fahrt des Schiffs bei achterlichem Wind. Zu allem Überfluß ertönte der erste, noch etwas unsichere Ruf vom Ausguck: ›Isbarg an Stürbord vörut.‹ Es waren Schreck und Erlösung zugleich. Natürlich war der Alte schon seit Tag und Nacht an Deck, so konnte er selber das Kommando übernehmen. ›Stür na Backbord, all hands an Deck!‹ Also mußte auch die Freiwache aus der Koje und eingreifen. Ein gewaltiges Zittern ging durchs Schiff, das Brüllen des Sturms in den Riggen war ohrenbetäubend. Schnell legte sich die ›Priwall‹ nach Backbord über und fiel nach dahin ab.

Wo und wie lauerten die Eisberge auf uns? Das konnte man nur instinktmäßig erfassen. Es hatte nichts mit Wissen über Gefahr zu tun. Kalter Eishauch wehte unserem Schiff entgegen. Das Ungeheuer seitwärts oder noch vor uns war im Dunst nicht sichtbar. Weil unsere Augen tränten, wurde der Schleier noch dichter. 60 Menschen waren bereit, um ihr Leben zu kämpfen, es blieb ihnen gar nichts anderes übrig. Aber zu unserem Glück war offenbar der geänderte Kurs richtig gewesen. Die Winschen begannen zu rasseln, Tauwerk sauste von den Belegnägeln, und Menschen hingen wie Trauben an Geitauen und Gordings. Die Steuerleute brüllten über Deck. Unser starkes Schiff ›Priwall‹ rannte weiter. Noch immer hatten wir es mit Windstärken zwischen 11 und 12 zu tun, bei Nebel und Hagel, bei himmelhoher See sowie überflutet von Wassermassen.

Wie man in solchem Zustand, Eisberge in der Nähe, die Lage bewältigt, steht nicht in den Büchern. Wie viele Eisberge uns den Tod hätten bringen können, weiß ich nicht. Unser Käpten hat hinterher gesagt, vor seinen geistigen Augen hätten sich elf Eisberge bewegt und gedreht. Wirklich gesehen hat er nur einen. Wäre doch meinem Freund Piper auf der »Admiral Karpfinger« das gleiche Vorbeigleiten an den tödlichen Eisbergen beschieden gewesen. Die Eisberge waren auch dort gesehen und gemeldet worden.«

Weshalb ich nicht mit der »Pamir« unterging

Aus dem Leben der »Pamir« berichtete häufig Kapitän Fred Schmidt. Aus seiner Feder stammen zahlreiche Werke der Segelschiffzeit. Er gab auch die Schriftenreihe »SOS ... Schicksale deutscher Schiffe« heraus.

»Hättest Du Dich anders entschieden, lieber Hans-Otto, könnte Fred Schmidt noch heute leben.«

Wo mein Glas stand, dort ließ ich es stehen. Was mir eben Theo gesagt hatte, entspricht der vollen Wahrheit. Allerdings kann deshalb keine Schuld mein Gewissen belasten. Aber mein Anruf bei der HAPAG und mein Verlangen, die mir zugesagte Mitfahrt auf der »Pamir« um ein halbes Jahr zu verschieben, hat den Seemannstod des Kapitäns Fred Schmidt zur Folge gehabt.

Als Marianne und ich an Bord eines HAPAG-Frachters, der nur acht Pasasagiere mit sich führte, von Hamburg aus in 36 Tagen, weil wir sehr oft kleine und kleinste Häfen anliefen, nach Japan fuhren, hatten wir an Bord mit dem Dritten Offizier Freundschaft geschlossen. Er hatte zweimal das Kap auf einem Windjammer umsegelt.

Natürlich hätte auch ich liebend gern dieses großartige Abenteuer erlebt, aber ohne jede seemännische Ausbildung war natürlich nichts zu machen. Vielleicht war aber doch etwas zu machen, wie mich der hilfsbereite Seemann hoffen ließ. An Bord fast aller Schiffe gibt es die sogenannte »Eignerkabine«, die gelegentlich von der Reederei an einen Geschäftsfreund, an einen der Aktionäre oder an eine sonstige Persönlichkeit vergeben wird, kostenfrei, wie sich denken läßt. Wie es nun der Zufall mit sich brachte, war unser Dritter über seine Eltern mit einem Vorstandsmitglied befreundet. Wenn auch die beiden letzten Windjammer »Pamir« und »Passat« seit 1951 dem Reeder Heinz Schliewen gehörten, bestimmte Wünsche der HAPAG wurden berücksichtigt. Auf diesem etwas umständlichen Weg erhielt ich zu meiner Freude die Erlaubnis, die übernächste Fahrt der »Pamir« von Hamburg bis zur Ostküste Südamerikas und zurück mitzumachen. Bedingung war hierüber zu schreiben, und zu diesem Zweck mußte ich mich verpflichten, möglichst viele Kenntnisse der Takelage, der Handhabung eines großen Seglers und ein paar 100 seemännische Fachausdrücke zu erlernen. Entsprechende Handbücher wurden mir zugeschickt, an Bord selber sollte mir dann einer der Offiziere weitere Anleitung geben.

Was die Vorbereitungen betraf, gab ich mir alle Mühe, um in die Materie einzusteigen. Aber noch etwas kam hinzu, was absolut nichts mit der christlichen Seefahrt zu tun hat. Schon lange Zeit war ich der jagdlichen Passion verfallen, und da reizten mich natürlich die in den südamerikanischen Anden lebenden Rothirsche. Es sind Nachkommen der vor etwa 100 Jahren dort ausgesetzten Kapitalhirsche aus Bayern, Ungarn und Tirol. Einer meiner Jagdfreunde, vielen Lesern der Massenmedien als der »Salzbaron« bekannt, hatte mich eingeladen, bei ihm zu jagen, das heißt in seinem über 80000 Hektar ausgedehnten Waldrevier nahe der argentinisch-chilenischen Grenze. Weil nun die »Pamir« wegen des Löschens und Übernehmens ihrer Ladung drei Wochen in einem der Häfen Südamerikas liegenblieb, hatte ich eine gute Gelegenheit, in den wilden Bergwäldern, wo alle Stege, Wege und erst recht menschliche Siedlungen fehlen, dem Waidwerk nachzugehen. Adi Vogel war einverstanden und wollte alles vorbereiten, warnte mich aber in einem Nachwort, daß bei dem auf der südlichen Halbkugel lebenden Rotwild die Hirschbrunft nicht wie bei uns auf zwei Wochen, zwischen Mitte September bis Mitte Oktober fällt, vielmehr in die Monate März/April. Zu meiner Schande sei gesagt, daß ich daran nicht gedacht hatte. Wie dem auch sei, mein Wohltäter bei der HAPAG würde gewiß meine große Reise an Bord der »Pamir« aufs kommende Frühjahr verlegen.

Dem aber war nicht so. Das bisher so freundliche Mitglied des Aufsichtsrates ließ deutlich knurrende Worte hören. Sinngemäß war er verärgert über die Tatsache, daß ich die höchst seltene Ausnahme, die nur ausnahmsweise erteilte Ehre als Gast auf einem Windjammer zu fahren, nicht so recht zu schätzen wisse. Zwar meinte er zum Schluß, er wolle sehen, was sich machen ließe, aber ich war weg vom Fenster!

An meiner Stelle wurde der weit mehr um die Segelschiffahrt verdiente Kapitän Fred Schmidt zu der Reise eingeladen, auf die ich leichtsinnigerweise verzichtet hatte. Er war ein angesehener Schriftsteller, besaß selbst das Kapitänspatent und war zudem Spezialist für Vollschiffe unter Segel.

Die »Pamir« und ebenso ihr Schwesterschiff die »Passat« waren gleichermaßen Frachtsegler wie Schulschiff der Handelsmarine. Beides Viermastbarken, zusätzlich ausgerüstet mit starken Dieselmotoren. Allein damit konnten sie bei totaler Windstille 7,5 Knoten Geschwindigkeit entwickeln. Natürlich war ein Funkoffizier mit den besten Aggregaten damaliger Zeit an Bord. Die »Pamir« hatte Tanks für den Wasserballast und besaß Ladegeräte neuester Art. Man hatte das vor 52 Jahren gebaute Schiff in jeder nur möglichen Weise auf den neuesten Stand der Technik gebracht. Allerdings der alterfahrene Kapitän Paul Greiff, ein guter Kenner des Horns und seiner Tücken, war auf Urlaub, meines Erinnerns aus gesundheitlichen Gründen. Ein anderer Segelkapitän, Diebitsch mit Namen, der schon längere Zeit auf Dampfschiffen verbracht hatte, früher aber auf Windjammern, übernahm im März 1957 das Kommando der »Pamir«.

Auf der Heimfahrt von der La-Plata-Mündung nach Hamburg geriet die »Pamir« etwa 450 Seemeilen westsüdwest der Azoren in einen Hurrikan von gewaltiger Stärke. Unter dem Namen »Carry« ist das Unwetter in die Seefahrtsgeschichte eingegangen. Es scheint so, als

Die Viermastbark »Pamir« war eines von acht Schwesternschiffen der Reederei Laeisz in Hamburg. Wasserverdrängung (beladen) 6550 Tonnen, Länge über alles 114 Meter, Breite 14,02 Meter, Tiefgang (beladen) 7,2 Meter, Mastenhöhe über Wasser 52,5 Meter. Von Stapel gelaufen am 29. Juli 1905 bei Blohm und Voss. Bis zu ihrem Ende im Zeitraum von 55 Jahren hat die »Pamir« etwa eine halbe Million Seemeilen zurückgelegt. Dazu gehörten 19 Umsegelungen des Kap Horn, hin und zurück. Die Reederei hatte 1965 den Verfasser zu einer Fahrt ums Kap hin und zurück eingeladen, aber aus privaten Gründen war ich verhindert. Zu meinem Glück, denn auf dieser Reise ging die »Pamir« zugrunde mit fast allen Menschen an Bord.

habe sich die Ladung im Bauch der »Pamir« verschoben, ungefähr 3000 Tonnen Getreide verschiedener Art. Dabei gelang es dem Schiff nicht mehr, sich aufzurichten. Kapitän Diebitsch sah die unmittelbar drohende Gefahr des Kenterns und ließ SOS funken, so lange das noch möglich war. Mehrere Schiffe empfingen seine Hilferufe, aber gegen den furchtbaren Seegang kamen sie nicht mehr rechtzeitig in die Nähe der sinkenden Viermastbark. Auf der »Pamir« versuchte man Boote ins Wasser zu lassen, aber sie konnten sich beim Toben der Elemente nicht lange halten. Nach mehreren Tagen wurden nur fünf Jungmatrosen und der Schiffskoch in ihrem vollgeschlagenen Boot entdeckt und gerettet. Alle übrigen, insgesamt 79 Menschen, blieben verschollen. Mit ihnen ist auch der einzige Passagier, der an meiner Stelle mitreisende Kapitän Fred Schmidt, in der Tiefe versunken.

Als wir, meine Frau und ich, daheim in München in den Abendnachrichten vom Untergang der »Pamir« hörten, hat uns der Schock wie ein Blitzschlag getroffen.

Das Schwesterschiff der »Pamir«, nämlich die »Passat«, befand sich zur gleichen Zeit auf hoher See, und auch sie hatte Schwierigkeiten mit der verrutschten Ladung. Aber zu ihrem Glück herrschte kein so schweres Unwetter wie im Hurrikan »Carry«. Dem Kapitän Helmut Grubbe gelang es, die »Passat« vor Schaden zu bewahren und das Schiff sicher zurück in den Heimathafen zu bringen. Aber das Seeamt und ebenso die Reederei wollten nach dem Totalverlust der »Pamir« keine neuen Reisen riskieren. Als schwimmendes Museum in bestem Zustand liegt heute die »Passat« vor dem Hafen von Travemünde. Sie war der letzte Windjammer unter deutscher Flagge.

SOS von der »Pinnas«

Alle Segler der in Hamburg beheimateten Reederei Laiesz trugen mit »P« beginnende Namen. »Pamir«, »Peking«, »Passat«, »Pinnas«, »Palmyra«, »Priwall« usw., ungefähr 20 Mal. Die »Flying P-Line« wurde daher die Reederei genannt. Was diese Schiffe, ihre Kapitäne und Besatzungen während fast eines Jahrhunderts geleistet und erlebt haben, diese Kette von schier unglaublichen Abenteuern füllt viele Bände und, wenn man alles berichten würde, wären es dreimal so viel. Fürs Fernsehen, würde dort jemand auf den trefflichen Gedanken verfallen, könnte daraus eine Serie werden. Aber die Kosten dafür, die Vier- und Fünfmaster in wilden Stürmen, das Scheitern an den Klippen beim Horn, der Untergang im treibenden Eis, das wäre nicht zu bezahlen. Dazu noch das Schicksal der Besatzungen in dunkler Nacht, bei Sturm und Nebel, vielleicht auch ihre wunderbare Rettung, das würde kein Ende nehmen. Im übrigen dürfte es schwierig sein, die Darsteller dafür zu finden, trotz aller heute vorhandenen technischen Möglichkeiten.

Da war die »Pinnas«, unterwegs mit Zement und Eisen von Hamburg nach Talcahuano in Chile. Lehmann hieß der Kapitän und 25 Mann Besatzung waren an Bord. Am 21. Januar 1929 begann die auf gut 100 Tage geschätzte Reise. Bereits Anfang April passierte die »Pinnas« die LeMaire-Straße zwischen der Staten-Insel und dem Feuerland. Kap Horn lag ganz in der Nähe, blieb aber unsichtbar. Da rauschte aus dem Westen schweres Wetter heran, das wochenlang nicht aufhören wollte. Nur langsam kam die »Pinnas« dagegen an und stand am 29. April etwa 50 Seemeilen südwestlich der Diego-Ramirez-Inseln.

Schlimm war es, schlimmer wurde es, und bei der ständigen, übermäßigen Belastung konnte bald das stehende Gut nicht mehr halten. Mit einem Male knallte es droben in der Takelage wie Kanonenschüsse, und was an Segeln noch stand, riß der Sturm in die Ferne. Die Takelage kam von oben, binnen weniger Stunden war die »Pinnas« entmastet. Nur der Stumpf vom Kreuzmast blieb stehen und in ganzer Länge das Bugsprit. Auch die Antenne fürs Funkgerät war fortgerissen, und alle vier Boote waren in Trümmer geschlagen. Durchs eingedrückte Deck drang Wasser in den Laderaum, und die Lenzpumpen versagten ihre Dienste. Das Schiff legte sich ruckweise von etwa 45 Grad nach Steuerbord nach Backbord über.

Allem Anschein nach war die »Pinnas« verloren. Mit viel Mühe und großer Not gelang es, auf dem Stumpf des Kreuzmastes eine Notantenne zu spannen, und so konnten S.O.S.-Rufe hinausgehen. Während sich die Mannschaft die Seele aus dem Leib schuftete, um zumindest vorübergehend die Lücken im Deck zu dichten, empfing ein Funker namens Trancoso auf dem in der Magellan-Straße vor Anker liegenden chilenischen Dampfer »Alfonso« den Notruf des deutschen Dreimasters. Dann allerdings kam stundenlang keine Meldung mehr durch. Erst gegen Abend konnte der unermüdliche Funker andeutungsweise den Namen des Schiffes und seine Position vernehmen. Mit ausdrücklicher Genehmigung der Reederei setzte sich die »Alfonso« unverzüglich in Bewegung. Mit Volldampf versuchte der tapfere Chilene durch die weithin aufgewühlte See in die Nähe des Havaristen zu gelangen. Binnen 24 Stunden erreichten sie die »Pinnas«. Tief schwankte sie im Wasser und sank noch tiefer, mit schon überschüttetem Heck lag auf Deck alles durcheinander, nur der Bugsprit ragte noch aus dem Wasser.

Es dauerte aber zwei volle, überaus gefährliche Tage, bis endlich von der »Alfonso« ein Rettungsboot sicher aufs Wasser kam. Die gesamte Besatzung des chilenischen Dampfers hatte sich freiwillig zur Rettungsaktion gemeldet, auch wenn sie nach Lage der Dinge einem Todeskommando gleichkam. Kaum konnte sich die »Pinnas« noch halten in der schweren Quersee, dazu trieben noch Eisfelder heran. Schließlich gelang es den Helden der »Alfonso«, ihr Boot unter den Klüverbaum der »Pinnas« zu manövrieren, wo allerdings stets Gefahr bestand, daß es beim Aufschwingen und Niedersausen des Baums glatt durchschlagen wurde. Aber nur auf diese Weise war es vielleicht möglich, die Männer von der »Pinnas« abzubergen. Einer nach dem anderen, und darüber vergingen vier volle Stunden, schob sich mit Klammergriffen bis vorne an die Spitze. Alsdann, mit oder ohne Leine, der Sprung in die eiskalten Wogen. Die Chilenen, mit schier übermenschlicher Kraft, holten jeden Mann heraus, bevor seine Glieder erstarrten. Als letzter ging, wie sich das so gehört, der Kapitän von Bord. Dabei trug er im wasserdichten Beutel das Logbuch und die Schiffspapiere bei sich.

Wie oft dergleichen und ähnliches geschehen ist, in der Nähe des männermordenden Kaps, beweist am besten der Schiffskoch Swenson. Dieser unerschütterliche Schwede hatte zuvor schon sechs Schiffbrüche überlebt, seine Rettung von der sinkenden »Pinnas« war seine siebente.

Nur zwei kamen wieder

Schwer beladen mit Maschinen war die Dreimastbark »Palmyra« unterwegs nach Chile. 23 Mann zählte die Besatzung. Erster Offizier war Gustav Thiel. Der Kapitän hatte schon zuvor weite Segelfahrten unternommen, allerdings mit kleinen Schiffen, und so fehlte ihm doch die Erfahrung mit der »Palmyra«. In allen für die Allgemeinheit verfaßten Berichten wird der Name des Kapitäns nicht genannt. Sehr wahrscheinlich beruht der Verlust seines Schiffes auf einem Navigationsfehler dieses letzten Kapitäns. Unter solchen Umständen schreibt und spricht man den Namen nicht aus, das war so Sitte unter Seeleuten der alten Zeit.

Als sich die »Palmyra« nach der Umseglung des Horns der südpatagonischen Küste näherte, schlug das bisher glimpfliche Wetter in brausende Stürme um, die ungewöhnlich lange anhielten. Es herrschte feuchte Kälte, und die Männer bewegten sich über ein schäumendes Deck. Man hielt 100 bis 150 Seemeilen Abstand von der patagonischen Küste. Alsdann steuerte der Kapitän, soweit das beim rasch wechselnden Wind möglich war, erst in südwestliche, sodann in nordwestliche Richtung. Dabei hatte sich der Schiffsführer ausgerechnet, daß er die bedrohlichen Klippen und Inseln in sicherer Entfernung umsegeln würde. Sein Erster Offizier Thiel, der hinterher die Berichte schrieb, war nicht ganz davon überzeugt. Er befürchtete, daß sich sein Kapitän zu nahe an der patagonischen Küste hielt, zumal er glaubte, an Steuerbord Lichter entdeckt zu haben.

Es kam zu Auseinandersetzungen zwischen dem Ersten und seinem Käpten, wobei natürlich die Meinung des Vorgesetzten den Ausschlag gab. Wie dem auch sei, erschienen kurz voraus ein paar hochragende, schwarze Felsen. War es auch im letzten Augenblick noch möglich, ihnen auszuweichen, dauerte es dennoch nicht lange, bis die »Palmyra« auf Grund lief. Sie saß fest, unbeweglich fest auf Riffen, die nach Meinung des Käptens auf keiner Karte verzeichnet waren. Tatsächlich aber stimmte der Verdacht seines Ersten, man befand sich viel zu nahe an der von Inseln und Vorgebirgen so reichen südpatagonischen Küste.

Das Schiff knirschte in allen Fugen, und heranrollende Wogen schwenkten es von der einen zur anderen Seite. Wasser strömte ins Schiff, es war unter keinen Umständen noch zu retten. So befahl der Käpten, die Boote klarzumachen. Insbesondere jenes Großboot an Steuerbord, das für alle Fälle von Gefahr vollständig ausgerüstet war. Es hatte nicht nur Lebensmittel, Werkzeug und Wasser an Bord, sondern auch Masten und Segel. Indessen war in der Mannschaftslogis und auch in den Offizierskammern das Wasser schon kniehoch gestiegen. Als der Erste Offizier wieder an Deck trat, war das Großboot mit 15 Mann an Bord bereits verschwunden. Kaum hatte man es zu Wasser gelassen, kaum waren die Leute hineingesprungen, hatten hochgehende Wellen das Boot in die pechdunkle Wildnis entführt. Auf Befehl des Kommandanten begaben sich weitere sechs Mann in ein kleineres Boot, das sehr wahrscheinlich nicht so gut ausgestattet war wie das Großboot.

Übrig blieben jetzt noch der Kapitän und Erste Offizier, denen allein noch die kleine Gig des Kommandanten zur Verfügung stand. Der Kapitän, der sich womöglich seiner Schuld bewußt war, wollte die »Palmyra« nicht verlassen, sondern mit seinem Schiff zugrunde gehen. Gustav Thiel gab sich alle Mühe, diese Meinung zu ändern, beide gemeinsam sollten sie das Schiff verlassen.

Indessen gingen die Wellen so hoch, und ständig wurde das Deck der »Palmyra« überspült, daß man vorerst die Dreimastbark nicht verlassen konnte. Wie Thiel später beschrieb, harfte der Wind durch die Takelage, und die nassen Segelfetzen flappten um die gebrochenen Masten. Dennoch versuchten die Männer in allen noch zugänglichen Winkeln ihres Schiffes nach Vorräten, nach Verpflegung und Ausrüstung für die Gig. Sie schafften Handwerkszeug hinein, Streichhölzer, Taschenlampen und noch einen überlebenden Hahn mit zwei Hühnern. Zur Navigation besaßen sie lediglich einen Taschenkompaß und eine alte englische Karte.

Als sich am nächsten Morgen das Wetter besserte, ließen sie das eigentlich nur für den Hafenverkehr bestimmte Boot aufs bewegte Wasser, mit allen Kräften pullten sie davon. Sie erreichten das nächste Land, eine vom Sturm gepeinigte, nur von Steinen und Gestrüpp bedeckte Insel. Sie bauten eine behelfsmäßige Unterkunft aus ihren Ölmänteln und ein paar angetriebenen Segelfetzen. Der Käpten hatte jede Hoffnung verloren, faßte sogar den unmöglichen Gedanken, hier zu überwintern. Sein Erster Offizier trieb ihn weiter, zurück ins Boot und in Richtung des vermuteten Landes. Nach wie vor glaubte Walter Thiel, man werde schon bald in östlicher Richtung die patagonische Küste erreichen.

Sie mußten rudern, pausenlos rudern, um nicht umzuschlagen. Sie glitten durch Wellen und Wogen, durch ein Labyrinth von völlig flachen bis turmhohen Inseln. Eines der Hühner nach dem anderen wurde gekocht und verzehrt. Zum Glück besaßen die Schiffbrüchigen

Kochgeräte, Streichhölzer und sogar eine geringe Menge von Petroleum. Sie sammelten Muscheln, verzehrten angetriebene Fische und kochten Seetang in ihrem arg verbeulten Topf.

Die Abenteuer zu schildern, eines nach dem anderen, von Augenblicken der schönsten Hoffnung bis zu tiefster Verzweiflung, ist hier nicht möglich.

Auf einer Insel fanden sie Spuren im Sand, die Spuren eines barfüßigen Menschen. Der Käpten hatte von den sogenannten »Lehmmännern« gehört, die angeblich Menschenfresser waren. Gemeint waren die mit Lehm beschmierten völlig harmlosen Ureinwohner der Waswildnis, die Alakalufen. Der Käpten und Thiel fanden zwei mit Baststreifen zusammengebundene Wildgänse, mit Pfeilen erlegt. Trotz ihres Hungers ließen die Schiffbrüchigen den kostbaren Fund liegen, aus Angst vor den »Lehmmännern«, die womöglich Rache an ihnen nehmen würden.

Es ging weiter und weiter und weiter, mitunter haben die beiden volle 72 Stunden die Ruder bewegt, stets in der Hoffnung, auf Festland zu stoßen. Meist war die Strömung gegen sie.

Wie Thiel später ausgerechnet hat, haben er und sein Käpten bei stets schlechtem, kaltem und windigem Wetter ungefähr 400 Kilometer zurückgelegt. Aus ihren Ölmänteln und zwei Rudern errichteten sie ein Notsegel, um schneller vorwärts zu kommen. So gerieten sie in Kanäle und Fjorde, ohne einen Menschen zu erblicken. Während der letzten Tage hatten sie nur Muscheln und Seetang zur Ernährung.

Endlich, endlich erschienen am Horizont die Schneeberge der Anden, und das Wetter wurde besser. Sie erblickten einen Leuchtturm, wo die chilenische Flagge gehißt war, konnten aber wegen der starken Strömung nicht anlegen.

Die Insel und die Klippen belebten sich mit Seehunden, mit Pelzrobben, ja sogar mit Elefanten-Robben. Welch eine Unmenge von Nahrung, aber nichts konnten sie erbeuten. Stets war die Brandung zu wild, und die Strömung trieb sie wieder hinaus in die See. Endlich in ruhigerem Wasser eine Inselgruppe, auf der sich offenbar Menschen befanden. Ein Landeplatz ließ sich nicht entdecken. Da war eine glatte Felswand, etwa 30 Meter lang und zehn Meter breit, auf dem die Schiffbrüchigen einen Kran entdeckten. Das mußte die Landestelle sein. Drei Menschen erschienen über der Kante und riefen hinunter:

»Wartet etwas, wartet nur ein Weilchen!« Dann endlich senkte sich vom Kran eine Leine herab mit einem Korb daran. In diesem Aufzug gelangte zuerst Thiel und dann der ungenannte Käpten auf die Anhöhe. Sie waren gerettet.

»Von den anderen«, schreibt Thiel am Ende seines Berichtes, »ist nie mehr einer aufgetaucht. Alle sind verschollen wie so viele Kameraden, die das blaue Wasser gefordert hat.«

Meist ist es Nacht, wenn Stürme toben

Auf einer Fahrt mit dem privaten Forschungsschiff »Lindblad Explorer« zurück aus dem antarktischen Meer nach Ushuaia, in der sogenannten Drake-Passage zwischen der Halbinsel Graham und dem vielgefürchteten Horn, erlebten wir Windstärken zwischen zehn und zwölf. Leicht ist das hingeschrieben, aber nicht einfach mitzumachen. Auch meiner Feder fällt es schwer, das zu beschreiben.

Käpten Hasse Nielssen und alle seebefahrenen Leute an Bord wußten, was uns bevorstand. Nicht nur, weil es die Wetterwarten und wissenschaftlichen Stationen im Südlichen Eismeer und die Observatorien an der chilenischen Küste gemeldet hatten, sondern auch, weil jeder von ihnen die Verdunkelung des Horizontes deuten konnte. Gerade weil zunächst die Wogen relativ ruhig blieben, meinte Hasse Nielssen, die bevorstehenden Tage würden schlimm sein. So schlimm, wie es nur wenige je zuvor erlebt hatten. Auf sein Wort, auf des Käptens Vorahnung konnte man sich verlassen. Weil die Geländer und Haltegriffe bei hochgehender See nicht genügten, spannte man daumendicke Leinen in den Fluren wie im Speisesaal, in allen Nebenräumen und natürlich rechts wie links der Treppen, ja sogar an den Decken, die ja auf Schiffen relativ niedrig sind. So konnte man sie mit der Hand erreichen. Sämtliche Türen und erst recht die Fenster wurden fest geschlossen, außerdem erging die Warnung, die Schwimmwesten bereitzuhalten. Im Bett sollte man sich anschnallen und für die Sicherheit des Kopfes sorgen. Einen Pfarrer zum Abnehmen der Beichte hatten wir nicht an Bord, aber ich möchte doch annehmen, daß der eine oder andere im Gebet versank. Ich meinte, wir seien auf ein Riff gelaufen, so heftig war der erste Stoß, mit dem der Orkan begann. Mit einem guten Dutzend anderer Passagiere, die nichts erschüttern konnte, saß ich in einem der am Boden festgeschraubten Sessel des blendend hell erleuchteten Salons, der normalerweise auch als Teestube, Cocktailbar, Bücherei, Schreibraum und Kartenzimmer dient. Wer trinken wollte, um guten Muts zu bleiben, konnte nur aus einer selber mitgebrachten Pulle süffeln. Keiner der Stewards hätte es fertiggebracht, mit scharfen Getränken übers Parkett zu tanzen. Wer sich hungrig fühlte, war auf Kekse angewiesen, die man in festgebundenen Körben im Raum verteilt hatte.

Da griff die gewaltige Hand Poseidons unter den Bauch des Schiffes, hob es ohne weiteres aus dem Wasser und ließ es wieder hineinfallen. Es war, als wollte die »Explorer« in selbstmörderischer Absicht mit dem Bug voran auf den Meeresboden hinabstoßen. Aber da kehrten schon die Lebensgeister des braven Schiffes zurück. Es stieg mit aller Macht aus dem Meer, um sich statt dessen nach hinten zu legen. Sehr tief, so nehme ich an, versank dabei unser Heck in den Wogen. Aber immer noch war das nicht genug. Deshalb legte sich nun die »Explorer« weit hinüber auf die Steuerbordseite, um nicht lange danach die gleiche Schräge auf der Backbordseite zu suchen.

Unser Schiff stampfte und rollte, daß jeder Landratte Sehen und Hören verging.

Wie Hammerschläge von starker Faust, so versuchten immer wieder geballte Wassermassen durch unsere Fenster zu brechen. Schaurig sah das aus, und es dröhnte wie der Abschuß von Schiffskanonen in der Schlacht von Trafalgar. Ebensolcher Lärm kam von oben, wo gewaltige Sturzseen über unsere Decks rauschten. Sie haben gelegentlich auch die Kommandozentrale überrollt, ja sind sogar bis hinauf ins Krähennest gespritzt.

Ganz gleich, ob mit der Zwölf auf dem Zifferblatt Mittag oder Mitternacht gemeint war, die Dunkelheit draußen konnte nicht dunkler sein. Um so stärker der Kontrast zum Licht in den Innenräumen. »Steuermann halt die Wacht . . . halt die Wacht«, summte eine Dame aus Berlin, deren Mann aus dem berühmten Wintersportplatz Aspen das allbekannte Kurzentrum gemacht hatte. Ja wirklich, das wünschten wir sehr, und es war auch dringend nötig. Alle Offiziere umgaben den Käpten auf der Brücke, scharfe Augen blickten aufs Radargerät, auch wenn weit und breit kein Flecken Land zu vermuten war. Aber es gab ja Eisberge, und wie man schon seit vielen Jahrzehnten weiß, können sie auch den stärksten und schnellsten Schiffen gefährlich werden. Der Erste und der Zweite Offizier blickten pausenlos aufs Echolot, und beide Funker lauschten auf Nachrichten aus dem Äther. Drunten im Maschinenraum hielten der Chefingenieur und sein Monteur bei den ihnen anvertrauten Maschinen Wache.

»Wenn jetzt . . .«, sagte leise mein Freund Albert Bendelius, »wenn jetzt die Sirene loslegte, mit dem Signal, sofort in die Boote zu steigen, würde ich sitzenbleiben, weil's doch keinen Zweck hätte, absolut keinen Zweck. Bei Windstärken zwischen zehn und zwölf, in totaler Dunkelheit und ohne jede Hoffnung auf Rettung durch ein anderes Schiff wäre uns ein nasser Tod absolut sicher.«

Hier in der Drake-Passage gab es weit und breit kein anderes Fahrzeug, das imstande gewesen wäre, das überhaupt nur versucht hätte, uns zu helfen. Unmöglich, ein Boot auszusetzen, sogleich wäre es vollgeschlagen und versunken. Unsere schönen Schlauchboote, von denen man sagte, sie seien absolut unsinkbar, sie würden von den wirbelnden Wellen umgedreht und die Menschen herausgerissen.

»Meine Sorgen sind das nicht«, meinte Franz Lazi, der berühmte Kulturfilmer aus Stuttgart. »Bevor wir im Antarktischen Ozean versinken, sind wir längst erfroren.«

Neben ihm der eisgraue Henry Gardiner, pensionierter Panzergeneral der US-Armee, gegen dessen anrollende Truppe ich vor längerer Zeit ein paar Granaten abgefeuert hatte, holte seinen gefüllten Flachmann aus der hinteren Hosentasche. »Bitte wollen Sie kräftig schlürfen, Gentlemen, das hilft gegen trübe Gedanken.«

Wie gesagt, so getan, auch wenn sich im gleichen Augenblick einer von den festgeschraubten Tischen vom Boden löste. Er kippte um, rutschte davon und begann einen tollen Tanz in dem dafür nicht vorgesehenen Salon. Weil ähnliches auch von jedem anderen Sessel zu befürchten war, schwankte und stolperte ich an den ausgespannten Seilen in meine Kabine. Weich, wohlig warm und relativ sicher war mein Bett. Mit zwei Gurten angeschnallt, konnte ich das Rollen und Stampfen ertragen. Mein Steward hatte schon früher das Bullauge in der Kabine mit einem Eisendeckel zugeschraubt. Da kam nichts von draußen herein. Mit Oropax in den Ohrgängen klang das Gerumpel des Schiffes und das Toben der Elemente wesentlich schwächer als zuvor.

Bewegt und angeregt von meinem Besuch beim letzten Ona, hatte ich mir in Ushuaia an Literatur besorgt, was nur über die zugrundegerichteten Eingeborenen des Feuerlands zu bekommen war. Zwei Werke hatte mir Capitan Mendez geborgt, eines die freundliche Buchhändlerin, und noch eines stammte aus der an sich bescheidenen, öffentlichen Bibliothek der kleinen Stadt am großen Zeh von Südamerika. Gerade das beschäftigte sich vor allem mit der geschichtlichen Entwicklung der Tierra del Fuego, wozu auch die Herkunft, die Lebensweise und das tragische Ende der Ureinwohner gehörte. Das umfangreichste und wohl auch am besten recherchierte Werk, und zwar in deutscher Sprache, hatte mir die erstaunlich gebildete Sortimenterin zur Verfügung gestellt. Es stammte von einem Pater der Steyler Mission, dem Professor und zweifachen Doktor Martin Gusinde, und trug den Titel »Urmenschen in Feuerland«. Wir sind ihm schon begegnet.

Unsere »Explorer« hob sich und fiel wieder hinab, legte sich so schräg auf die eine, sodann auf die andere Seite, daß ich mitunter glaubte, auf den Füßen, dann wieder auf dem Kopfe zu stehen. Trotz der festgespannten Gurte rollte ich mit unserem Schiff von der linken zur rechten Seite. Aber die Lektüre nahm mich gefangen, während sich die »Explorer« durchs schwarze Unwetter kämpfte. Wie dem auch sei, die Windstärken und die Wellenberge da draußen paßten recht gut zur Atmosphäre in meinem Buch.

Erste Landung am Hornkap

Am folgenden Morgen hingen noch immer graue Wolken vom Himmel, und hoch türmten sich die Wogen, gelegentlich stiegen sie an Deck. Aber fröhlich grinste der Käpten seinen Passagieren entgegen. Die letzten Wettermeldungen hörten sich an wie ein Gedicht, schwärmte er, schon heute abend, wenn ihn nicht alles täusche, werde uns wieder die Sonne zulächeln. Und deren Wiederkehr zu feiern, denke er an einen Ball an Bord. Gar nicht auszudenken sei es, vielleicht würde uns die seltene Gelegenheit geboten, das sagenhafte Kap Horn zu sehen. Gleich durchlief die frohe Kunde das ganze Schiff. Selbst von alterfahrenen Seeleuten haben nicht alle das männermordende Felsenungeheuer mit eigenen Augen gesehen. Meist verbirgt es sich hinter treibenden Wolken, wird von dichtem Nebel eingehüllt oder liegt im tiefen Dunkel. Jeder verantwortungsbewußte Kapitän legte Wert auf einen möglichst weiten Abstand von dem schiffeverschlingenden Hornkap.

Mein Freund Irving Johnson, einer der besten Kenner von Schiffsreisen unter Segeln, hat in seinem Zweimaster das schlimme Kap siebenmal umsegelt, mit Frau und einigen Freunden. Er schreibt: »Nicht einen Schatten von dem gewaltigen Felsen konnte ich jemals entdekken. Selbst ungefähre Umrisse blieben uns verborgen. Dabei hatten wir stundenlang durch starke Ferngläser gestarrt.«

Würde es jetzt möglich sein? Bei uns schwankte die Stimmung zwischen Wunsch und Hoffnung auf der einen, zwischen Furcht und Unglaube auf der anderen Seite.

Indessen eilte unser Käpten auf die Brücke und schloß hinter sich die Tür zur Funkkabine. Drinnen redete er, wie uns der Erste versicherte, über Sprechfunk mit allen möglichen Meteorologen, mit zivilen wie offiziellen Stellen. So ohne weiteres wagte er es nicht, die letzte Landspitze Südamerikas anzusteuern. Denn sie lag im Jahre 1978 jenen drei, zwischen Chile und Argentinien umstrittenen Inseln bedrohlich nahe. Sicher wurde jedes Schiff, das sich dort blicken ließ, von einem oder mehreren versteckten Posten scharf beobachtet. Der Tag verging, der Tanz fiel aus, und die Nacht begann, eine Nacht mit silbernem Mond und funkelnden Sternen. Bei hochsteigender Sonne hüllte uns die Helligkeit in lichtblaue Farben.

»Wer will an Land«, rief Hasse Nielssen in den Speisesaal, wo wir in heiterer Stimmung beim Frühstück saßen. Soeben hatte er vom Ersten Admiral der chilenischen Marine die Genehmigung erhalten, das vielgefürchtete, das vielgenannte, aber nur selten sichtbare Kap anzulaufen: »Aber ich mache darauf aufmerksam, daß nur wenig Zeit zur Verfügung steht. Keiner entfernt sich weiter als hundert Meter von seinem Schlauchboot, das bitte ich mir aus! Wenn dreimal kurz hintereinander die Sirene heult, läuft jeder von Ihnen sofort mit Spitzengeschwindigkeit zum Zodiac, wirft sich hinein und kommt zurück an Bord.«

Nur leichte Turbulenzen waren gemeldet, und nirgendwo sonst auf der Welt kann sich das Wetter so rasch verändern wie dort, wo Atlantik und Pazifik aufeinanderstoßen.

Von diesen Tatsachen ließen sich fast alle Passagiere abschrecken, zumal es doch viel bequemer und praktischer schien, daß bis auf 411 Meter ansteigende Kap vom Schiff aus zu betrachten, zu filmen und zu fotografieren. Nur elf Herren und drei Damen waren bereit, in die Schlauchboote zu steigen. Einige mögen es bedauert haben, weil wir schon bald in Kelp gerieten, in ein scheußliches Gewimmel von langen, ineinander verflochtenen Schlinggewächsen. Sie hingen sich an die Schraube des Außenbordmotors, hemmten die Geschwindigkeit, und zeitweise schien es sogar, als würden uns die armdicken Algen festhalten. Da eilte in seinem flotten Zodiac der sturmerprobte, bronzebraune, absolut furchtlose Todoko von den Tonga-Inseln herbei, ein entfernter Verwandter des regierenden, über 400 Pfund schweren Königs Taufuahau Topou IV. Seinem seemännischen Geschick gelang es, uns vom Kelp zu befreien.

Es dürfte bekannt sein: Das Kap Horn ist kein Kap, sondern eine Insel, etwa sechs Kilometer lang, maximal zwei Kilometer breit und 411 Meter hoch. Seine dem Festland zugewandte Seite steigt relativ sanft aus dem Meer, endet aber droben in einer Felsennase, von der ein messerscharfer Grat tief ins Meer hinunterstößt. Kein Baum und kein Strauch können auf dem von Stürmen und brausender Brandung umgebenen Kap bestehen, nur kniehohes Gestrüpp, nur karges graues Gras und eigenartiges, tief am Boden hinkriechendes Gehölz, worin sich unsere Füße auf unangenehme Weise verhängen.

Wir steigen aus, bis zur Leibesmitte im peinlich kalten Wasser stehend, taumeln mit ausgebreiteten Armen ans Ufer, wo alles von grauen, runden Steinen bedeckt ist. Verdammt schwierig ist jeder Schritt, weil die von der Brandung abgeschliffenen Blöcke gefährlich wackeln. Endlich stehe ich am Fuß der etwa 20 Meter hohen Böschung, ziehe mich am Gestrüpp und dem kriechenden Gehölz bis zur Kante hinauf, wo nun das eigentliche Kap der Horn-Insel vor meinen Augen liegt, im seltenen Sonnenschein.

Die Wassernomaden des Feuerlandes, die Jaghanen, haben sogar hier gelebt, geht es mir durch den Sinn. In dieser ungastlichen Welt haben sie ihr Auskommen gefunden, haben im Windschutz der Fjorde, vielleicht auch in den Höhlen die stürmischen Tage und Nächte verbracht. Sie bewegten sich in winzig kleinen, aus Baumrinden hergestellten Booten durch die Irrgärten der Fjorde und strömenden Kanäle. Nach Meinung aller seefahrenden Völker gibt es kein schlimmeres Fahrwasser auf der ganzen Welt als hier in dieser Gegend.

Weit kamen wir nicht, durften wir auch nicht. Außerdem wurde uns streng verboten, die nicht sehr weit abseits liegende Blechhütte der Marinestation zu fotografieren, ja auch nur durchs Fernglas zu betrachten oder in diese Richtung zu gehen.

Ohne daß ich es wollte oder gar gewünscht hatte, glitten meine Gedanken zum Schicksal von Segelschiffen in solchem Wetter hinüber. Wäre ich ein Passagier gewesen, den man als lästigen Herumsteher schon gleich beim Ausbruch des Orkans hinuntergeschickt hätte in seine Kabine, wie wäre mir da unten zumute gewesen? Droben das Getrampel der Männer, von denen jeder wußte, um was es ging. Der scharfe Knall, mit dem wieder ein Segel in Fetzen davonflog, gefolgt vom schrecklichen Gerumpel brechender Rahen und was sonst noch von oben kam. Laut gebrüllte Befehle übertönten hin und wieder das Rauschen der überkommenden Wogen. Ächzen und Knirschen im ganzen hart gebeutelten Schiff. Wenn die Ladung verrutschte, wenn das Ruder brach, wenn der übermäßige Wasserdruck das Skylight zerschlug, war es um das Schiff und seine Menschen geschehen.

Und wie oft war das geschehen?

Schon zu Ende ist der Landausflug, dreimal hintereinander ruft uns die Sirene zurück. Am feuchten Hang rutsche ich hinunter, falle mehrere Male auf wacklige Steine und schlage mir die Knie auf. Hinein in die Schlauchboote so rasch wie möglich, denn schon schieben sich schwarze Wolken der Horn-Insel entgegen. Gerade noch können wir über die Gangway an Deck unserer »Explorer« eilen, da fegt schon ein scharfer Wind über die eben noch so ruhige Wasserfläche. Aufs neue herrscht am Kap Horn »normales« Wetter.

Noch einen Tag zuvor hatte ich keine Ahnung von dieser Möglichkeit. Ganz im Gegenteil war ich als halbwegs vernünftiger Mensch zu der Erkenntnis gelangt, daß man auf unerfüllbare Wünsche verzichten solle. Auf der Kap-Horn-Insel war ich wie oben berichtet schon einmal gewesen, wenn auch nicht länger als etwa 20 Minuten. Sieben Jahre und ein halbes waren seitdem vergangen. Auch von oben aus einer viersitzigen Cessna hatte ich das Horn gesehen, wenn auch weitgehend von ziehenden Wolken verhüllt.

Zu viele Umstände müssen sich vereinen, um auf den Gipfel zu gelangen. Zunächst gutes Wetter, dann ein tüchtiges Boot mit einem Bootsführer, der sich bestens in der Wasserwildnis auskennt, und man muß Zeit dafür haben, vor allem möglichst lange Wartezeiten. Und selbstverständlich muß der Hornbesteiger den körperlichen Anforderungen gewachsen sein.

Wie es der angebliche Zufall wollte, wieder so einer, an den ich nicht recht glauben kann, traf ich aufs neue mit meinem Freund Gerhard Kuhn in Punta Arenas zusammen. Er hatte sich beruflich zwei oder drei Wochen in Santiago aufgehalten, war aber danach ganz privat an Bord eines bescheidenen Frachters nach Punta Arenas geschwommen. Seine Absicht war, von hier aus in einem gemieteten Motorboot die Magellan-Straße zu durchfahren und vielleicht anschließend die Falkland-Inseln zu besuchen, dafür aber reichte die Zeit nicht.

Ich folgte der Einladung meines Freundes Adi Vogel, hielt mich zehn Tage lang der kapitalen Hirsche wegen in seinem Waldgebirge nahe dem Lago Hermoso auf, dessen Umfang auf sage und schreibe 80 000 Hektar geschätzt wird. Leider kann aber der Besitzer wegen der geringen Qualität und der weiten Entfernung mit seinem Holz nichts anfangen. So ist alles unerschlossene, kaum zu erschließende Wildnis geblieben. Weil aber die Winter milder sind als bei uns, hat sich das vor etwa 100 Jahren eingeführte Rotwild aus Bayern, Tirol und Ungarn stark vermehrt. Von geländekundigen Peones begleitet, auf dem Rücken stämmiger Pferde und gefolgt von Maultieren, die alle Ausrüstung tragen, begibt sich der Waidmann in entfernte, einsame Täler. Zelte sind die Unterkunft, und knisterndes Lagerfeuer dient gleichermaßen zur Erwärmung der Menschen, zum Bereiten der Mahlzeiten und zur Vertreibung der Mücken.

Gerade saß ich mit Gerhard Kuhn in der Halle des Hotels »Cabo de Hornos« im Herzen von Punta Arenas, gerade besprachen wir meine Abenteuer im südlichen Patagonien, da rauschte Peter Bucksch herein. Mit zwei schweren Koffern in den Händen und auf dem Rücken einen prall gefüllten Tragesack schwankte er zur Rezeption. Junge Hotelangestellte in schmucker Uniform standen in der Nähe, waren jedoch nicht geneigt, dem Gast mit seinem Gepäck zu helfen.

Bald waren wir zu dritt nahe dem rotglühend knisternden Kamin. Wir kannten uns schon lange, waren uns an verschiedenen, weit auseinander liegenden Orten der großen Welt schon mehrfach begegnet. Auch Freund Bucksch war schon immer ein Reisender gewesen, früher sagte man dazu Globetrotter, der nirgendwo zu wirklicher Ruhe kam. Aus seiner Feder stammen, wenn auch unter verschiedenen Namen, zahlreiche, von ihm selbst illustrierte Beiträge in einigen der großen und größten Blätter, die sich mit seltenen Tieren und Menschen befassen. Da gab es natürlich wieder einmal viel zu erzählen, und ich muß gestehen, daß wir zeitweise alle drei durcheinanderredeten. Wir trennten uns am frühen Morgen, Freund Gerhard flog nach Rio Gallegos. Ich ließ mich von Peter Bucksch zum Flug nach Ushuaia bewegen. Es konnte sich dort die Möglichkeit ergeben, den unternehmungsfreudigen Reporter beim geplanten Besuch der Staten-Insel zu begleiten. Weil deren Geschichte ebenso von Schiffbrüchen wie auch vom Schicksal der Schiffbrüchigen erfüllt ist, die man später retten konnte, hoffte ich, das auch für mein geplantes, hier nun vorliegendes Buch ein lesenswerter Abschnitt entstehen könnte. Aber leider habe ich die unbewohnte Insel nur von ferne gesehen. Es kam nämlich ganz anders.

In Ushuaia eingetroffen, wollte ich mir in Ruhe das dort neu eingerichtete Museum anschauen. Peter Bucksch machte sich auf zum Hafen, wo er gute Bekannte wußte, die ihm bei der Fahrt zur Staten-Insel gute Hilfe leisten konnten. Weil sich das länger als erwartet hinzog, bestellte ich mir im Restaurant einen großen Congrio, trank dazu ein Glas chilenischen Rotwein und ging sodann zu Bett, ohne Peter Bucksch noch mal gesehen zu haben.

Aber dann, schon gegen sechs Uhr früh, bummerte der nimmermüde Mensch an meine Tür. Kaum hatte ich den Riegel zurückgeschoben, stürzte er hinein.

»Wenn Sie aufs Kap wollen, dann sofort raus aus dem Lotterbett und hinunter in den Hafen!«

Sofort stand ich auf beiden Füßen. Aber mein Kreislauf kam erst langsam in Gang. Worum es denn ginge, wollte ich wissen.

»Um die Isla Hornos, um was denn sonst? Wenn wir gleich davonrasen, hinunter in den alten Hafen, da liegt der stämmige Fischkutter meines Freundes Ramirez. Der ist ganz sicher, wir können heute mit Rückenwind relativ rasch zur Horn-Insel brummen. Er weiß eine gute Landestelle und meint, es bliebe genug Zeit, um ganz rasch zu steigen, bis hinauf zur Spitze von der Nase. Also los, los, los, keine Minute verlieren!«

Draußen strömte der Regen vom Himmel, und dunkle Wolken hingen herab, aber auf die Wetterfühligkeit seines Freundes Diego wäre absoluter Verlaß, versicherte Bucksch mit keuchendem Atem.

Erst im Laufen zog ich mir die Jacke an und stieg in die wasserdichten Stiefel. Zwar hing das gute Fernglas um meinen Hals, aber die Kameras hatte ich liegengelassen, immerhin aber noch den Regenmantel gefaßt und mir den Südwester auf den Kopf gedrückt. So erreichten wir am Ende des alten Hafens den nicht mehr neuen und gar nicht gepflegten Fischkutter »Jolla«. Diego Ramirez war ein harmloser Fischer und ein gewiefter Schmuggler mit tiefschwarzem Haar. Sein rötlich schimmernder Bart war vermutlich gefärbt und wurde je nach Bedarf verändert. Er stammte von der Insel Chiloé und war ein Mischling.

Er verließ sich nicht allein auf sein angeborenes Wettergefühl, sondern hatte noch den Wetterbericht gehört. Demnach sollten sich bald schon die Winde legen und ein Tag anbrechen, so ruhig und wolkenlos wie nur selten.

»Aber gerade fällt mir ein«, sagte Diego Ramirez, »zuerst bekomme ich von Ihnen 300 Dollar, sonst drehe ich auf der Stelle um!« Nun ja, was sollte ich machen? Kaum hatte Diego die Scheine gezählt und eingesteckt, strahlte er übers ganze Gesicht und ließ den Dieselmotor brummen, so laut wie nur möglich.

Zuerst kam steuerbord die ziemlich große Insel Lennox in Sicht, nicht lange danach auch die Konturen von Nueva. Sie hatten noch bis vor kurzem, gemeinsam mit der Insel Picton, zu den zwischen Chile und Argentinien umstrittenen Inseln gehört. Aber nun war das Problem zufriedenstellend gelöst. Alle drei gehörten jetzt zu Chile, wofür die Chilenen den Argentiniern Konzessionen gemacht hatten.

Wir haben die Punta Ancor und bald auch die Punta Guanaco, beides Vorgebirge der Navarino-Insel, hinter uns gelassen, und tuckern mit Volldampf ins offene Meer hinaus. Genau in der Nordsüdrichtung überqueren wir die 40 Kilometer breite, die blaugrün schimmernde, vollkommen ruhig atmende Bahía Nassau. An unserer Backbordseite erkenne ich im Glas die beiden winzig kleinen Inseln Terhalten und Sesambre. Alsdann erreichen wir nahe dem Kap Ross die Wollaston-Inseln. Hier wird es nun von Seemeile zu Seemeile immer wilder und interessanter. Wollaston selbst ist die größte der Gruppe, deren scharfgezackte Vorgebirge weit nach Osten ins freie Meer reichen. Der Blick auf die senkrechten Felswände, auf die weißschäumenden Bäche und Wasserfälle der vielfach zerklüfteten Insel sind atemberaubend. Ein schroffes Kap trägt den Namen Alcina. Danach überqueren wir die Hately-Bucht und passieren Fjord und Kap Scourfield. Weiter rauschen wir durch den Bravo-Kanal, der die Freycinet-Insel von Wollaston trennt.

Wobei aber nicht gesagt ist, daß in jedem Fall die Namen stimmen. Man liest dies und jenes auf den Karten, gerade dort unten am großen Zeh Südamerikas. Weil ich doch gerne meinen Lesern immer das richtige sagen möchte, habe ich deshalb nach einer exakten, zutreffend beschrifteten Karte der Horn-Insel gefahndet, damit ich wenigstens die Buchten benennen kann, wo ich bei zwei Gelegenheiten die Isla Hornos betreten habe. Zu diesem Zweck habe ich schließlich meinen alten Freund Heinz Aye gebeten, vormals Dritter Offizier auf unserem HAPAG-Frachter nach Australien und nun seit langem schon Kommandant der berühmten »Discoverer«, er möge mir doch eine Spezialkarte der Horn-Insel nebst Umgebung beschaffen.

Da wußte der hilfreiche Käpten auch nichts Besseres als mir eine Ablichtung der genauesten Seekarte von seinen Karten auf der »Discoverer« zu schicken. Weil er mindestens einmal, wenn nicht zweimal im Jahr das vielgefürchtete Kap umfuhr und schon öfter mit Erfolg versucht hatte, dort einen Teil seiner Passagiere an Land zu setzen, hat er bestimmt die beste und genaueste Karte an Bord, die sich für diese Gegend finden läßt. Aber was erblickten darauf meine enttäuschten Augen? Nur die Umrisse sind dargestellt und zwei Vorgebirge sind namentlich genannt und Höhen unmittelbar an der Küste lassen sich erkennen. Aber keine Bucht wird mit Namen bezeichnet und das Innere der Horn-Insel ist eine große Fläche mit gar nichts darauf.

Wir überqueren den Franklin-Kanal und folgen bis auf weiteres der buchtenreichen Küste der Herschel-Insel. Als wir deren südöstliche Kante umrundet haben, liegt die Kap-Horn-Insel vor uns.

»Da wären wir also«, äußert sich befriedigt der Bootsführer und nimmt noch einen Schluck aus seiner Buddel.

Unverkennbar liegt vor unseren Augen eine Insel, die man bei guter Sicht mit keinem Kap verwechseln kann. Nach Westen und Nordwesten hebt sich der Felsbuckel zunächst nur sanft steigend aus dem heute so friedvollen Meer. Erst allmählich wird die Horn-Insel steiler und steigt schließlich bis zu ihrem Gipfel, der mit 406 bis 415 Meter angegeben wird.

Seinerzeit, als ich von der »Lindblad Explorer« den steinigen Strand der Insel betreten habe, geschah das in einer von dichtem Kelp und anderen Schlinggewächsen erfüllten Bucht. Von dort aus stiegen und rutschten wir auf einem feuchten Hang etwa 30 Meter hoch zu einem Sattel hinauf, wo sich zur linken Hand die damalige Marinestation befand. An der gleichen Stelle setzt auch der »World Discoverer«, wenn er die Wetterverhältnisse für einigermaßen sicher hält, seine Passagiere ab. Sie haben heutigentags Gelegenheit, die moderne Station zu betreten, wo sogar ein Gästebuch aufliegt.

Aber gerade diese Bucht war es nicht, in die uns Diego Ramirez an Bord seiner »Jolla« brachte. Schon möglich, daß er keinen Wert darauf legte, so nah bei dem Kontrollposten in Erscheinung zu treten. Es muß im Südwesten der Horn gewesen sein, wo ziemlich überraschend die von Diego bevorzugte Bucht ihre Arme öffnete. Anstelle des wackligen Gerölls, über das wir seinerzeit turnen mußten, bot sich ein Ufer aus grobkörnigem Sand. Weil wir nicht erst das Beiboot ins Wasser setzen wollten, stiegen Peter Bucksch und ich unmittelbar ins kalte Wasser. Dabei störten uns kein Tang oder Kelp. Auf festem Boden angekommen, fühlten wir uns pudelwohl, das war geschafft.

Soviel wußten wir beide, daß man sich auf der Horn-Insel nicht verirren kann. Dort, wo sich der Buckel wölbt und allmählich höher und höher steigt, ist der richtige Weg nach oben. Wie lange es bis zum Ziel dauern konnte? Am besten würde es sein, daß wir nach spätestens drei Stunden wieder kehrtmachten, falls bis dahin der höchste Punkt nicht erreicht war. So blieb in jedem Fall genügend Zeit, um wieder in unsere Bucht zu gelangen.

Aber erst mal hinauf zum Kamm der Anhöhe, was einige Mühe machte wegen des feuchten, steil abfallenden Hanges. Einmal droben, standen wir auf nur wenig ansteigendem, glücklicherweise trokkenen Boden. Trotzdem, das Gehen und das Steigen fielen mir schwer. Die Vegetation war mir schon beim ersten Besuch aufgefallen, und hier war sie meines Erachtens noch ausgeprägter. Sie bestand aus Gehölz, das uns nicht einmal bis zum Knie reichte, sondern wie freiliegendes Wurzelwerk am Boden kroch.

Auf einigen Inseln des nördlichen Eismeeres und in Grönland hatte ich ähnliches erlebt. Die bedauernswerten Moschusochsen leben dort von diesem knochenharten, etwa daumendicken Zeug. Eine Zwergbirke dürfte es sein, die vom ständig wehenden, rücksichtslosen Wind auf den Boden gebannt wird. An die 100 Jahre und noch älter sollen diese knüppeligen Gewächse sein. Sie haben ja nur eine kurze Wachstumsperiode in jedem Jahr und beziehen ihre Nährstoffe aus kargem und verkarstetem Boden. Wer meint, er könne durch das niedrige Gestrüpp ohne weiteres hindurchgehen, fällt bei jedem Schritt auf die Nase. Das Ganze ist nämlich wie ein Feld aus Fußangeln. Allemal gerät der Stiefel in die Schlinge, die ihn eisern festhält. So muß man fest von oben darauf treten und jedesmal verdammt aufpassen, was zur Folge hat, daß man den unerhört weiten, sagenhaften Blick auf die beiden Ozeane nicht genießen kann.

Bei der Eile des Aufbruchs in Ushuaia hatte ich nicht nur meine Kamera liegenlassen, sondern auch den leichten Rucksack. Darin steckte der Notproviant, die Erste Hilfe, warme Wollsocken, ein dichtgewebter Shetland-Pullover, ein Kompaß und noch anderer Krimskrams. Aber die Vergeßlichkeit hatte auch ihre gute Seite, weil ich nur leicht belastet war mit dem starken Fernglas um den Hals.

Relativ gut kam ich vorwärts, sobald sich meine Füße an das Gelände gewöhnt hatten. 33 Jahre Gamsjagd in Tirol zahlten sich aus.

Weil an vielen Stellen Feuerlands der starke Wind immer in der gleichen Richtung weht, haben die Bäume sehr bizarre Formen angenommen.

Das gute Wetter hielt an, nur wenig Wind war zu spüren, und falls es kälter wurde, spürten wir es kaum. Ganz im Gegenteil, beide mußten wir unsere Regenjacken öffnen und bald auch das Hemd. Auf keiner Seite bestand die Gefahr, abzustürzen oder abzurutschen. Vor dem letzten Steilhang blieben wir stehen, um wieder Kraft zu schöpfen. Da sah ich zu meiner Linken das grünschimmernde Juwel dieser Insel, den kleinen, im sonnigen Licht funkelnden See. Er ist nur denen bekannt, die bei guter Sicht über die Insel flogen oder zu Fuß so weit hinaufstiegen. Kein Fremder hat ihn erblickt, bevor Gunther Plüschow in seinem Silberkondor die Horn-Insel überflog. Beide Hände habe ich ins klare, eiskalte Wasser getaucht, um gleich danach ohne besondere Mühe den letzten und steilsten Hang zu überwinden. Bevor wir ganz oben waren, sehen wir den erst vor kurzem erbauten Leuchtturm. Etwa vier Meter hoch ist das aus Stahlblech gebaute kreisrunde Gebilde. Die vollautomatisch funktionierende Anlage ersetzt das früher bedeutend tiefer gelegene Leuchtfeuer, das nun ganz verschwunden ist.

Da sind wir plötzlich oben. Kein gezackter Gipfel, sondern ein relativ flaches Plateau, etwa so groß wie ein halber Tennisplatz, breitet sich aus. Ganz vorn eine von der Natur geschaffene Ballustrade, bestehend aus meterhohem Geröll und bedeckt von kurzem Schilfgras.

Das ist die Stelle, von der man geradewegs hinunterschaut auf den steil abfallenden Felsrücken, der tief hineinstößt ins heranrollende Meer, auf die scharfgeschnittene Nase des Kap Horn, ähnlich dem Bug eines Schiffes, das in den antarktischen Ozean zielt. Das letzte Ende, der äußerste Vorsprung Amerikas nach Süden hin. Noch ruhiger und friedlicher wie am heutigen Tag können die beiden Ozeane nicht sein. Dennoch läßt sich von hier, der verschiedenen Wasserfarbe wegen, die Begegnung zweier Ozeane erkennen. Aber vielleicht bilde ich mir das nur ein.

Was dieser Platz alles bedeutet? So rasch lassen sich meine Überlegungen nicht ordnen. Vieles geht durch meinen Kopf, doch kann ich das meiste davon im Augenblick nicht festhalten. Erst auf dem Rückweg, erst bei der Heimfahrt gerät mir so manches wieder ins Bewußtsein. Oben auf dem Horn können wir nicht lange bleiben, bestensfalls eine halbe Stunde.

Der Entdecker des Kaps, Willem Schouten, hat an jenem nicht mehr feststellbaren Tag des Jahres 1615 die Inselnatur des Felsbukkels verkannt. Infolge des nebligen Wetters hielt er das Horn für den letzten Vorsprung des amerikanischen Kontinents. Deswegen gab er ihm den Namen Kap Horn. Wobei »Hoorn« mit zwei »oo« geschrieben wurde, wie das vielfach heute noch üblich ist. Gemeint war damit die Stadt Hoorn in Holländisch Flandern, wo Schouten das Licht der Welt erblickt hatte. LeMaire, der die Reise finanziert hatte, aber zu Hause geblieben war, mußte sich mit dem Namen LeMaire-Straße begnügen, die Feuerland von der Staten-Insel trennt.

Bis hierher, bis in die Buchten der Horn-Insel, sind noch bis zur letzten Jahrhundertwende die Wassernomaden gepaddelt. Auch in diesen wilden Gewässern haben die unvergleichlich seetüchtigen Jaghanen gefischt, Vogeleier gesammelt und sind nach Muscheln getaucht. Kap Horn war Endpunkt der vieltausendjährigen Wanderung indianischer Völker, die in grauer Vorzeit von Ostasien kommend die

Bering-Straße überschritten und Alaska durchquerten. Mehr als 20000 Kilometer in der Luftlinie haben die mongolischen Völker von dort aus bis zur letzten Felsenspitze Südamerikas hinter sich gebracht. Bevor nach 1900 die ersten wissenschaftlichen Stationen auf den antarktischen Inseln und auf dem Boden des sechsten Kontinents entstanden, war Cabo de Horno der äußerte Vorposten menschlichen Lebens. Hier war das Ende der Welt.

Unmöglich ist es auch, nur ungefähr die Zahl der Schiffe zu schätzen, die hier am Horn, rings um Feuerland herum, den Gewalten der Natur zum Opfer fielen. Seit den Tagen von Schouten sind Jahr für Jahr auch einige der besten Schiffe am Horn verschwunden.

In meinem Fernglas sehe ich nach Osten wie nach Westen hin die Umrisse zahlreicher Inseln, allesamt abweisend felsig, mit scharfen Konturen und tief ins Land greifenden Fjorden Die große, unbewohnte Isla Hermite und ihre kleine Schwester, die Insel Hall. Dann Freycinet, weiter draußen Barnevelt und noch viele andere. Mit bloßem Auge erkennen wir einen grauen Streifen am Horizont, der sich ausbreitet. So scheint uns rasche Rückkehr geraten.

Viel ist von unserem Abstieg nicht zu berichten, ausgenommen die Tatsache, daß mir der Weg hinunter mehr Mühe machte als hinauf. So lag ich denn mehrmals auf der Nase. Die Knie wackelten, das Herz bumste, und der Atem keuchte. Aufstieg und Abstieg dürften insgesamt sechs bis maximal sieben Stunden gedauert haben. Kaum hatte Diego Ramirez uns gesehen, warf er gleich den Motor an.

»Habe eben den Wetterbericht gehört«, sagte er uns, »ein Tief soll vom Süden heranziehen, wir müssen sehen, daß wir den Windschutz hinter Navarino erreichen.«

Das schaffte der brave Motor ohne weiteres. Bis sich der Wind zum angehenden Sturm entwickelt hatte, waren wir schon im Beagle-Kanal. Bald schon, nach Anbruch der Dunkelheit, sahen wir die Lichter von Ushuaia.

Ein Tag wie kein anderer war es für mich gewesen, die Erfüllung eines großen Wunsches hatte er mir gebracht.

Wie sich denken läßt, werden schon seit 300 Jahren viele Gerüchte über das Horn, über die schiffeverschlingenden Gewässer im Felsenlabyrinth am Ende des Feuerlands verbreitet. Das meiste, ja sogar das schlimmste davon entspricht in vielen Fällen der Wahrheit. Andererseits hat auch der Aberglaube behauptet, daß der im Kap verborgene Stiefbruder des Teufels mit Hilfe eines höllischen Magneten die Nägel aus den Schiffen zöge, um auf diese Weise das zerfallene Fahrzeug zu verderben, mitsamt allen Menschen an Bord. Ebenso wie der Klabautermann nur in den Phantasien der alten Seeleute sein Unwesen treibt, dürfte auch die sogenannte Eishexe am Großen Zeh von Südamerika eine Ausgeburt blühender Phantasie gewesen sein. Die überaus korpulenten Wasserweiber haben angeblich bestimmte Schiffe, die ihnen nicht gefielen, auf ihrem gewaltigen Rücken aus dem Wasser gehoben und auf einem vorbeischwimmenden Eisberg abgesetzt.

Tatsächlich wird von glaubwürdigen Zeugen verbürgt, daß man bei verschiedenen Gelegenheiten wohlerhaltene Segler gesichtet habe, die sich hoch auf einem glitzernden Eisberg befanden. Reste von Segeln flatterten im Wind, aber kein Mensch war zu sehen, und seltsamerweise ließ sich am Bug der Schiffe kein Name erkennen. Andererseits war von Riesenpolypen die Rede, die sich bei passender Gelegenheit mit Hilfe der Saugnäpfe an ihren Tentakeln die Mannschaft, sogar die Freiwache, aus der Logis holten, um sie zu verspeisen. Natürlich nur ein Alptraum ängstlicher Gemüter. Immerhin, gerade in den Tiefen des südlichen Eismeers leben Polypen von gewaltigen Ausmaßen, bis 25 und 30 Meter lang sollen ihre Fangarme sein. Sogar amtlichen Berichten an die Hafenbehörden der chilenischen Küste ist zu entnehmen, daß man auf dem freien Meer Schiffe angetroffen hat, ohne einen Mann an Bord. Dennoch waren jene Segler gut erhalten, mitunter befanden sich noch alle Boote an Bord.

Trotz aller Gefahren und solcher Gerüchte wollten gar manche Seeleute, gerade auch die besten Segelkapitäne, nicht auf die Reise ums Horn Kap verzichten. Da hält von den Skippern der Laiesz-Windjammer-Kapitän Hilgendorf mit 66 Kapumseglungen den Rekord. Eine andere, international bedeutende Leistung hat der Engländer Dixon vollbracht. Die gefährlichsten Gewässer der Welt hat er nicht weniger als 63mal bezwungen, davon 30 Umseglungen als Kapitän. Nach seinen Berechnungen hat Dixon insgesamt 895 000 Seemeilen hinter sich gebracht, und das bedeutet für Landratten 1 Million 593 000 Kilometer. In der Luftlinie ist das schon fast eine Reise von der Erde bis zum Mond. Bei Dixon jedoch geschah alles unter Segeln, zum Mond kommt man auf diese Weise nicht. Schon mit zwölf Jahren stand Dixon auf den Planken eines Schiffes, mit 26 Jahren erhielt er das Patent eines Kapitäns auf Großer Fahrt.

»Windjammer« hat übrigens nichts mit unserem Begriff des Wortes »Jammer« zu tun, statt dessen mit dem englischen Verb »to jam«, was sinngemäß »vollstopfen« bedeutet, praktisch also die bestmögliche Ausnutzung der Laderäume, weil sich nur so die Fernfahrten lohnten.

Die schnellste Reise von Chile, genauer gesagt von Iquique mit Salpeter an Bord, bis nach Hamburg, insgesamt 11 500 Seemeilen, gelang dem schon erwähnten Hilgendorf in nur 75 Tagen. Ganz allgemein haben die Windjammer unterwegs keinen Hafen angelaufen, sie segelten nonstop. Bei solcher Gelegenheit hat auch mein Freund Theo Saevecke auf der Fahrt nach Australien 138 Tage hindurch kein Land gesehen. Eine britische Dreimastbark, mit Stückgut an Bord, wurde während ihrer Reise von London nach Valparaiso dreimal von tobenden Stürmen entmastet. Der ungemein tüchtigen Mannschaft gelang mit ein paar Segelfetzen am Notmast irgendwo einen Hafen zu erreichen. Dort konnte man die Schäden reparieren und endlich den Zielhafen ansteuern. Worüber fast genau ein ganzes Jahr verging, nämlich 363 Tage.

Wer da meint, es sei für jene Reedereien, die noch bis fast zur Mitte unseres Jahrhunderts ihre Segelschiffe, vor allem die bis zu 3000 Tonnen fassenden Windjammer, ums Kap Horn schickten, ein großes Problem gewesen, dafür die Mannschaft und Offiziere zu finden, zumal nur schäbiger Lohn für die enormen Anstrengungen und lebensbedrohenden Strapazen gezahlt wurde, man hätte diese jungen Männer gewissermaßen mit dem Lasso einfangen müssen, irrt sich sehr!

»Es war gar nicht einfach, auf einem Windjammer anzuheuern«, erklärt Irving Johnson. »Sehr zahlreich drängten sich junge Menschen zum Dienst auf Segelschiffen, ganz besonders auf einem Kap-Horner. Nur einer von sechs bis sieben machte sein Glück und wurde genommen. Ein großes, ganz großes Erlebnis hatte er vor sich. Wer ums Kap gesegelt war, konnte sich fühlen, der wurde angestaunt und bewundert bis zum heutigen Tage. Viele tausend Dollar, Pfunde oder Deutschmark würde mancher drum geben, könnte er in der ›Amicale Internationale des Capitaines aux long Cours Cap Horniers‹ Mitglied werden, hält man sie doch in seemännischen Kreisen für den exklusivsten Klub der Welt. So konnte sich jeder Skipper vor dem Wind eine strenge Auswahl unter den Anwärtern leisten, bevor er von den guten Bewerbern die besten an Bord gehen ließ.«

Die »Kaphorner« sind eine Elite, wie es sie sonst nur selten gibt. Schon waren sie im Begriff, binnen zwei bis drei Jahrzehnten restlos auszusterben, weil natürlich der Nachwuchs fehlt. Gemäß der strengen Satzung durften bis vor kurzem nur solche Seefahrer aufgenommen werden, die auf einem der Windjammer ums Kap gesegelt waren. Nicht gewähren wollte man die hohe Ehre den Sportseglern, den Faltbootfahrern und Kanuten, denen unter höchster Lebensgefahr die Umrundung der Horn-Insel gelungen war. In Ehren wollten die alten, die echten Kaphorner in die Ewigkeit eingehen.

Weil aber die nicht deutschen Sektionen der Amicale Internationale nicht ganz so konservativ dachten, waren sie geneigt, in bestimmten Fällen Ausnahmen zu erlauben, nur nach eingehender Prüfung des Kandidaten selbstverständlich. Sogenannte »Sympathisanten« wollte man aufnehmen. Kenner des Kaps mußten es sein, aufrechte Bewunderer der großen Leistungen die andere, immer seltener werdende Seemänner vor ihnen vollbracht hatten. Ja sogar Schriftsteller wollte man zulassen, die sich eingehend mit der Geschichte und den Geschehnissen in den feuerländischen Gewässern befaßt hatten, solche, die mit eigenen Augen das Kap erblickt, vielleicht sogar bestiegen hatten.

Kaum zeigte sich bei der Deutschen Sektion eine wenn auch nur spaltbreite Öffnung in diesem Sinn, habe ich versucht, dort einzuschlüpfen. Obwohl mir einige altbefahrene Kaphorner bei diesem Versuch beste Unterstützung zukommen ließen, erhielt ich nacheinander höfliche, aber doch bestimmte Absagen.

Dann jedoch, eines Tages, völlig unerwartet, als ich gerade auf der Spitze des Horns gewesen war und in Buchform einen Bericht über meine große Antarktis-Reise veröffentlicht hatte, wurde mir die ebenso hohe wie seltene Ehre der Aufnahme in die A. I. C. H. zuteil. Nur als sympathisierendes Mitglied, versteht sich, aber als Mitglied mit den gleichen Pflichten und Rechten wird auch der »Sympathisierende« als Kap Hornier anerkannt.

Wenn immer wieder gesagt wird, das jeder Kap Horner allenthalben auf der Welt das Recht habe, beide Füße auf den Tisch zu legen, so gehört auch das zu jenen Sprüchen ums Kap Horn, die nicht stimmen. Kein Kap Hornier, den ich kenne, hat es jemals vor meinen Augen oder vielleicht gar bei uns getan. Das würde meine Frau unter keinen Umständen gestatten. »Nur ein Bein darfst du hochlegen«, sagte sie mir, als ich ihr meine A.I.C.H.-Karte vor die Augen hielt, »nur das linke Bein auf einen niederen Hocker, aber, voher mußt du den Schuh ausziehen, das bitte ich mir aus!«

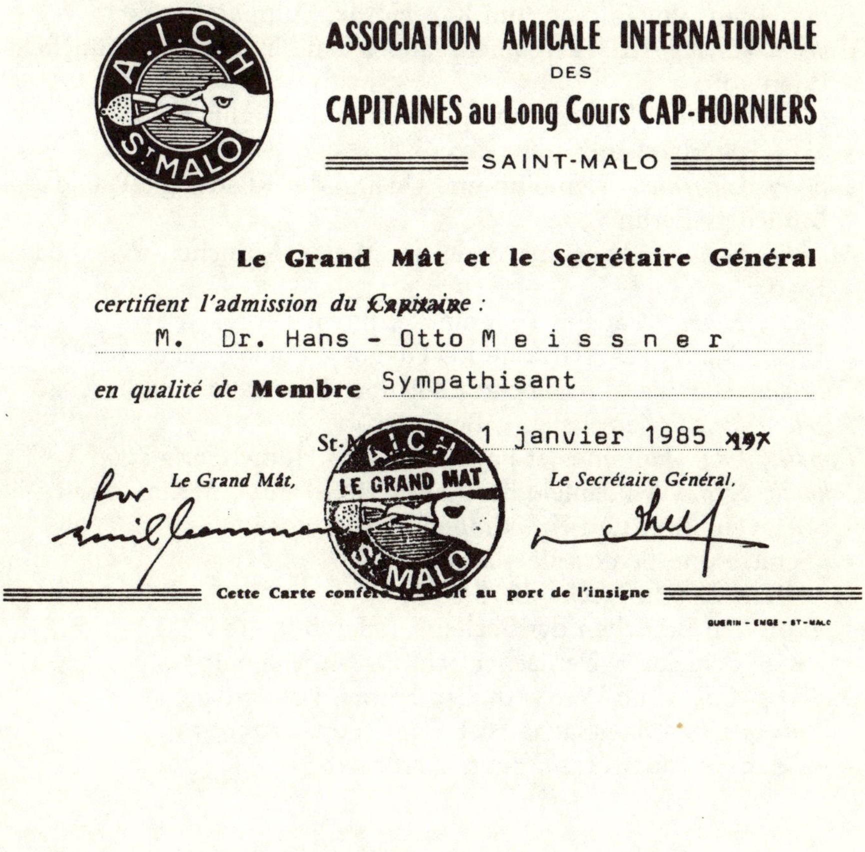
A.I.C.H St MALO

ASSOCIATION AMICALE INTERNATIONALE
DES
CAPITAINES au Long Cours CAP-HORNIERS
SAINT-MALO

Le Grand Mât et le Secrétaire Général
certifient l'admission du ~~Capitaine~~ :
M. Dr. Hans - Otto Meissner
en qualité de **Membre** Sympathisant

St-M... 1 janvier 1985

Le Grand Mât, LE GRAND MAT *Le Secrétaire Général.*

Cette Carte confère le droit au port de l'insigne

GUERIN - ENGE - ST-MALO

Bibliographie

Agostini, Albert M. de, »Zehn Jahre im Feuerland«, Leipzig 1953
Barclay, W. S., »The Land of Magellan«, New York 1926
Burmester, Heinz, »Drei schnelle Frachtschiffe und ihre Zeit«, Hamburg 1980
–, »Mit der *Pamir* um Kap Horn«, Hamburg 1974
Delaborde, Jean, und Loffs, Helmut, »Am Rande der Welt, Patagonien und Feuerland heute«, Frankfurt 1978
Fuchs, Arved, »Im Faltboot um Kap Horn«, Stuttgart 1985
Gottschalk, Manfred, »Patagonien, rauhes Land im Süden«, München-Wien 1981
Gusinde, Martin, »Urmenschen in Feuerland«, Berlin 1946
–, »Die Feuerland-Indianer«, 1931
Langner, Lawrence, »Vom Sinn und Unsinn der Kleidung«, Frankfurt-München-Berlin 1964
Mielche, Hakon, »Reise ans Ende der Welt«, München-Wien-Basel 1936
Morales, Enobo, »Canales Fueguinos«, Buenos Aires 1925
Martinic, Mateo, »La Tierra de los Fuegos«, Punta Arenas 1982
Plüschow, Günther, »Im Silberkondor über Feuerland«, Berlin 1946
Pagels, Albert, »Mein Leben«, Berlin 1940
Randier, Jean, »Hommes et navires au Cap Horn«, Paris 1966
Schmidt, Fred, »Windspiele der Kalifornien-Fahrt«, Berlin 1950
–, »Sklavenfahrer und Kuliklipper«, Berlin 1938
–, »Schiffe und Schicksale«, Berlin 1943
–, »Alle Mann an Deck«, Berlin 1953
–, »Von den Bräuchen der Seeleute«, Hamburg 1947
–, »SOS, Schicksale Deutscher Schiff«, München 1954
Vielliers, Alan, »The War with Cap Horn«, London 1971
Wegmann, H., »Magallanes Historico«, Punta Arenas
–, »Tierra de Alacalufes«, Punta Arenas 1981

Register
der Orts- und Personennamen

Folgende Namen werden im allgemeinen nicht aufgeführt, weil sie zu häufig vorkommen: Amerika, Argentinien, Chile, Feuerland Kap Horn und Patagonien.

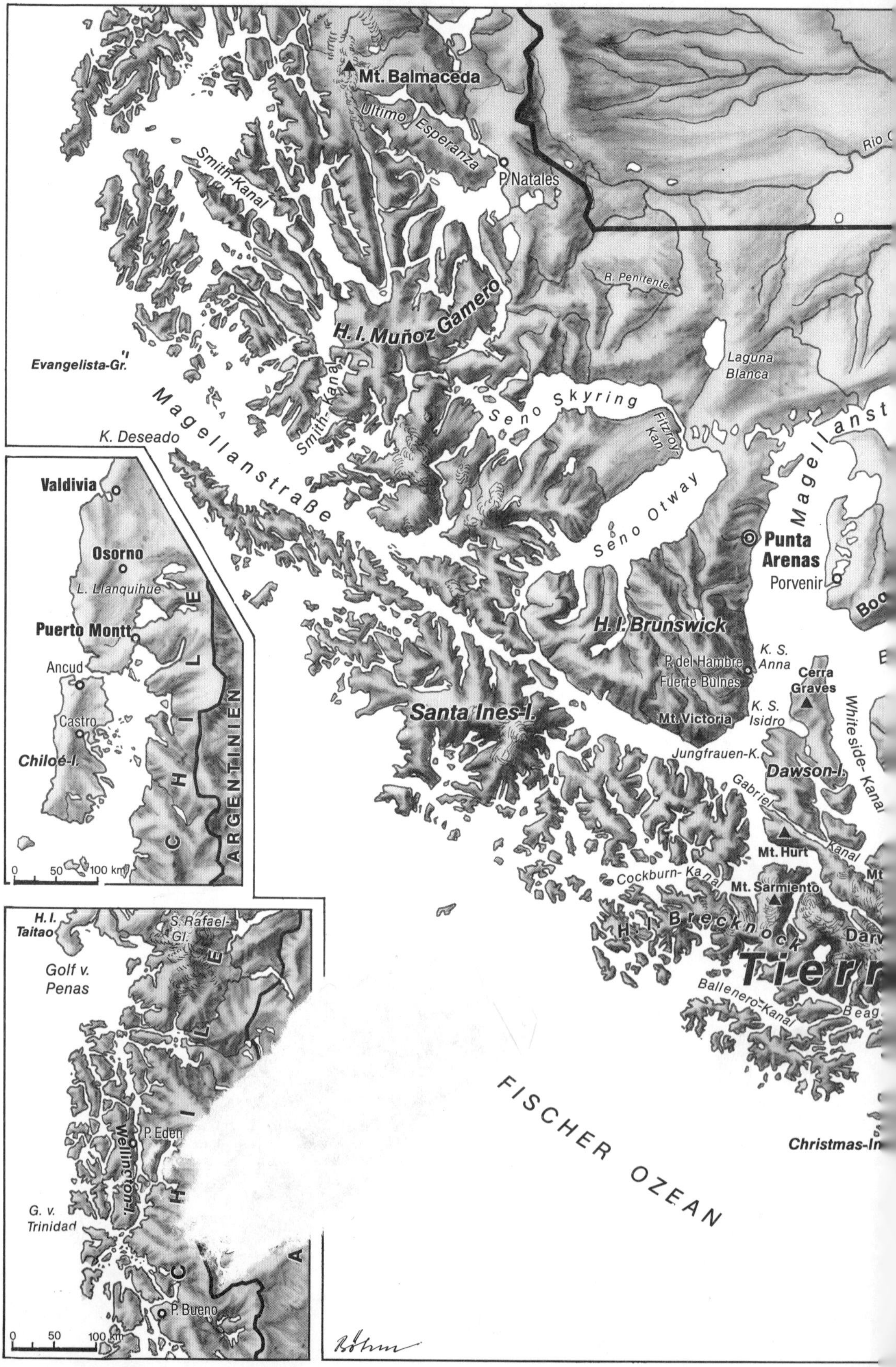
Mt. Balmaceda
Ultimo Esperanza
P. Natales
Rio
Smith-Kanal
R. Penitente
H. I. Muñoz Gamero
Evangelista-Gr.
Laguna Blanca
Smith-Kanal
Seno Skyring
Fitzroy Kan.
K. Deseado
Magellanstraße
Magellanstr
Seno Otway
Punta Arenas
Porvenir
H. I. Brunswick
P. del Hambre
Fuerte Bulnes
K. S. Anna
Cerra Graves
Whiteside-Kanal
K. S. Isidro
Mt. Victoria
Santa Ines-I.
Jungfrauen-K.
Dawson-I.
Gabriel-Kanal
Mt. Hurt
Cockburn-Kanal
Mt. Sarmiento
H. I. Brecknock
Tierr
Ballenero-Kanal
FISCHER OZEAN
Christmas-In
Valdivia
Osorno
L. Llanquihue
Puerto Montt
Ancud
Castro
Chiloé-I.
CHILE
ARGENTINIEN
0 50 100 km
H. I. Taitao
S. Rafael-Gl.
Golf v. Penas
P. Eden
Wellington-I.
G. v. Trinidad
P. Bueno
CHILE
0 50 100 km